天主教靈醫會來台
70週年啟示實錄

郭約瑟——主筆
靈醫會之光編輯部——編著

落地扎根，
綻放芳華。

1 I 2019 年教宗方濟各接見靈醫會大家族成員，並發表演說。
2 I 會士們離開中國大陸，過境香港合影。
3 I 六位靈醫會士於中國雲南合影（左起：張明智修士、高安修士、潘志仁神父、華德露神父、梅崇德神父、何義士修士）。

1
3 | 2

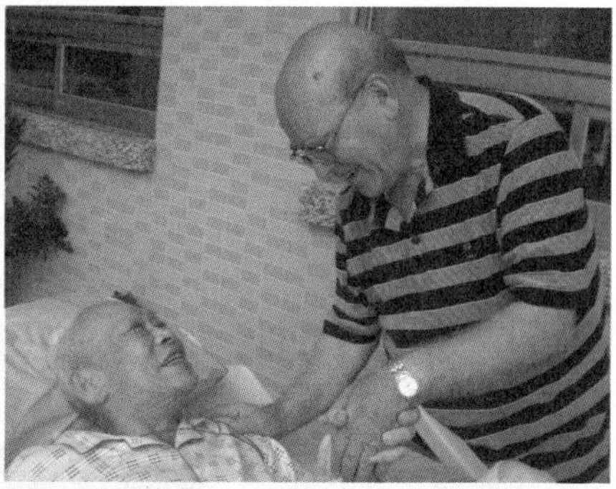

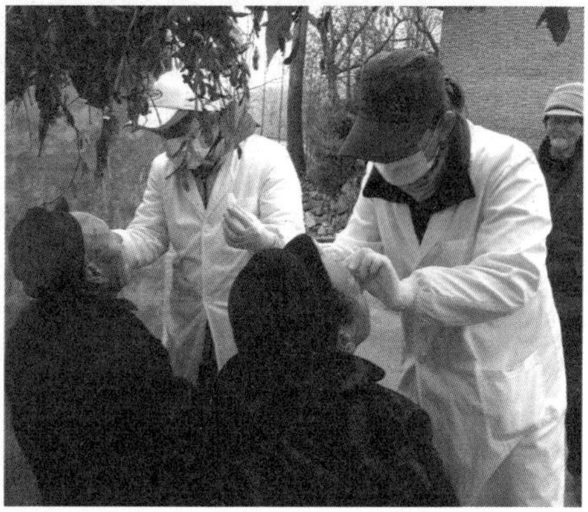

1 | 呂若瑟神父親切微笑地安慰著病人。
2 | 高國卿神父（後排站立者左二）探訪中國大陸的痲瘋病社區。
3 | 護理師幫痲瘋病友點治療眼藥水。
4 | 1994 年何義士修士再度探訪中國雲南百姓。

2	1
4	3

1 | 李智神父蒙教宗若望保祿二世召見。
2 | 華德露神父與山地小朋友。
3 | 靈醫會聖嘉民修道院神師與學生合影。

1
3 | 2

1 | 聖嘉民天主堂，外型如諾厄（挪亞）方舟（郭約瑟攝）。
2 | 羅東北成天主堂內部設計之美，屋頂百合花圖飾及其他彩繪圖飾皆由陳龍妮修女設計。
3 | 大同鄉茂安天主堂。

1
3 | 2

1 | 華德露神父全家福，牆上箭頭指的就是華神父。
2 | 羅德信神父為教友證婚。
3 | 高國卿神父（中）晉鐸後和羅德信神父（左一）、華德露神父（右一）及父母合影。
4 | 聖母山莊前與聖母像並列的巴瑞士修士銅像。

2	1
4	3

羅東聖母醫院首任院長梅崇德神父。

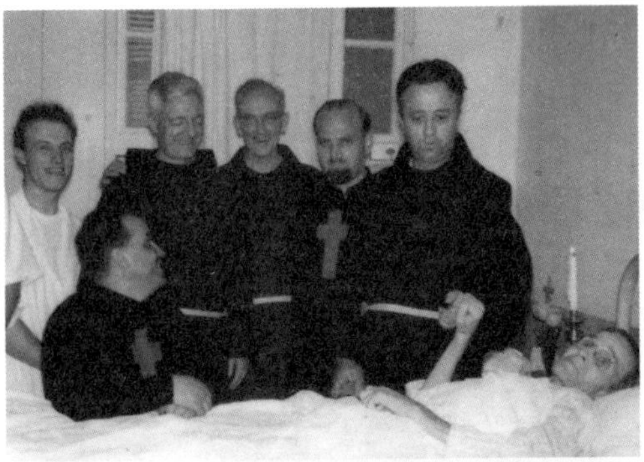

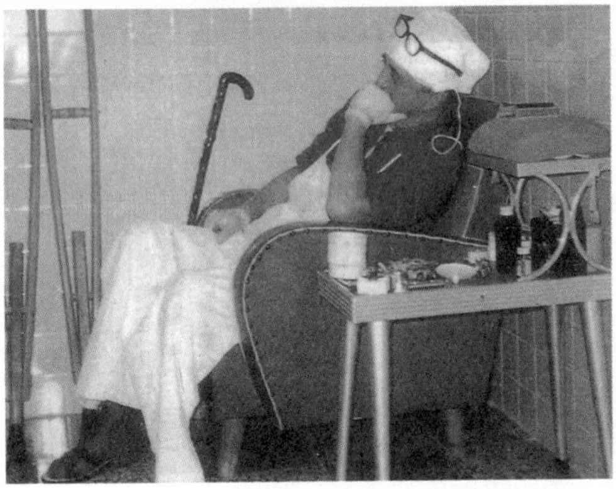

1 | 早期的醫療團隊在羅東聖母醫院（二十床）前合影，左側為聖堂。

2 | 范鳳龍大夫巡房（右一），右二為安惠民神父，左一為柏德琳修士。

3 | 舊外科大樓，神父、修女與醫療團隊合影。

4 | 范鳳龍大夫開刀累了，就在手術室一旁坐著休息，讓紅腫的腳休息一下。

2	1
4	3

1 | 羅德信神父（前中坐者），後排左何義士修士、右馬仁光修士；前排左梅崇德神父、右為華德露神父。
2 | 柏德琳修士（左）和馬仁光修士騎腳踏車出遊。
3 | 馬仁光修士即使年邁，依然精神奕奕地看診。
4 | 陳振佳醫師榮獲第二十六屆醫療奉獻獎。

2	1
4	3

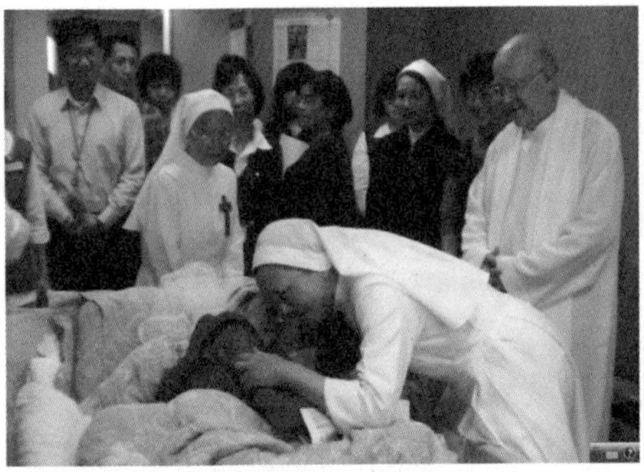

1 | 卡通靈修士與護理師團隊合影。
2 | 呂若瑟神父（右一）和修女們向安寧病房的住民道別。
3 | 林春蘭護理長（左三）於 2019 年榮獲「傑出護理人員服務奉獻獎」。
4 | 范鳳龍紀念大樓（左），右為外科暨門診大樓。

2 | 1
4 | 3

1 | 羅東聖母醫院建築全貌（郭約瑟攝），由左至右分別為聖心會院、護理師宿舍、外科暨門診大樓、范鳳龍紀念大樓、內科（防疫）大樓、馬仁光紀念大樓。

2 | 陳永興院長（左二）、右二為李智神父、右一為吳念真導演。

3 | 馬漢光院長（右），從呂若瑟神父手中接下徐會棋院長（左）的棒子。

1
3 | 2

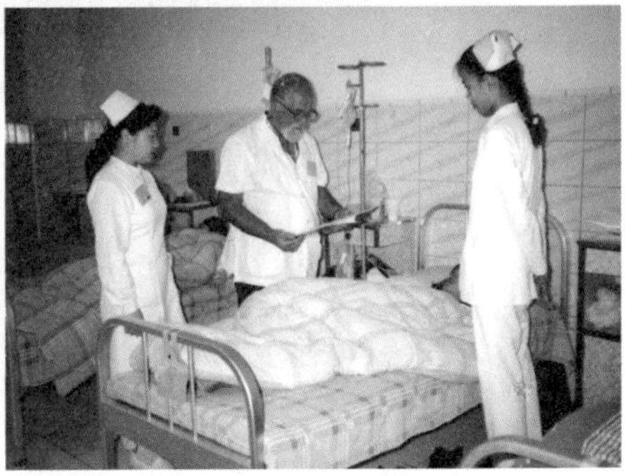

1 | 蘭陽舞蹈園榮獲教宗若望保祿二世召見。

2 | 羅德信神父（左三）、何義士修士（左一）、呂道南神父（左二）、梅崇德神父（右二）、夏明智修士（右一）攝於馬公貧民施醫所前。

3 | 何義士修士巡病房。

4 | 澎湖惠民醫院重建工程動土典禮當天當時，雲散天開，許多嘉賓蒞臨剪綵，包括林吉男主教、前副總統陳建仁、澎湖縣賴峰偉縣長及劉陳昭玲議長、保安宮廖武治董事長。

2 | 1
4 | 3

1 | 最早期的聖母護校，就位於羅東聖母醫院內的建築。

2 | 李智神父在監獄的福傳。

3 | 秘克琳神父與蘭陽青年會園區孩童。

4 | 菲律賓兒童 Francis 和父母感謝羅東聖母醫院及台北榮民總醫院團隊合力醫治。

2 | 1
4 | 3

1 I 聖嘉民的珍珠寶貝（左），同時也是呂若瑟神父的輔祭。
2 I 謝樂廷神父與病友在惠民殘障服務中心。
3 I 教宗方濟各召見呂若瑟神父。
4 I 柏德琳修士（左）與聖嘉民長照中心黃龍冠院長合影。

2	1
4	3

1 | 南澳鄉聖若瑟長照機構啟用典禮，宜蘭縣衛生局長徐迺維（中著夾克背心者）到場祝賀。

2 | 邱夏玲修女（左）在非洲肯亞。

3 | 居家醫療團隊，醫師（右一）、護理師（右二）及實習醫師（左）一起在社區巡診。

4 | 靈醫修女會位於羅東的會院。

1
3 2
4

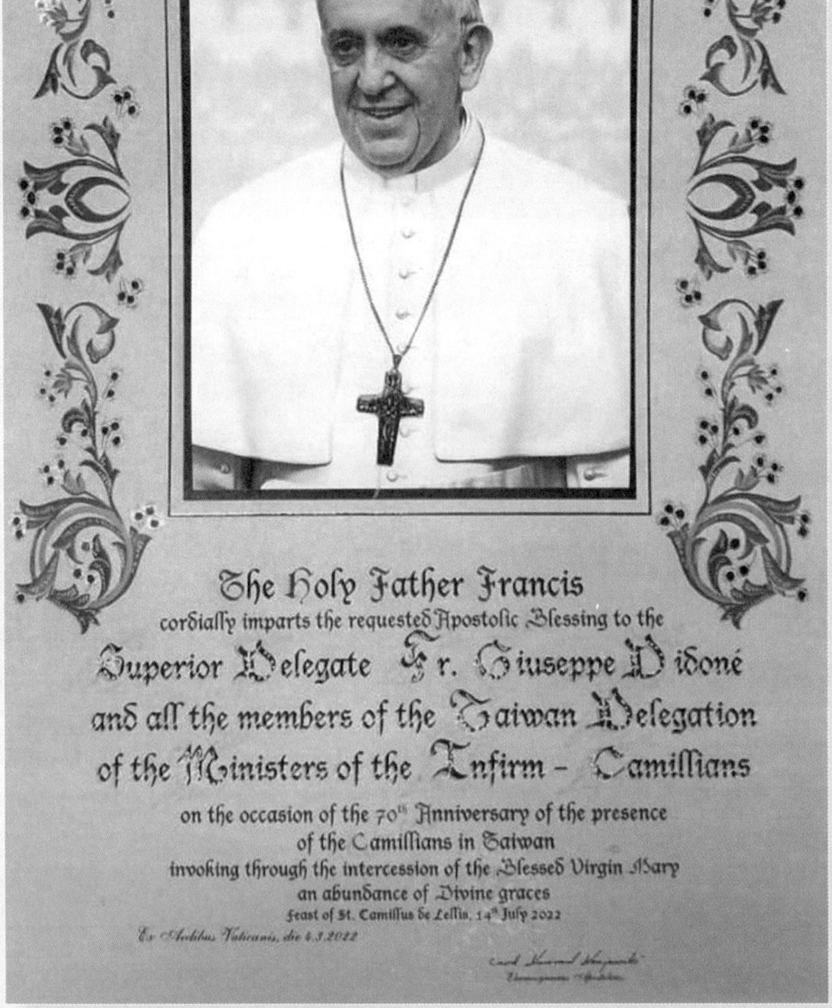

The Holy Father Francis
cordially imparts the requested Apostolic Blessing to the
Superior Delegate Fr. Giuseppe Didoné
and all the members of the Taiwan Delegation
of the Ministers of the Infirm - Camillians
on the occasion of the 70th Anniversary of the presence
of the Camillians in Taiwan
invoking through the intercession of the Blessed Virgin Mary
an abundance of Divine graces
Feast of St. Camillus de Lellis, 14th July 2022

Ex Aedibus Vaticanis, die 4.3.2022

來自教宗的祝福

教宗方濟各於靈醫會在台七十週年，藉著聖母瑪利亞的代禱和豐富的神恩，誠摯地將所求的宗座祝福，授予會長呂若瑟神父（Giuseppe Didoné）和台灣靈醫會全體會士們。

於聖嘉民．德．雷列斯離世歸主紀念節日
二〇二二年七月十四日

APOSTOLIC NUNCIATURE
IN CHINA

Taipei, 20 gennaio 2021

Prot. № 817/22

Reverendo P. Didonè,

mi do premura di trasmettere il seguente messaggio, a firma dell'Em.mo Segretario di Stato, il Card. Pietro Parolin, in occasione del 70° anniversario della presenza dell'Ordine dei Ministri degli Infermi in Cina:

"As the Order of Saint Camillus celebrates the seventieth anniversary of its pastoral presence in China, his Holiness Pope Francis sends cordial greetings and prayerful good wishes. His Holiness joins you and your confreres in giving thanks to Almighty God for the abundant graces of the past seven decades and prays that this commemoration will be an occasion of renewed dedication to the Order's noble charism of caring for the sick, especially the most vulnerable and the forgotten. Commending you, your associates and all whom you serve to the maternal care of the Blessed Virgin Mary and the intercession of your heavenly patron Saint Camillus, the Holy Father willingly imparts his Apostolic Blessing as a pledge of joy and peace in the Lord.

Cardinal Pietro Parolin
Secretary of State"

Profitto volentieri della circostanza per confermarmi con sensi di distinta stima,

della Signoria Vostra
dev.mo nel Signore

Mons. Pavol Talapka
Incaricato d'Affari a.i.

Al Reverendo Signore
P. Giuseppe Didone, MI
Delegato dell'Ordine dei Ministri
degli Infermi

TAIWAN

教廷駐華大使館

台北二〇二二年一月

編號 817/22

敬愛的呂若瑟神父：

值此靈醫會在台七十週年之際，我以國務卿皮埃羅·帕羅林樞機主教的身分傳達以下信息：

於靈醫會慶祝其神職人員在台七十週年之際，教宗方濟各致以誠摯的問候和虔誠的祝福。他與您和您的會士們一起感謝全能天主在過去七十年中所賜予的豐富恩典，並祈禱這次紀念活動將成為重新獻身於修會聖願去照顧病人的機會，尤其是最脆弱和最受忽略的人。讚美您、您的同事以及您因著聖母瑪利亞母親般照料著和您透過天上主保聖嘉民代求而服務的所有人，教宗滿心歡喜地將他的宗徒祝福作為在主內喜樂與和平的保證。

國務卿 皮埃羅·帕羅林樞機主教

我跟隨教宗也祝福靈醫會繼續往前邁進！

教廷駐華代辦一級秘書

達保祿蒙席（Mons, Pablo Talapka）

賀詞——共同延續美好的情感交流

天主教靈醫會副總會長 洛朗・宗格拉納神父

親愛的呂若瑟神父、靈醫會士們、恩人和贊助者：

欣喜獲悉靈醫會台灣省會正在慶祝傳教七十週年，我與同仁們一起感謝和讚美此時此地與會士們同在的天主。

我們知道，靈醫會士們曾在中國雲南服務，於一九五二年被驅逐，卻能受到福爾摩沙島（今台灣）民眾的歡迎。事實上，一九五二年五月三日，台北總教區總主教郭若石寫信給總會長卡爾・曼斯菲爾德神父說：「我們非常高興，歡迎來自雲南的靈醫會神父和靈醫修女會修女們，能來到我們台北總教區服務。」從那時起，靈醫會士們就一直住在台灣，進行傳道服務，特別是針對窮人和病人。

在台灣，靈醫會士以奉獻精神和創造力來彰顯他們的存在，各種善舉贏得好感與尊崇，意即台灣人對他們的愛。例如，開辦羅東聖母醫院、聖母醫護管理專科學校、蘭陽青年中心、殘障者社會服務中心、台北文化中心、於偏鄉進行福傳等。

靈醫會士們之所以能做出各種善舉，是因受到台灣民眾殷勤接待和支持；至於他們之所以能得到愛戴，也是因著使命充分表達出對當地人民的愛。二〇二〇年，為全世界受 COVID-19 影響的人們募款，更是見證他們的彼此相愛。

值此在台七十週年之際，我謹代表總會和整個靈醫會，感謝台灣人民對靈醫會使命和在此美麗國家服務的會士們表現出寶貴的支持。我還要感謝會士們傳道的奉獻精神，他們不遺餘力地以各種方式在尋求健康和幸福的人們當中，彰顯天主的恩典。

祈願此七十週年慶能加強靈醫會與台灣人民的連結，共同延續美好的情感交流，尋求共同的福祉。我希望聖嘉民永遠成為會士們的燈塔，使他們在事奉中都能過著聖潔的生活，並能聽見主耶穌對他們說：「我父所祝福的，你們來吧！承受自創世以來，給你們預備了的國度吧！……我實在告訴你們：凡你們對我這些最小兄弟中的一個所做的，就是對我做的。」（瑪竇福音 25:34, 40）

祝七十週年慶快樂！

洛朗・宗格拉納神父（Fr. Laurent Zoungrana）

二〇二二年一月四日寫於羅馬

賀詞——靈醫會在台七十週年快樂！

天主教靈醫會省會長 艾德華神父

今年靈醫會舉辦一系列活動，以感謝天主祝福和守護靈醫會在台七十年。

長年以來，靈醫會一直致力於社區服務、照顧病人和老人、教育、傳道和教區事工，並建立多家機構，如醫院、診所、療養院、學校、身心障礙中心、青年中心、教堂等。

我們感謝天主引導和保護一群靈醫會士順利來到台灣，在這美麗寶島上開始建立修會的基礎。第一批靈醫會士在這片肥沃的土地上，種下聖嘉民的靈性種子，多年來結出豐碩的果實。當看到天主多年來總是如此大大地祝福我們時，我們讚美和感謝天主。天主總是美好且慷慨地給予我們豐厚的賜福。

感謝靈醫會的神父、修女和修士們，特別是先驅者的勇氣，他們穿越數千英里的海洋，克服所遇到的挑戰，最終在這個國家安頓下來，他們對達成使命的貢獻將永遠被銘記。目前，台灣靈醫會士的年齡和國籍各不相同，希望未來一些來自其他國家的年輕靈醫會士也能受到啟發，來到台灣進行傳教工作。

我們感謝台灣人民透過會士們的宣講和見證，歡迎我們主耶穌基督的福音。我們也感謝台灣人民讓我們從一開始到現在，操練並與他們分享聖嘉民的神恩和靈性，相信他們自己已經學會如何欣賞與實踐。他們中有許多人是真正虔誠和熱心的協同者，而不僅僅是我們的醫療機構、學校和教區僱員或同事。但我們希望能有更多台灣人能接受呼召而加入修會，最終也能成為靈醫會士。

最後，我要感謝諮議會成員在全年慶祝活動中設計各種精彩的節目。對於那些以各種方式做出貢獻，來讓此次活動能取得成功和有意義的善心人士，我們非常感謝您的付出。

願我們的會祖聖嘉民和病人之痊聖母，透過聖神的力量和引導，繼續透過傳福音和治癒病人來啟發我們走向天國的旅程。願天主祝福靈醫會在台七十週年快樂！

賀詞——

用生命展現慈悲與關懷

中華民國總統 蔡英文

一九五二年，近三十位來自義大利靈醫會的神父、修士、修女，以及來自斯洛維尼亞的外科醫師Oki范鳳龍，因緣際會陸續來到台灣，選擇在宜蘭羅東及澎湖落腳。這群正值青春年華的外籍神職人員，懷抱著醫療傳道、濟弱扶傾的理念，深入民間，足跡遍布蘭陽平原、原鄉部落和離島，透過傳播福音與醫治病人，默默守護台灣民眾身心靈的健康，無私付出，不求回報的奉獻精神，為台灣這塊土地增添許多感人肺腑、珍貴浪漫的篇章。

七十年來，靈醫會士們在台灣不僅籌建醫院，設立護理學校，培植醫護專才，提升台灣醫療水準，也藉由山地與離島巡迴醫療，醫治偏鄉民眾，提供物資救濟，改善生活環境；設立安養院、啟智中心及身心障礙服務中心等社會服務機構，收容照護弱勢族群；更配合政府政策，建構完整長照網絡，積極投入防疫工作，主動募集防疫物資，這些善行義舉，國人涓滴感念在心。

愛是持續的付出，施比受更有福。靈醫會士們在台灣奉獻服務，用生命與行動展現慈悲與關懷，這種沒有國界藩籬的人道精神深深感召國人，每當國內外發生需要援助事件，都可以看到台灣民眾發揮扶濟互助精神，主動伸出援手，這股良善的力量成為台灣最美的風景，深獲國際肯定。

欣聞靈醫會在來台七十週年之際，將出書記錄靈醫會士在台愛與奉獻的典範，以及在台相關醫療組織慈善機構的創建與成果，見證天主對世人的慈愛，鼓舞眾人積極付出、和諧友愛，極具意義。謹藉此向所有靈醫會士、修女及所有工作同仁，表達最誠摯敬意與謝忱，期盼在既有良好基礎上，持續秉持惠愛奉獻熱忱，積極服務人群，共同營造健康幸福的社會。

二〇二二年三月

蔡英文

賀詞——愛台灣的最好證明

前台北總教區總主教 狄剛

「七十年」時間不算長，但也不能算短。俗話說：「人生七十古來稀！」但也有人以為「人生七十才開始」。一個修會團體在一個地區能存在七十個春秋，應該說「不簡單」！

靈醫會來台七十年了！呂若瑟會長要我為七十年特刊寫一篇序，我不喜歡寫「序」，寧願寫「讀後感」，但堅辭不果，只好寫。

靈醫會在台灣，主要是在宜蘭及澎湖兩地區工作，而靈醫會成立的主旨是參與教會的醫療服務。主耶穌在世時主要工作之一是「醫療」，但祂所有的工作都有祂「福傳」及「牧靈」的幅度。實際上祂做的是全人——身心靈——全部的醫治。因此靈醫會的全部工作就是參與主救贖人類各方面的大工程。

我與靈醫會在台北總教區的接觸，全在於我在台北總教區的身分與職務。我是在一九六五年八月中，由歐洲來台加入台北總教區。一九六六年五月，羅光總主教繼由耕莘樞機署理成為台北教區第二任台北總主教。我在羅總主教就職當天，被任命為專責服務平信徒（俗稱教友）的副主教。

我與靈醫會的第一次接觸，是秘克琳神父來見我，說他準備成立「蘭陽青年（會）中心」並組織「青年舞蹈團」。但修會方面不同意，因為這不合乎修會的主要宗旨。我將這事稟告羅總主教，他很高興，並親自與靈醫會商議，請修會成立該中心、並組織舞蹈團。

實際上，在傳教區的修會，無論他們的特殊神恩與創會宗旨如何，教區當局常十分歡迎他們參與教區建設地方教會的各項工作。加以新興的地方教會缺乏人力與資源，而有歷史、有傳統的修會常是建設地方教會的主要力量來源。

事實上，靈醫會不但在羅東創辦了聖母醫院及聖母專校、安老所、殘障中心等醫護外展事業；也在蘭陽地區創立了多所堂區，以發展福傳及牧靈工作；還透過蘭陽青年中心，將中華民族傳統及現代舞蹈展現在國際競賽中，享譽世界。同樣秘神父創辦了「童玩藝術節」，也使蘭陽青年會名滿天下。另一造福台灣幼教界的成就是派人去義大利把「蒙特梭利」教學法取到台灣。我們也不可忘記，靈醫會在大陸雲南地區為痲瘋患所做的一切；在馬公的醫療事業與牧靈工作也不容輕易遺忘；在蘭陽地區為原住民所做的種種，也應當牢記在心。

靈醫會七十年之久，以少數人力做了相當多榮主益人的事，特別在窮鄉僻壤不求聞達的服務，讓多少台灣人尊敬愛戴。因此，當呂若瑟會長向台灣社會人士求取他義大利家鄉防疫物資援助時，那麼迅速地得到響應，是一種他們愛台灣所得到的最好證明！

但是我們仍然應當說：「靈醫會追隨會祖聖嘉民所做的一切，只有天主清楚知道！」

我擔任台北總主教十九年之久，對靈醫會為教會及社會的貢獻知之甚詳，會士們謙虛熱忱的基督精神，應當受到我們大家衷心的感激、肯定與敬愛！

狄剛

賀詞——看見最小兄弟的需要

台北總教區總主教 鍾安住

一九五二年，靈醫會來到台灣宜蘭和澎湖的這一年，其實也是我的出生年。所以，我幾歲，靈醫會在台灣服務也就幾年了。但讓我很佩服的是，人會老，頭髮會白，體力每況愈下……，可是，大家可以看看，靈醫會這些年來為天主在台灣所從事的工作，卻是愈來愈多，愈來愈有活力，愈來愈年輕。

七十年前，靈醫會神父、會士們來到台灣，在澎湖——「知道澎湖的痲瘋病人不敢外出就醫，神父、修士主動到病人家裡治療並關心他們」、「深入社區關心漁民的生活，有了碼頭、築防波堤、國宅等社區基礎建設興建」；在宜蘭——「走進山地原鄉部落一步一腳印建立教堂、從聖母醫院拿藥上山治療病人，山上病人有緊急狀況將病人送下山醫治」、「成立丸山療養院，以專門照顧肺結核病人」、「看到路旁的身心障礙的孩子衣衫襤褸在地上爬行，就動了慈心，而開始了啟智與身障的服務事工」……芳表流傳。

七十年來，我們看到靈醫會外籍傳教士們，一直心繫著這群與他們沒有血緣關係的台灣人，並特別關注弱勢族群的醫療及心靈所需。他們以醫療傳愛的方式，在宜蘭、澎湖的每一處邊城、海角及山地部落，照護弱勢民眾的健康——從最早的痲瘋病、肺結核、小兒痲痺，及至身心障礙、原鄉部落等，到現在的海外醫療服務、山地巡迴醫療、社區照護、居家護理、居家醫療、安寧照護及老人的長期照護，他們總是即時提供台灣最需要的服務項目。綜觀以上各項服務，事實上，會士們正是將耶穌基督的愛德，以及悲天憫人的精神，以實際行動發揮出來。

二〇二〇年，我以總主教身分走訪羅東聖母醫院及靈醫會相關機構時，不管在安寧病房、樂活日照中心、啟智中心及長照中心，都能看見同仁對病人長輩的悉心照護，甚至是親密互動，這讓我非常感動！當下更欣然接受呂若瑟神父的邀請，為「澎湖惠民醫院重建計畫」的募款代言，為靈醫會的福傳事工做見證。

二〇二二年是靈醫會來台七十週年，更是另一階段的開始。靈醫會過去為台灣的付出，絕對值得我們的大力支援，讓他們持續服務更多的弱小弟兄。在七十年這個新開始之際，讓我們為靈醫會此項美好事工祈禱——祈求天主慈愛，照護靈醫會的福傳事工，結出豐碩的生命果實。

鍾安住

賀詞——一生的奉獻、永遠的賜福

宜蘭縣長 林姿妙

一九五二年，天主教靈醫會的會士們，帶著他們對天主的誓願和祝福來到蘭陽平原，選擇在宜蘭縣羅東鎮落腳。從零開始，展開天主福音的傳揚，同時為弱勢的人們帶來天主的慈暉。這是蘭陽平原這片土地天大的福分，對於所有曾經在這裡無私奉獻的靈醫會士，我們永遠衷心地感恩與景仰。感謝您們為宜蘭這片土地帶來的福報與恩典。

七十年的歲月，有人說是一輩子，也有人說是人生才開始，對蘭陽這片土地來說，已經經過了兩個世代的交替。而對靈醫會的會士來說，七十年不改初衷，七十年悲天憫人，七十年無私奉獻，時間對他們來說或許已經不再有特別意義。但是，靈醫會士們所注入的愛，卻永遠賜福著蘭陽平原這片土地。從羅東聖母醫院到聖母醫護管理專科學校、從聖嘉民啟智中心到聖嘉民老人長期照顧中心、從蘭陽青年中心到聖母山莊，再到殘障者社會服務中心……，無處不是天主教靈醫會士們全心的奉獻，無處不是天主無差別的愛。

自從靈醫會士們踏上蘭陽平原這片土地那一刻起，天主的愛就來到我們的中間。從最早的華露德神父、徐心凱神父、潘志仁神父、張必富神父、孔德祿神父、李智神父……等，還有多數蘭陽鄉親所熟知的如呂若瑟神父、高國卿神父、謝樂廷神父、秘克琳神父……等。他們每一位都是宜蘭的大恩人，姿妙和所有宜蘭鄉親永遠感念每一位靈醫會士對宜蘭的付出與貢獻。

喜迎天主教靈醫會來台七十週年，出版《落地扎根，綻放芳華》紀念專書，姿妙能夠為之撰文致賀，實倍感榮幸。衷心期盼天主教靈醫會全體會士喜樂充滿，至高無上天主的愛永續芬芳，蘭陽平原在天主教靈醫會無私的耕耘賜福下，百世其昌！

林姿妤 謹識

二〇二二年三月

感謝詞——回首七十年

天主教靈醫會台灣區會長 呂若瑟神父[1]

一九四六年，當時我才六歲，每個週日會與家人一起參加彌撒及主日學。我們的堂區離靈醫會修道院很近，固定會有一位靈醫會的神父每週日來到本堂主持彌撒。有一天，這位神父說：「下星期有五位準備出發去中國大陸服務的靈醫會士，要來我們本堂，和大家說說話。」那一天，果然有五位穿著紅十字會衣的會士來到我們本堂，而本堂也正式歡送他們，為著他們即將出發前往中國大陸。

那時我年紀還小，對傳教士的認識並不多，更不用說對中國有任何了解。不過，當聽到他們說：「我們要去中國大陸，而且再也不會回到義大利。」那時，我心裡就覺得很感動。

直到一九五〇年，我十歲時進入修道院。隔年，當聽到有來到本堂的其中一位會士，不幸在中國大陸因為感染瘟疫而死亡，當時我心情覺得很難受。不過，他們果然實現那天所許下的承諾：「會永遠在中國傳播耶穌的福音。」

那時，開始認為這位會士是我心目中的英雄，而且許多會士決定永遠奉獻他們的生命，就只是為了照顧中國的老百姓，特別是痲瘋病人，然後有更多會士也陸續跟著他們的腳步前往中國。不過，在一九五二年，聽到消息說共產黨佔領大陸，並要求所有外國傳教士離開中國。所以，那一群偉大的會士沒有辦法，只好離開大陸、去了香港，最終也決定來到台灣。由於兩地語言相同，也是懷著希望，或許幾年後能再回到中國雲南服務。

然而，因為政治因素，就沒有辦法再回去，所以開始在台灣發展靈醫會的神恩及傳教工作。在這七十年當中，我的大哥呂道南神父，在晉鐸神父之後，也決定來到台灣的澎湖群島服務。當時，他時常寫信回家，表示在當地有許多服務的機會。於一九六〇年，我大哥當時工作所在（澎湖惠民）醫院院長羅德信神父剛好回到義大利開會，並馬上來修道院找我，向我說明他在澎湖所做的工作。他說，在澎湖有二十個島嶼有人居住，那些老百姓很需要各方面的協助。當時，他不知道如何說服我、或要怎樣說才能讓我感動，並跟著他去到澎湖服務，所以他想出一個辦法說：「如果你能接受去澎湖服務，我會為你買一艘船，方便讓你到各島去服務，並接近所有需要幫助的人。」

當他提出這個想法，確實打動了我的心，於是我馬上就接受了。所以在一九六四年，我晉鐸神父之後，就先到愛爾蘭半年，去學習英文；一九六五年，離開義大利來到台灣。到了台灣之後，由於馬公和羅東的院長之間意見分歧，到底羅東比較需要，還是澎湖比較需要新的會士？到最後，還是先決定留在羅東。所以，當時有人開玩笑說：「羅東的院長是給你多少錢，才把你買下來，留在羅東？」

不過，羅神父一直希望我能前往馬公服務，而我心裡也想著那一艘船。一九六五年九月十五日，我開始在台灣的新生活，先在羅東服務幾年之後，再計畫去到馬公。我當時想發展靈醫會的特恩及傳教工作，於一九七五年，在冬山鄉開始服務身障人士；於一九七七年八月十六日調到馬公服務時，發現當地有很多小兒麻痺的人躲在家裡，所以於一九七八年為他們設立了「海星園」，舉辦很多活動，給他們精神上及實際上的協助。於一九八一年的國際殘障年，也發現在澎湖鄉下有很多智能不足兒童，沒有人關心和教育他們，所以於當年二月五日成立「惠民啟智中心」。於一九八六年，我被調回羅東服務，也發現在地民眾的需求，於一九八七年六月三十日向縣政府立案成立「聖嘉民啟智中心」。

如今已是二〇二二年，正值靈醫會來台七十週年，我們舉辦很多慶祝活動，特別與主教公署聯合

1 編注：呂若瑟神父除了是羅馬天主教靈醫會台灣區會長之外，也是天主教靈醫會在台灣所有相關機構（特別是財團法人天主教靈醫會、天主教靈醫會醫療財團法人）的董事長。

創作，於每個月十日都會播出一集介紹影片，介紹靈醫會在台灣的相關機構及靈醫會的歷史，讓全世界透過 YOUTUBE 就能看到精彩內容。此外，還有義診、園遊會、相關紀念品的發行。希望透過這些活動，來紀念靈醫會在台灣七十年來所進行的事工。這是未來嶄新七十年美好的開始，也讓靈醫會士都能傳承前人所推動的工作，並將其發揚光大。

最後，敬祝大家

平安喜樂

Fr Didoné C.

Phillippine Province
Delegation Of Taiwan
Fr. Didone Giuseppe

目錄
Contents

目錄 Contents

第一部——靈醫會源起與發展

貧窮者和病人都代表天主的心，因此服事他們，如同服事主耶穌。
——聖嘉民．德．雷列斯（St. Camillus De Lellis, 1550-1614）

第1章

聖者的一天

藉著給予，我們就會清楚被揀選、祝福、破碎，不只是為了我們自己，而是讓我們看到生命的最終意義，是為別人而活……何等奇妙的奧秘！我們最大的滿足，在於將自己奉獻給別人。

——盧雲神父，《活出有愛的生命》

從一天的行程，就能看出聖者一生使命的縮影。耶穌的行程簡捷，醫病、趕鬼、講道、靜默祈禱；會祖聖嘉民和台灣區會長呂若瑟神父一天的行程則相當緊湊，彷彿把一天當成在世的最後一天來過，而且內心充滿欣喜、精力旺盛，急著把福音藉由自身的實踐來傳揚給世人。即使生病，都不會喊苦，只要體力撐得過，依然勇往直前，直到真正最後安息的那一天。

耶穌的一天

聖經（馬爾谷／馬可福音 1:21-35）[1]記載著耶穌醫病傳道的一天。

❖傳道、心靈醫治

他們進了葛法翁；一到安息日，耶穌就進入會堂教訓人。人都驚奇他的教訓，因為他教訓他們正像有權威似的，不像經師們一樣。……當時，在他們的會堂裏，正有一個附邪魔的人……耶穌叱責他說：「不要作聲！從他身上出去！」……邪魔使那人拘攣了一陣，大喊一聲，就從他身上出去了。眾人大為驚愕，以致彼此詢問說：「這是怎麼一回事？這是新的教訓，並具有權威；他連給邪魔出命（令），邪魔也聽從他。」

❖疾病醫治

他一出會堂，就同雅各伯和若望來到了西滿和安德肋的家裏。那時，西滿的岳母正躺着發燒；有人就向耶穌提起她來，耶穌上前去，握往她的手，扶起她來，熱症遂即離開了她；她就伺候他們。……耶穌治好了許多患各種病症的人……。

❖靜默祈禱

清晨，天還很黑，耶穌就起身出去，到荒野的地方，在那裏祈禱。

耶穌靜默祈禱（畫家陳憶慈提供）。

聖嘉民的一天

《恫瘝在抱》[2]中則記錄著聖嘉民以個人祈禱開始、忙碌照護病人、病房彌撒結尾的一天。

1 編注：本書中的聖經章節名，皆以天主教、基督新教通用譯名對照的方式呈現，以便讀者閱讀。

2《恫瘝在抱》為光啟文化出版。

❖祈禱：一天的開始

清晨，在中央小堂裡做過很深的祈禱之後，或徹夜祈禱之後的彌撒結束後，他會巡視各個病房。……

❖醫院巡病房服務：疾病照顧的例行工作

嘉民在聖神醫院，繼續用他慣有的方式接待病人，因為他知道，醫院的環境會給病人帶來很大的衝擊。

他總是笑容可掬地迎接他們，幫他們剪頭髮、剪指甲、梳頭、清嘴、洗牙、用香香的溫水給他們洗澡，然後……陪伴他們到病床上休息。……嘉民不要特權，反而還指定最髒、最噁心的病人都留給他來照料。……主動、創造、細心、服務：這些價值，既為人性的價值，也是基督徒的價值，嘉民已經從信仰的角度將這些價值活了出來。

更何況，聖嘉民有一個重大的洞見與發現：病人是「整個人」到醫院來的，他的身體和他的個性，沒有一樣被隔離在醫院之外。在他骯髒破爛的衣服底下，也帶著那「自由、不朽的靈魂」。

❖進入社區進行居家護理和居家安寧

靈醫會成立之初，嘉民就安排居家病人的護理工作。每天，他都會留一些會士在會院裡，以備隨時支援緊急狀況。他們四處奔波，勤快熱忱，城裡的人愈來愈尊敬會士的工作，開始稱他們為：「善終之父。」

羅馬郊區的窮人、城裡的邊緣人、旅館裡的病人，都在嘉民和他的會士身上得到最好的照顧。很快地，只要有人喊他，不論什麼地方，不論白天黑夜，他都會爬上又危險又陰暗的樓梯，毫無畏懼地穿巷過弄……他常常讓臨終的病人親吻十字架，建議病人做簡短而熱心的祈禱、輔導他正向的思想，邀請他們忍耐痛苦，懺悔己罪，全心信賴天主。

❖再回醫院，繼續照護服務

一天傍晚，他在路上遇見一位醫師，是他的好知己。醫師問他要去哪裡。他愉快地回答說，他要散步去一座美麗的花園，那裡滿是香花嫩果……「我的（美麗香）花園，就是聖神醫院。」……他在這條路上奔馳，在這條藉著信仰、在信仰內發現的道路上載欣載奔。

結果，當別人以異樣眼光看他在醫院裡全然奉獻而快樂滿足時，他還覺得別人奇怪哩！「我住在人間仙境裡，抱著將來進天國的盼望和期待，怎能不快活呢？」他如是說。

……雖然腳瘡大量化膿，把他的腳弄得又乾又硬；醫師們都大惑不解，嘉民這樣竟然還能走路！有幾天，他痛得腳抬不起來，連想到起床都會讓他頭昏目眩，即便如此，他還是不肯屈服。病人陪伴病人，日復一日，竭盡心力。

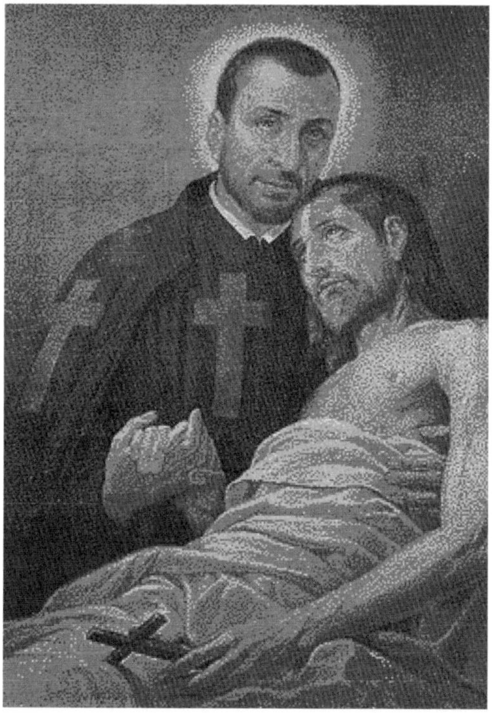

聖嘉民：病人及醫院的主保（李麗秋攝於聖心會院外牆馬賽克圖騰）。

❖病房彌撒

每一次留宿醫院時，他就會在中央聖堂的祭壇上為病人舉行彌撒。……他的目的很單純，就是啟發並推動他的創造力，使病人得到好處。他們是醫院裡唯一的主人，理應得到體貼溫暖的看顧。

呂若瑟神父的一天

《有愛，就有路》[3]一書則從教友的角度側寫呂若瑟神父在聖誕節所展現充滿熱情的樣貌，從既誠懇且幽默的報佳音開始，經歷晨間彌撒、各聖堂彌撒（或平日的行政及關顧工作），晚間以團體靈修及個人祈禱結束充實的一天。最後則加註了「聖嘉民精神」的實踐，即使生病，依然勇往直前、完成既定的出國傳道任務。

❖報佳音：從深夜到凌晨

這年的聖誕夜特別地漫長，已經凌晨一點多，一群人還持續挨家挨戶在報佳音，尤其是在寒溪村，呂若瑟神父堅持每個部落都要完成。雖然有不少教友已經入睡，但也有不少人家仍熱切地期盼神父的到來。七十五歲的年紀，仍然神彩奕奕地走在昏黃的路上，看來令人心疼、卻也佩服。只是，我的精神已經快熬不住了，只剩意志力撐著。

儘管過程喜氣洋洋，還是要怪那個晚會開始到結束都拖得太晚了，心裏難免犯嘀咕，但只得忍住抱怨，一步一步跟著神父輕快的步伐前行。

「小心，前面有蛇！」神父突然一叫。

「在哪裡？在哪裡？」嚇得我都跳了起來。

「騙你的，看你都快睡著了。」

「齁！神父真調皮。」

事實上，他是察覺到我已經呈現失神狀態，怕我睡著了，發生危險，所以才這麼嚇我。

「普世歡騰，救主下降……」

「平安夜，聖善夜……」

報佳音的歌曲一唱，穿破黑夜、響徹雲霄，所有人的精神都振奮了起來。被祝福的人家一高興，就把紅包往神父的口袋裡塞。其實神父一轉手，很快就把這些錢留給了他所疼愛的貧困教友了。

結果這有史以來最漫長的報佳音行程終於在兩點半結束，神父回到宿舍已經凌晨四點了。

❖傳道：一早照常主持彌撒

然而一早的聖誕節彌撒可也是要準時開始的，我雖然拖著疲憊的身軀，回家根本就是一碰到床就昏睡了，但是六點半的鬧鐘還是把我給吵醒了。簡單梳洗之後就趕到三星聖嘉民教堂，沒想到呂神父他老人家早已精神抖擻地在準備著彌撒的事工，實在令人感動呀！

「這是一個值得慶賀的日子，我們的救主誕生了，祂為贖我們的罪，被釘在十字架上，承受世人的痛苦……，〈馬爾谷福音〉（馬可福音）10章45節：『因為人子來，並不是要受人的服事，乃是要服事人，並且要捨命作多人的贖價。』……」

我在位子上打盹，睡到連口水都從嘴角流出來了。

「以上所求是因著我們主耶穌基督之名。」

「阿們！」

我被眾人大聲的應答「阿們！」給嚇醒了。擦乾口水，繼續跟著彌撒的流程。事實上，之後的儀式，甚至我自己怎麼回家的，我都模模糊糊，有點記不清楚了。

❖行政、心靈關顧與傳道：馬不停蹄、從不喊累

呂神父身上有多重身分，他的週一到週五早上是在醫院當董事長、財務長，處理繁雜的公事。

---

3 《有愛，就有路》為光啟文化出版。

下午則到聖嘉民啟智中心與長照中心，陪伴慢飛天使與可愛的老人。晚上則到寒溪村的慕道友家中拜訪、教導聖經義理，一坐往往就是一兩個小時，許多慕道友就是這樣被他的精神所感動而認識了耶穌，承認耶穌真是救主。週六、日則要分別要到寒溪、丸山、冬山，甚至聖嘉民教堂主持彌撒。這行程真是滿檔，從來都聽不到他抱怨累了，只看見他總是微笑著，將耶穌的愛傳給任何一位他所接觸到的人。

❖靈修與祈禱

靈醫會士們一生奉行聖願「神貧」，生活需求簡單樸實，他們如此辛勞、甚至全天候工作，隨時為需要的病人服務，不求回報。此外，他們的生活作息規律、嚴謹，彼此之間關係密切，除了對教友解惑之外，夜間一起享用愛宴，餐後進行團體靈修，並接受長上指引。睡前，再進行個人祈禱時間。

❖即使生病，依然幾近固執地勇往直前

凡信從我的，就如經上說：從他的心中要流出活水的江河。（若望／約翰福音 7:38）

有一次呂神父發了四十度的高燒，急診室的醫師堅持要他住院治療，他還有點生氣地說：「我待會兒要去主持一台彌撒，明天一早還要出發到大陸雲南去十四天……」

結果急診室醫師只好放人，並且要求隨行的高國卿神父，幫忙帶了十四天的藥，一路盯著他服藥。是啊！他為何如此拼命？總要耗盡每一分心力，就是為了到處散播耶穌的愛，唉！真是服了他。還好，他從大陸回來之後，依然神采飛揚。

這不禁令人想起范丹伯在《病床邊的溫柔》書中的內容：

健康的人？他將自己拋擲到無止盡的外在追求裡，豪華的房子、昂貴的名車、不斷的假日旅遊，其結果是更瘋狂地追逐金錢，他給了這些紛至沓來的欲求一個耀眼的稱呼：「生涯」。

生病的人？他打理自己的房間，弄弄窗台、擦擦窗戶，他所見的世界是充滿有意義和令人驚奇的事件：和煦光影隨時間的變化、綠葉隨風搖曳、樹上小鳥的啁啾、七里飄來的花香……。

處在兩種完全不同的認知裡，誰才真是病了？

其實，身體有病痛，心理卻可以是健康的。

可以想見，呂神父在病床上，他看到的風景，超越凡人與病者，反而是那些極度渴求愛的地方和人，而他正滿懷著耶穌江河湧流的愛心，急切地想奔洩而出，澤被彼岸受苦的同胞。區區身體的小病痛，完全擋不住他蓄勢待發的腳步。從呂神父一日的行蹤，除了追隨耶穌和聖嘉民的步履，也能窺探到一個高貴的靈魂，他的眼界是如此超越一般人的身心層次，直達更加廣闊的的靈性領域。

第 2 章

耶穌——醫療傳道的榜樣

要醫治城中的病人，並給他們說：「天主的國已經臨近你們了。」

——路加福音10章9節

聖經的記載，耶穌因為醫好了許多人的病痛，祂醫病的名聲遠播，於是眾人從四面八方而來接近祂，耶穌也就利用這機會向眾人傳道，使人知罪悔改、罪得赦免，並且脫離撒旦的綑綁，重獲心靈的自由，使人在身、心、靈同時都得到醫治。祂藉重醫療的機會來教導眾人，使人們藉著祂的教導和實際生活來認識天主。此外，祂也藉著醫療傳道的榜樣來訓練門徒，使他們知道以後如何從事醫療傳道的事工。

耶穌在世三十三年，從出生就被黑落德（希律）王追殺，甚至父母還需帶他逃往埃及避難。長大成人向世人傳道的過程，也備受刁難、揶揄，甚至明白自己為代贖世人的罪，必須走上十字架的道路。即使如此，在被逮補之前，仍感到極度恐慌：

「父啊！你如果願意，請給我免去這杯罷！但不要隨我的意願，惟照你的意願成就罷！」有一位天使，從天上顯現給他，加強他的力量。他在極度恐慌中，祈禱越發懇切；他的汗如同血珠滴在地上。（路加福音 22:42-44）

甚至在十字架上，這樣的恐慌還持續存在著：

耶穌大聲喊說：「厄里、厄里，肋瑪撒巴黑塔尼！」就是說：「我的天主，我的天主！你為什麼捨棄了我？」（瑪竇／馬太福音 27:46）

直到酷刑的終點到來，耶穌終於平和地說：

耶穌一嚐了那醋，便說：「完成了。」就低下頭，交付了靈魂。（若望／約翰福音 19:30）

也達成了祂在世時的教導：

耶穌開口向他們說：「人子要受光榮的時辰到了。我實實在在告訴你們：一粒麥子如果不落在地裏死了，仍只是一粒；如果死了，纔結出許多子粒來。」（若望／約翰福音 12:23-24）

醫療傳道是主耶穌賜給門徒的權柄：

耶穌將他的十二門徒叫來，授給他們制伏邪魔的權柄，可以驅逐邪魔，醫治各種病症，各種疾苦……你們在路上應宣講說：天國臨近了。病人，你們要治好；死人，你們要復活；癩病人，你們要潔淨；魔鬼，你們要驅逐；你們白白得來的，也要白白分施。（瑪竇／馬太福音 10:1,7-8）

祂又再找七十二個門徒，差遣他們走在自己的前面，到各城各鄉去從事醫療傳道。

最後的晚餐：耶穌和十二門徒（郭約瑟攝）。

要醫治城中的病人，並給他們說：「天主的國已經臨近你們了。」（路加福音 10:9）

因此，醫療傳道是主耶穌給門徒的使命，因為世人的生命脆弱、心靈困苦流離，有如迷失的羊群，找不到牧人一般。世世代代的門徒藉著耶穌的教導與示範，透過實際關懷、提供醫療，改善人們的生活與健康，同時也經由傳講福音，將耶穌的教誨深植人心。

人類即使演進成為地球之主宰，卻也演變成為危害地球生態之主角，充分展現四種理性固有的盲點，或許也可稱為思想病毒：

- **自以為是**：或稱先入為主、自作聰明、讀心術。只看得見自己角度的觀點，難以了解一件事本來就有多重觀點，甚至是事件的來龍去脈，也不是眼前所見那麼單純。聖經中有一些經文，可用來說明何謂「自以為是」。

他來到自己的家鄉，在會堂裏教訓人，以致人們都驚訝說：「這人從那裏得了這樣的智慧和奇能？這人不是那木匠的兒子嗎？

> 他的母親不是叫瑪利亞，他的弟兄不是叫雅各伯、若瑟、西滿和猶達嗎？他的姊妹不是都在我們這裏嗎？那麼，他的這一切是從那裏來的呢？」他們就對他起了反感。耶穌卻對他們說：「先知，除了在自己的本鄉、本家外，沒有不受尊敬的。」他在那裏，因為，他們不信，沒有多行奇能。（瑪竇／馬太福音 13:54-58）

> 不要自作聰明，應敬畏主，遠避邪惡。（箴言 3:7）

- **短視近利**：或稱視野狹窄。針對未來，呈現狹隘的時空見解，可能過度樂觀、或過度悲觀。梅瑟帶著以色列人即將進到應許之地前，沒想到當時的百姓卻短視近利，只看眼前的豐盛，就放棄上主更大的祝福。

> 梅瑟（摩西）回答加得的子孫和勒烏本的子孫說：「怎麼！你們的兄弟去打仗，你們卻要住在這裏？為什麼你們要叫以色列子民喪氣，使他們不敢進入上主賜給他們的土地？」（戶籍／民數紀 32:6-7）

- **自欺欺人**：又稱合理化，為滿足一己私慾而找盡藉口，不顧其他人或生靈的權利。達味（大衛）強取人妻、設計害死人夫的歷史，可看見人在傲慢之時，是多麼地妄為。

> 人本來不算什麼，若自以為算什麼，就是欺騙自己。（加拉達／加拉太書 6:3）

> 一天傍晚，達味由床上起來，在宮殿的房頂上散步；從房頂上看見一個女人在沐浴，這女人容貌很美……有人告訴他說：「這不是厄里安的女兒，赫特人烏黎雅的妻子巴特舍巴嗎？」達味就派人將她接來；她來到他那裏，達味就與她同寢……（撒慕爾／撒母耳紀下 11:2-4）

- **重蹈覆轍**：針對過去，在怨恨與自責中惡性循環，因而不斷衍生報復或自我傷害的行為。仇恨與報復的循環，結局必然是冤冤相報何時了？雙方必定會不斷地重蹈覆轍！如同現今世界許多地區仍處於戰火不斷的慘狀；此外，過度自責導致自卑、墮落的心理鎖鏈，同樣會讓人不斷陷入同樣悲慘的情境。

因為民族要起來攻打民族，國家要起來攻打國家；並且到處會有饑荒、瘟疫和地震。（瑪竇／馬太福音 24:7）

我終於向你承認我的罪過，絲毫也沒有隱瞞我的邪惡，我說：「我要向上主承認我的罪孽。」（聖詠／詩篇 32:5）

除了醫療傳道，耶穌也透過本身一生的言行舉止，展現出超越時空、看透內在思維及外在人際互動的胸懷，示範出如何真誠地愛人，以及為人與自己、人際、人境、人神之間創造出和好、愛與合一的關係，並親自示範和教導，明示如下真理：

- **同理：**超越時空、對人事物存多方理解角度，耐心釐清事件的來龍去脈。耶穌流淚了，正是對世人生命脆弱、死別哀傷同理的最高境界；此外，耶穌透過對最小兄弟的愛，則是對世間更普遍的苦難做出最深切的同理。

  耶穌看見她哭泣，還有同她一起來的猶太人也哭泣，便心神感傷，難過起來，遂說：「你們把他安放在那裏？」他們回答說：「主，你來，看罷！」耶穌流淚了。（若望／約翰福音 11:33-35）

  我實在告訴你們：凡你們對我這些最小兄弟中的一個所做的，就是對我做的。」（瑪竇／馬太福音 25:40）

- **夢想：**跨越時空限制，清楚點亮未來方向。耶穌所清楚點化的「祈求、尋找、敲門」，分別代表「夢想、擘劃、行動」，就是實現夢想的三步驟。

  因為凡是（祈）求的，就必得到；（尋）找的，就必找到；敲（門）的，就必給他開。（瑪竇／馬太福音 7:8）

- **悔改：**協助他人認罪悔改，以調控個人慾望的界限和準則。新約聖經中有二十一處提到「悔改」，之後因此成為「新造的人」。

我告訴你們：對於一個罪人悔改，在天主的使者前，也是這樣歡樂。（路加福音 15:10）
並且必須從耶路撒冷開始，因他的名向萬邦宣講悔改，以得罪之赦。（路加福音 24:47）
所以誰若在基督內，他就是一個新受造物，舊的已成過去，看，都成了新的。（格林多／哥林多後書 5:17）

- **寬恕：**對自己與他人的寬恕，以化解惡性循環；特別耶穌提到，即使是連仇人，都需要為他們祈禱，目的是為了完全清除個人心中的毒素，這是寬恕的最高境界。

耶穌說：你們一向聽說過：「你應愛你的近人，恨你的仇人！」我卻對你們說：「你們當愛你們的仇人，當為迫害你們的人祈禱，好使你們成為你們在天之父的子女，因為祂使太陽上升，光照惡人，也光照善人；降雨給義人，也給不義的人。」（瑪竇／馬太福音 5:43-45）
伯多祿前來對耶穌說：「主啊！若我的弟兄得罪了我，我該寬恕他多次？直到七次嗎？」耶穌對他說：「我不對你說：直到七次，而是到七十個七次。」（瑪竇／馬太福音 18:21-22）

這四項能力——同理、夢想、悔改、寬恕，正是徹底修復上述人類四種理性盲點的四種療癒方案，或許也可稱為上述思想病毒的解毒劑。既然人類理性會出現之前所述四項主要盲點，也代表之後這四項能力並非天生就具備，只能說造物主在創造人類之時，就已經將其潛質設計在我們腦中，但必須透過努力學習，才能開發出來，因此每一項能力都不是簡單的事。

而事實上這四項能力的背後源頭，細細思量幾乎都會指向愛，特別是人際與人神之愛，意即只有透過「圓滿的愛」，才能真正完全修復人類理性的盲點，使人類因愛而得以完全。因為愛，我們才會想要去同理對方真正所求所想為何；因為愛，我們才願意將眼光放遠，不會受到眼前的爭執、困境、

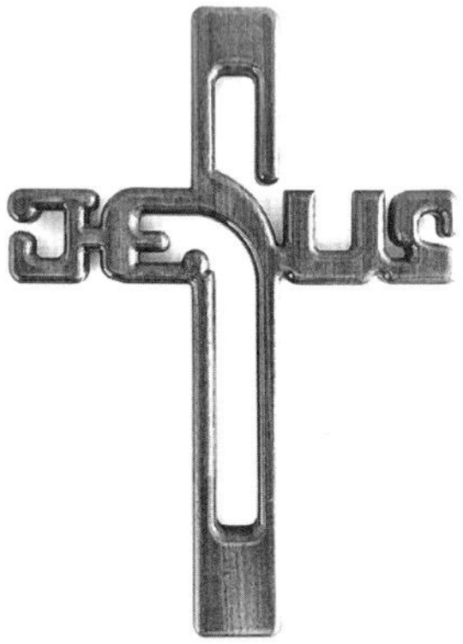

耶穌在十字架上帶有豐富的心靈意涵（郭約瑟攝）。

資源缺乏所限制，超越時空，去設想更美好的未來；因為愛，我們才願意去審視自己人性的脆弱、陰暗、所犯的罪孽，並找到願意悔改的心；因為愛，即使面對多大的傷痛，最終都願意選擇放下和寬恕，最終得到平和的心。

並且透過彼此相愛，得以完全合而為一。至於愛的源頭，就是天主，而天主就是差派聖子耶穌來到世上，示範、教導、連結，也因而促成了人與天主的合一。這也顯露出聖十字架的意涵，往上是與天主的關係、往兩側是與其他近人（鄰人）的關係，往下則是與大自然環境的關係，在十字架上的耶穌，則是人與自己心靈的關係。充分顯示人與天主、近人、大自然和自己的的關係，透過耶穌之愛的連結，得以人神、人際、人境和身心靈完全合而為一。

> 我們認識了，且相信了天主對我們所懷的愛。天主是愛，那存留在愛內的，就存留在天主內，天主也存留在他內。我們內的愛得以圓滿，即在於此：就是我們可在審判的日子放心大膽，因為那一位怎樣，我們在這世界上也怎樣。（若望／約翰一書 4:16-17）
>
> 這是我的命令：你們該彼此相愛，如同我愛了你們一樣。（若望／約翰福音 15:12）
>
> 我在他們內，你在我內，使他們完全合而為一，為叫世界知道是你派遣了我，並且你愛了他們，如愛了我一樣。（若望／約翰福音 17:23）

事實上，十字架本身在心理上，也代表著人們生活平衡的意涵[1]，往上攸關人生的未來、意義、靈性和想像力，往右代表人的身體和心理健康，往下則為人生的成就和工作，往左則為與親友、社會等世上所有的關係。這四項生活領域同等重要，因此，人們必須取得平衡，否則偏向任一方，都可能導致人生的失衡、甚至失控。相對地，當一個人在生活中出現了大問題，例如健康、婚姻、經濟或生活空虛等，就能透過這樣的平衡模式，來檢討過去生活模式的偏移狀態，並努力發展潛能，重新找回四項生活領域的平衡。

然而，這四項生活領域的平衡，必須有個重心，才能可長可久，十字架的交叉點就是重心，這交叉點就是耶穌的所在，而耶穌帶給世人的福音中，最重要的訊息是「愛」，從天主而來的愛。因此耶穌的愛，就是我們生活的重心。透過耶穌如江河湧流的愛，透過我們成為愛的導管，將愛傳送到生活中的四項領域，並顯露耶穌的光芒。

你們該懷有基督耶穌所懷有的心情（以基督耶穌的心為心）……因為是天主在你們內工作，使你們願意，並使你們力行，為成就他的善意。……好使你們成為無可指摘和純潔的，在乖僻敗壞的世代中，做天主無瑕的子女；在世人中你們應放光明，有如宇宙間的明星。（斐理伯／腓立比書2:5,13,15）

1 編注：生活平衡模式概念出自《正向心理科學臨床實務》（啟示出版社）一書。

第 3 章

靈醫會會祖聖嘉民的生平與典範

我將做一個天主的人，把自己全心奉獻，奉獻給那些最小的兄弟們。

——聖嘉民

天主教靈醫會是由聖嘉民・德・雷列斯（St. Camillus De Lellis）所創立，被尊稱為「病者的慈父、醫護的師表」。於一五五〇年五月二十五日生在義大利中部的布契雅尼哥城（Bucchianico）。十三歲時母親便過世了，十八歲時他跟著七十多歲的父親去從軍，卻染上賭博惡習，父親不久病逝，他更是無法自拔，視賭如命[1]。

幡然醒悟、浪子回頭

在二十四歲時，他的軍旅生活因腳上潰爛的膿瘡劃下句點，之後持續長達四年時間，沈迷賭博，輸光所有家當，連戰士隨身物件、襯衫都成為賭注，終究翻不了身，一窮二白。陷入飢寒交迫的窘境，只能來到教堂門口乞討，經修士邀請成為修院的泥水匠，直到有一天，陷入深度的省思當中：

念及過去享樂的日子，有什麼意義？一股空虛、挫敗襲來，把我淹沒了。往事層層掠過，我想起，母親因為自己頑皮，心碎地飲恨人間；父親半生戎馬，卻默默無聞、窮苦潦倒地與世長辭；自己呢，泰半青春耗費在罪惡之中；心中的理想幻滅成空……霎時，耀眼的結論如光芒乍現：「如果天主是一切，那麼，只有祂是絕對者，是每一個人的渴望；唯有祂，能賦予生命終極的意義，真實的意義。我將做一個天主的人，把自己全心奉獻，奉獻給那些最小的兄弟們……」

因患病住院而發願成立修會，並將照護病人當成一生職志

嘉民之後進入嘉布遣會，後因醫治腿上壞疽，在住院期間，看盡形形色色的病苦人生，深刻體驗病者身心靈的需求，因而發願建立一個專門服事病人的修會。然而，這路途上並非一帆風順，他還時常因受到挫折而抑鬱難平，直到睡眠時才拾回對天主的信賴。有天夜裡，他做了一個夢，夢見天主親自從十字架下來撫慰他，給他鼓勵說：「繼續工作吧！膽小鬼，不要害怕，我會幫你的……」過不久，另一個夢中見到天主又來安慰他：「不要害怕、膽怯，因為這是我的工作，而不是你的……」

聖嘉民：病者的慈父、醫護的師表。

幾經艱辛奮鬥，終於在一五八六年三月十八日由教宗西斯篤五世（Sistus V Peretti）批准，成立了天主教靈醫會，並批准這個新生修會以胸前和斗篷綴上紅色十字為會服，昭示他們以仁愛和犧牲為使命。靈醫會的修會聖願除了天主教固有的「守貞、守貧、服從」外，還加上「即使會危及個人生命，仍

1 本章有關聖嘉民故事摘錄自《恫瘝在抱》（光啟文化）一書。

堅持服務病人（護病）」。期許會士們盡心竭力為病人和窮苦的人服務為使命，即使面臨生命危險，也不放棄，並深入疫區去陪伴病人，施醫救貧。實際奉行聖經上耶穌所說；「你們對我這些最小兄弟中的一個所做的，就是對我做的。」（瑪竇／馬太福音 25:40）

聖嘉民說：「靈醫會是奇蹟式地成立，目的在光榮天主，在造福鄰人的心靈和身體。我覺得這很符合福音的精神，以及主的教訓，無論舊約或新約都如此強調，耶穌更是以祂的至聖生命作為模範，全心照顧病人，醫治所有的疾病……」

天主特別賦予聖嘉民和其追隨者稟賦，能見證與重現耶穌對病人的仁慈之愛。

靈醫會創立與發展階段

聖嘉民創會時的伙伴，三邱神父（Sancio Cicateli）寫下聖嘉民的生命和他所建立團體的發展階段如下：

嘉民在他最初的理想中，所想的不過是在羅馬的聖雅各伯醫院裡，建立一個善心人士的小團體；但是天主，卻藉著許多困難，使他了解，最好的做法是走出去，到所有的醫院裡提供服務。嘉民想的是集合一些教友，天主卻強迫他成為司鐸，並建立一個有神父及修士的修會。

嘉民想組織一個沒有修會聖願約束的小團體，而天主卻使他創立一個矢發終身願的新修會。嘉民想解放病人於貪財之徒的手，只服務病人的物質需要；天主卻使他做得更多，叫他使病人也從那些不稱職的牧靈人員手中解放出來，因為精神需要在基督宗教裡是很必要的。

嘉民想組織的團體是為了服務有爛瘡的病人，天主卻要他也服務那些發燒或受傷的病人。嘉民沒想過照顧傳染病患或監獄中的病人，天主卻將這些可憐的人也託付在他的手中。嘉民沒有想過到各個家庭裡照顧垂死的病人，天主卻給他靈感，或說以天主的意志強迫他，也投入這個比其他職務更重要的職務。

一六一四年七月十四日，聖嘉民沉浸在祈禱中，在會士們的環繞之下，安息主懷，享年六十四歲。羅馬教會經過長時間的調查之後，在一七四六年給聖嘉民宣聖。一八八六年教宗良十三世（Papa Leon XIII）宣布聖嘉民為病人及醫院的主保；一九三〇年教宗碧岳十一世（Pio XI）宣布聖嘉民為護理師及護理師團體的守護者，並推崇他為「服務病人的模範」。

聖嘉民的道路，也是修會的道路。聖嘉民原來稱所組的修會為「病人之僕修會」（Order of the Ministers of the Infirmis，拉丁文的意思就是服務病人），所以靈醫會士後面都有一個稱號 M.I.。後人為了記念聖嘉民，也為了和其他從事醫療的修會區分，又稱為聖嘉民修會（Camillian Missionary 或 Cammilian Order），即靈醫會。

病人之僕十誡

靈醫會士們不求聞達於世，至今仍謹守在世界各個最需要他們的角落，藉醫療默默服務，守護病苦大眾，實踐耶穌的教導「醫治病人，傳揚福音」（Curate Infirmos Praedicate Evangelium）。聖嘉民並訂下「病人之僕（靈醫會士）十誡」，至今為永世陪伴病榻、為病人服務的典範。

如果使用現代企業的價值觀來細分病人之僕十誡，可以歸納出「真誠」（Sincerity）、「慈愛」（Mercy）、「廉潔」（Integrity）、「敬業」（Long-term engagement）與「效能」（Effectiveness）等五種價值觀（使用英文名詞第一個字母，合起來成為 SMILE、微笑），應該也是會士們日常所呈現出來的價值觀，分別對照到靈醫會的四個聖願——守貞、仁愛（護病的另一種稱呼）、守貧、服從及護病，

病人之僕十誡

醫院是我的家，我是病人。
一、我是基督的肖像，你要光榮我的尊嚴與神聖。
二、你要以親切溫柔的慈母心腸，全心、全智、全力、全天候的來看護我
三、不要空口說「愛德」，要以你的雙手、雙膝、雙腳來服侍我。
四、如果你真的愛我，請忘記你自己。
五、你要避開一切使你分心的事務，免得我遭受危險，或延長我的疾病。
六、你不要因你的急躁、沒耐心、粗心大意、笨手笨腳而扼殺了我的希望。
七、我是一個「整體」，不可分割的存在，要這樣對待我。不要把我化簡成一個數字，或一個病歷；也不要將你的自我隱身在專業角色之後。
八、你要保持心靈的潔淨，不要被金錢的欲望所污染。
九、你要關心我的復原；要銘記，我到醫院來，是為了儘早健康地離開。
十、你要分擔我的痛、我的苦；雖然你不能除掉我的痛苦，但請陪伴我。
當你做了你該做的一切，當你成為你該成為的一切，當你面對了每一個令人難以忍受的工作之後，不要忘記……對讓你服務的人說聲謝謝。

SMILE	價值觀	聖願	關係	愛人如主，如主愛人
Sincerity	真誠	守貞	天主	一、我是基督的肖像，你要光榮我的尊嚴與神聖。
Mercy	慈愛	仁愛	人	二、你要以親切溫柔的慈母心腸，全心、全力看護我。
				三、不要空口說「愛德」，要以你的雙手、雙腳來服侍我。
				七、我是一個「整體」，不可分割的存在，要這樣對待我。
Integrity	廉潔	守貧	物	八、你要保持心靈的潔淨，不要被金錢的慾望所污染。
Long-term engagement	敬業	服從	本職	四、如果你真的愛我，請忘記你自己。
				五、你要避開一切使你分心的事務，免得我遭受危險。
				六、你不要因你的急躁、粗心大意，扼殺了我的希望。
Effectiveness	效能	護病	任務	九、你要關心我的復原；儘早讓我健康地離開。
				十、你要分擔我的痛苦，當你不能除掉我的痛苦時，請陪伴我。

以及與天主、人、物、本職及任務的關係。

雖然是聖嘉民於四百多年前所定下的準則，應用於今日的醫療照護，卻還是相當先進，超越視病猶親的信念，達到視病如基督的境界。閱讀本書過程，會士們一生中實際的表現，確實都是如此。此外，十誡當中也清楚點出「安寧」、「唾棄拜金主義的部分醫療現狀」、「身心靈照護—整體、不能分割」等先進的照護概念。

靈醫會士奉行耶穌差遣的使命、追隨聖嘉民精神、遵循病人之樸十誡，全心全力服務貧苦的病患，其背後的緣由除了「**天國的盼望**」，事實上他們也體認到「**服務病人如同服務主耶穌**」、「愛人如主、如主愛人」等真理，如同病人之僕十誡中的第一條：「我是基督的肖像，你要光榮我的尊嚴與神聖。」

最軟弱的人，才是真正協助我們的人

聖嘉民和會士們總是能看透病人外表的殘破景象，完全不嫌惡地進行照護服務、與其交流，並深入他們的心靈去進行對話，因為他們深知：「即使患有破碎的身心疾病，但病人卻仍擁有完整、健全、並充滿影響力的靈性力量。」

依照天主形象所創造出的人，在出生之前，如果用數字量化來表示，或可衡量為「零」。只要出生之後，如同天主創造世界，人就是有能力對生命情境進行創造，無論生命狀態是如何悲慘、低谷，只要活著，就有價值，都不會低於零、或是負值。如果能完全實現天賦潛能，或許就能達到個人絕對值的一百分，進而對世界做出圓滿的貢獻。即使出生之後，因先天或後天因素，以世俗觀點而言，數值可能低於十，卻能以另一種方式來對他人發揮深刻的影響力。

哈佛大學神學教授盧雲（H.J.M. Nouwen，一九三二—一九九六）離開杏壇之後，去到加拿大收容重殘病友的「方舟之家」服務，照顧其中最為嚴重的病人「亞當」，是一位重度智障、語障、肢障合併嚴重癲癇症、生活完全無法自理的狀態，是機構中身心狀態最軟弱的人。然而，盧雲神父卻因著長期照顧亞當，進而深深體悟到，亞當確實是整個機構群體中間最強的聯繫，也更能曉透「彼此相愛」的真理：

因著亞當，家中總會有人（從世界各國來的志工）

因著亞當，屋裡總有一種和緩的節奏；

因著亞當，我們才能維持靜默與寧靜；

因著亞當，我們常有慈愛、溫和、溫柔的言語；

因著亞當，我們才有耐心與忍讓；

因著亞當，我們都能看見歡笑與眼淚；

因著亞當，總有彼此饒恕和醫治的空間……

因著亞當，我們中間有和平與合一。……

在我們中間，**最軟弱的人，才是真正協助我們（愛和靈性成長）的人**。

——盧雲，《尋找回家路》

事實上，馬仁光（Renato Marinello）修士（醫師）曾說：「不是病人需要我，而是我需要病人。」呂若瑟神父則說：「單純、貧寒的人，才能讓我的生命更豐富。」而德蕾莎修女也說：「窮人給我們的，遠多於我們給他們的……我們要向他們學習的地方還多得很呢！」這三句話表面上看來似乎是謙遜的態度，然而，從盧雲神父上述深刻的體驗，才明白他們所傳達的也是真理。

第4章

靈醫會在全球

你們往普天下去，傳福音給萬民聽。

——馬爾谷（馬可）福音16章15節

靈醫會目前在五大洲、四十二個國家提供服務，教團由大約一千零八十名神職人員組成，擁有九十一家醫院、一百一十五個健康照護中心（特別服務老人、愛滋病、殘疾兒童、成癮中心、營養中心及其他社會健康服務），也有許多大學及教育機構。神職人員主要在心靈上照顧病人，並提供訓練有素的醫療服務及身體護理。除了常見的三個誓願之外，成員還有第四個誓願，就是要為貧窮的病人服務，即使具有高度傳染性，甚至必須冒著生命危險。

從以下聖嘉民時代相關服務的描述[1]，何處有傳染惡疾，會士們隨時待命，可見他們勇敢地面對、視死如歸的服務態度。

他們晝夜輪流到聖神醫院照顧病人，或到病人家中拜訪患者和垂危的人。不管是否得了傳染病，只要有需要，他們就會出現……初期，有九名會士為此工作犧牲了性命，但是羅馬及其他地方的人，會即刻前來遞補他們的工作……有一種熱病流行的很嚴重，連靈醫會士也無法倖免。嘉民並

1 出自《恫瘝在抱》（光啟文化）一書。

全世界靈醫會家族：聖嘉民信仰的追隨者

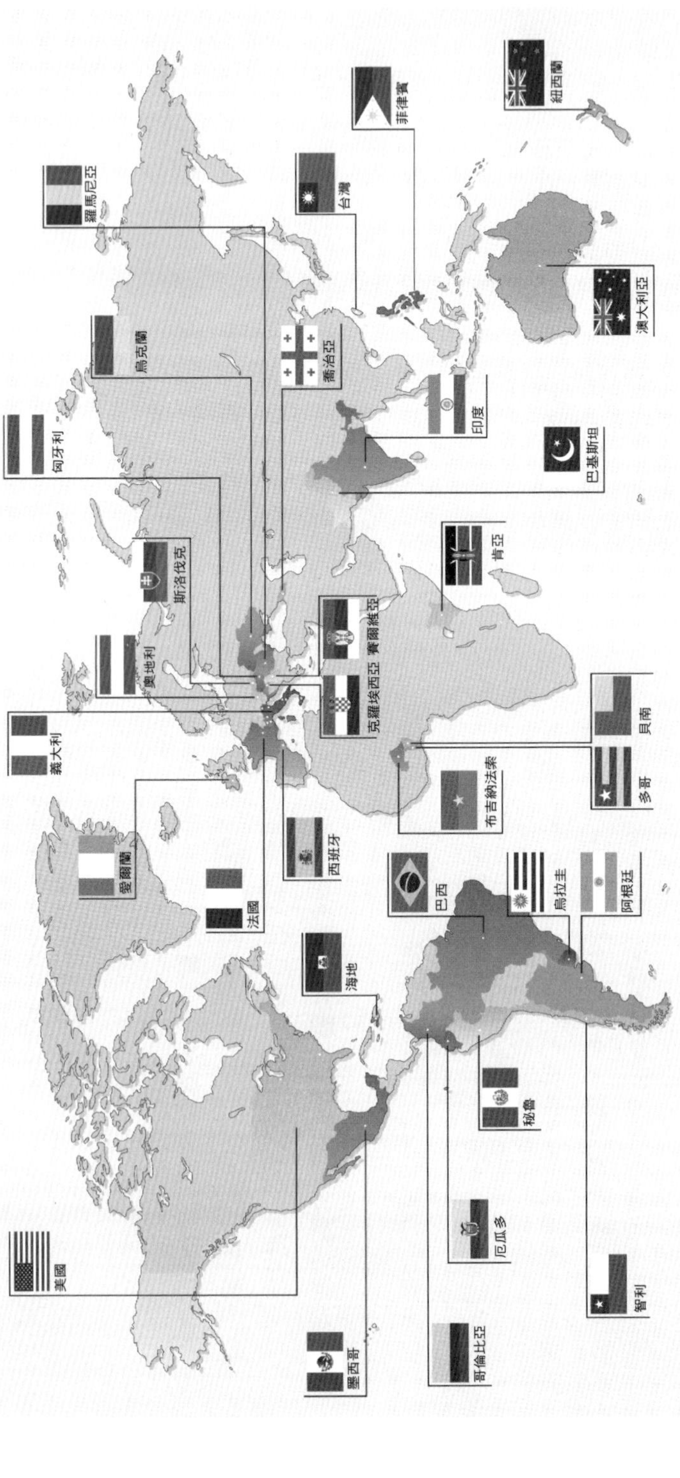

沒有卻步，反而奮戰到底。五位會士在這場瘟疫之戰效忠致死……春天的腳步近了，流行病也慢慢停了，靈醫會原有將近五十位會士，現在只剩一半……

因此，靈醫會比別的修會還多了一部《殉道錄》，用來記載因仁愛而犧牲的會士們之相關事蹟。

歐洲

嘉民從義大利羅馬開始創辦靈醫會，接受召叫者人數眾多。一五八七年在南部拿坡里成立第二個團體，當時已有八十個會士與許多初學生，接著在西西里、米蘭、熱那瓦也相繼成立團體，不斷培育新聖召。很快地，在義大利、奧地利、西班牙、德國、荷蘭、法國、愛爾蘭、英國、波蘭、亞美尼亞、喬治亞、匈牙利等國家成立團體，並在這些國家培育在地聖召。

美洲

於一七〇〇年，靈醫會大多是選擇最需要的國家去服務，並成立修會團體。當時先到一個非常窮困的國家——秘魯，接著再到阿根廷、巴西、哥倫比亞、墨西哥、波利維亞、智利、海地、厄瓜多爾等南美洲國家。之後，接著也在美國、加拿大等北美國家，號召年輕人加入修會，一起出發去服務貧弱病人。

非洲

非洲是一個相當多靈醫會士所嚮往的地區，因為那是教會的希望，那裡的年輕人則是教會的活力，在那裏教會的福傳充溢滿盈。一八七二年，先到蘇丹開始蓋醫院，後續在貝寧、馬達加斯加、布吉納法索、肯亞、烏干達、多哥、坦桑尼亞等國家。在這些地方，加入靈醫會、參與服務病人，繼而成為會士及初學生者非常的多。

澳洲

一九六〇年，由愛爾蘭的靈醫會在澳洲伯斯、帕拉馬塔成立團體。在二十五年前，由菲律賓靈醫會省會派遣會士前往澳洲從事牧靈工作，並以聖嘉民服務病人的精神，邀請更多有志青年加入服務。

亞洲

聖嘉民在修會剛成立後，便有意去印度，但因種種阻礙以致無法成行，經過三百多年後，終於讓台灣靈醫會士羅德信神父幫他完成心願。一九四六年，羅德信神父召集四位會士，以中國為亞洲福傳的第一站，他們選擇最偏遠的雲南，興建修院、醫院、痲瘋病院，傳揚福音，正要邀請當地年輕人參與服務行列時，無奈大陸赤化，會士們被驅逐到香港。

第二站分別為台灣（一九五二年）、泰國（一九五二年）。第三站菲律賓（一九七五年），因著會士們服務病人的精神感召很多的年輕人加入服務行列，目前靈醫會菲律賓同時管轄台灣及澳洲靈醫會相關事宜。緊接著開始擴展到印度（一九七七年）、越南、韓國、印尼、巴基斯坦，靈醫會士在這些國家熱心照顧病人、傳揚福音，很多人受到感召加入靈醫會，尤其在印度、越南。

（左）CADIS Taiwan 到中國陝西省漢中市出任務。（右）台灣靈醫會國際醫療暨災難服務委員會（CADIS Taiwan）會徽。

靈醫會國際醫療暨災難服務組織（CADIS）

> 在特定的時間與地點的情境下，回應教會和街鄰迫切的需要，我們服事那些尤其有需要的人。（靈醫會章程第十條）

靈醫會國際醫療暨災難服務組織（Camillian Disaster Service International, CADIS），是由天主教靈醫會於二〇一五年所成立的國際組織，以人道關懷為宗旨，致力國際緊急災難之救援、與增強社區復原力的服務事工。CADIS 是一個行動型的組織，也是一個學習型組織，透由每年國際年會的辦理，讓世界各地參與 CADIS 的靈醫會組織成員，不斷精進同理心、智識與技巧，擁抱變革與創造力。同時，忠誠於聖嘉民的心靈與道德勇氣，進行服務與奉獻。

CADIS 目前在尼泊爾、印度、巴基斯坦、菲律賓、印尼、泰國、越南、肯亞、獅子山、海地、布幾納法索、貝南、秘魯、智利、義大利和奧地利等災害頻發的國家設有執行專案。與所在的當地教會和其他人道主義組織合作。在這些國家中，多數 CADIS 設有策略性地方辦事處、以及當地合作夥伴的組織，以確保及時、協調

2018 年在台灣所舉行的靈醫會年會。

和有組織地應對緊急情況。

在台灣已耕耘超過一甲子的天主教靈醫會，具備三家醫院（羅東聖母、礁溪杏和與澎湖惠民醫院）、啟智與長照中心等組織機構的運作經驗，同時於國際從事義診、痲瘋村、農村改造等服務事工，回應最小兄弟的需求。

此外，為了與國際同步發展，也於二〇一六年成立「台灣靈醫會國際醫療暨災難服務委員會」（CADIS Taiwan），以進一步推展最真誠的人道關懷，擔負起全球一份子的救災角色。在近兩三年的 COVID-19 全球大流行，CADIS Taiwan 也確實做到應盡的責任，積極籌措救援物資，送到許多亟需救援的國家，成為國際社會矚目的焦點。

此外，藉著組織動員力量，不定期派員前往最需要幫助的國家或地區進行義診與支援服務，善盡地球村一分子的責任。目前最常前往進行國際醫療的國家為菲律賓，中國雲南和陝西省漢中市則為最常進行支援服務的地區（第 17 章有詳細介紹）。

為天主的溫柔作見證

靈醫會每年年會巡迴各國舉行，半世紀來首次於二〇一八年六月十八至二十二日，來台舉辦為期五天的世界總會長與會長會議，共有二十多國、三十四名代表出席此次盛會。總會長里奧西爾・帕西尼（P. Leocir Pessini）表示：「由於亞洲在世界扮演越來越重要角色，所以決定年會來台灣舉行，讓各地靈醫會長了解靈醫會六十六年來在台灣的服務事工。」

二〇一九年三月十至十四日，則是靈醫會有歷史以來第一次舉行靈醫會大家庭聚會，包括八個分枝修會：靈醫會、靈醫修女會、靈醫孝女會、耶穌希望會、海星會、奧地利基米利亞會、使女會、靈醫會家庭。雖有著不同的會祖，但同樣保有聖嘉民精神，共同討論如何在社會上合作並發展彼此的特恩。教宗在接見當中特別強調：「當疾病來打亂，甚至驚擾我們的生活時，我們會感到極其需要一位有同情心又稱職的弟兄或姊妹在身邊，寬慰我們、支持我們、協助我們恢復寶貴的健康，或者是陪伴我們，直到我們最終面見上主！」

教宗更闡述「溫柔」的意義，他說：「若是缺少溫柔，基督信仰便停滯不前。溫柔是基督徒特有的態度，也是我們與受苦者相遇的精髓。」教宗最後鼓勵靈醫會成員發揮眾議精神，彼此共融，忠於創會的神恩，聆聽今日受苦和貧困的人們，並要吸引眾多青年同心協力，「繼續為天主的溫柔作見證」。

沒想到在二〇一九年至今所發生的疫情，竟與聖嘉民時期雷同，這個災難還繼續在我們社會中發生。要時常祈禱希望疫情快點結束，讚美所有醫護人員守護我們的健康，他們常因照顧病人的緣故而犧牲生命，與聖嘉民精神雷同。

第二部

靈醫會來台灣前的歷程

神師裴卓尼神父（Fr. Alessandro Pedroni，左三）爲第一批出發前往中國的五位會士送行（其他由左而右分別爲高安修士、華德露神父、羅德信神父、夏明智修士、潘志仁神父）。

你們要去醫治病人，並給他們說：天主的國臨近了。——路加福音 10:9

第 5 章

夢想啟航：往地球最偏遠處前進，去照顧最窮苦的病人

有位男人在夢中，來到一間綠色食物雜貨店。一位老人站在櫃檯後面歡迎他。年輕人用宏亮的聲音說：「你能給我什麼呢？」商店助理和善地回答：「那得看你想要什麼？」聽到顧客毫不猶豫劈裡啪啦地說著：「既然這樣，我要世界和平、世界團結、捐棄偏見與貧窮、宗教統合、女男平等。」就在此時老人插嘴說：「稍停一下，年輕人，我們之間似乎存在某些誤解，我這裡不賣水果，只賣種子。」

——諾拉斯特．佩塞施基安

早在一七二七年，清朝雍正年間，羅馬傳信部就曾派遣兩位靈醫會士前往中國北京傳教。十年後，一位因病去世、另一位則返回羅馬。兩百多年後，一九四五年六月，正巧是第二次國共內戰的起點，當時全國均處民不聊生，偏遠地區的生活困境更是雪上加霜。中國雲南當地的主教向教廷發出求助訊號，指出當地人民健康狀況極差，迫切需要醫療與援助。當年十一月二十一日，靈醫會羅馬總會總諮議會通過派遣會士至中國服務的計畫。

一群平均年約三十歲的年輕會士們，滿腔熱血、夢想將生命完全奉獻給這個世界，正值此大好機會，因為服務貧苦的病人，是他們所立下的誓願。一九四六年，靈醫會省長指派羅德信神父（Antoni Crotti）負責招募有意到中國傳教的會士。當羅神父對其他年輕的會士們提及，在遙遠的中國雲南地區，有許多病人因缺乏醫療而失去寶貴生命時，這些會士們，包括任勞任怨的高安修士（Marcello Caon）、精明能幹的夏明智修士（Umberto Amici）、被尊稱「聖人」的華德露神父（Ernesto Valdesolo）、以及最能勸慰人心的潘志仁神父（Angelo Pastro）等人，都義不容辭地加入這趟難以預測的艱困

（左）1946 年，搭船前往中國的首批五位會士（由左至右：高安修士、潘志仁神父、羅德信神父、夏明智修士、華德露神父）。（右）會士們出發前在義大利靈醫會的合影。

旅途。

他們五人興奮地於一九四六年四月一日由義大利坐船出發，動身前往中國，六月三日抵達貧瘠的雲南昭通，開始為病人服務。

隔年，有六位生力軍加入他們的行列，分別為李善仁神父（Celestino Rizzi）、安惠民神父（Aldo Antonelli）、梅崇德神父（Igno Melato）、張明智修士（Casagrande Remo）、巴瑞士修士（Luigi Pavan）與何義士修士（Davide Luigi Giordan）。而馬仁光修士則於一九四八年抵達雲南，加起來總共有十二位會士，足以組成完整的「十二門徒」行動醫院團隊。

孔子說：「三十而立，四十而不惑，五十而知天命。」會士們年歲正值而立之年，相信以現代人眼光，這是一個人生「獨立自主」、「確立目標」、「頂天立地」、「成家立業」的精彩年華。看著照片上的會士們，能感覺到他們正散發著成熟穩健、成竹在胸的氣息。然而，他們卻在而立之年，就已經擁有「不惑」與「知天命」的成熟智慧，確信人生的意義和使命，選擇一條世人很少會想走、甚至是完全相反的道路。「守貧」代表放棄對物質世界的慾望；「守貞」，代表隔絕世俗情感的誘惑；「服從」，代表放棄個人主觀的意願。更重要的是，他們把所有個人的生命目標與夢想全都拋棄，取而代之的是全然投入唯一的目標：「照護病人」、「醫療傳道」。

依照世俗的眼光，這是一群「不食人間煙火」的人，也會尊稱他們為「大善人」，背後也可能認為他們「很傻」。然而，事實上他們卻是一群擁有「超越時空能力」的聖者，因著「神貧」的聖願，他們不會被物質世界的價值觀所限制，也不會受眼前的尊卑榮辱所侷限，他們能看透世人的疾病之苦、心靈之苦，甚至他們深深體悟「世間繁華有如過眼雲煙」，如同泰戈爾所言：「一個人擁有什麼，他的限制也就在那裡，專注於積聚財富的人，隨著自我的膨脹，是無法越過靈性世界的理解門檻。」

更重要的是，他們都傳承了宗徒保祿的秘訣：「我說這話，並不是由於貧乏，我已學會了，在所處的環境中常常知足。我也知道受窮，也知道享受；在各樣事上和各種境遇中，或飽飫、或饑餓、或富裕、或貧乏，我都得了祕訣。我（仰）賴加強我力量的那位，能應付一切。」（斐理伯／腓立比書4:11-13）

因此，他們是透過照護病人的過程，同時拯救他們的心靈；由於世人太過執著於眼前名利與成功，甚至失敗、傷痛與疾病，因而經常失去信心與盼望。於是，會士們選擇在病人患病、最軟弱的時刻，經由細心、耐心的醫療及照護過程，為病人灌注信心、盼望與愛，並透過會士的形象與示範，讓世人明白「靈性力量」的存在，而更重要的就是傳揚福音。

這樣的心情，如同德國神學家潘霍華所言：「在神的祝福下，生命變得健全、穩定、充滿希望與活力，正因為這是建立在生命、力量、喜悅、活力等……的源頭上。如果人類能夠把自己領受的祝福，傳遞給自己所愛的人以及其他人的話，那麼他們就可以成就生命中最珍貴的事情；那麼他們自己當然就可以喜悅地活在神面前，同時也能讓別人喜悅地活在神面前。」

聖經記載的主要福音

❖耶穌是基督（救世主）、是天主的獨生子，祂降生在世，是天主的恩慈，為了將我們從貧

窮、俘虜、眼盲、壓迫中拯救出來

- 上主的神臨於我身上，因為他給我傅了油，派遣我向貧窮人傳報喜訊，向俘虜宣告釋放，向盲者宣告復明，使受壓迫者獲得自由，宣布上主恩慈之年。（路加福音 4:18-19）
- 他們每天不斷在聖殿內，或挨戶施教，宣講基督耶穌（耶穌是基督）的福音。（宗徒大事錄／使徒行傳 5:42）
- 開明他們的眼，叫他們從黑暗中轉入光明，由撒殫權下歸向天主，好使他們因信我而獲得罪赦，並在聖化的人中得有分子（基業）。（宗徒大事錄／使徒行傳 26:18）

❖祂死在十字架上，是為了我們能與天主和好、赦免世人的罪，而祂的復活，則是為了我們也能重生，以獲得充滿生命的希望

- 因為，假如我們還在為仇敵的時候，因着他聖子的死得與天主和好了；那麼，在和好之後，我們一定更要因着他的生命得救了。（羅馬書 5:10）
- 耶穌回答說：我實實在在告訴你：人除非由上而生（重生），不能見到天主的國。（若望／約翰福音 3:3）
- 願我們的主耶穌基督的天主和父受讚美！他因自己的大仁慈，藉耶穌基督由死者中的復活，重生了我們，為獲得那充滿生命的希望。（伯多祿／彼得前書 1:3）

❖信耶穌，能得永生

- 天主竟這樣愛了世界，甚至賜下了自己的獨生子，使凡信他的人不至喪亡，反而獲得永生。（若望／約翰福音 3:16）

第 6 章

靈醫會在中國

你們是世界的光，建在山上的城是不能隱藏的，人點燈並不是放在斗底下，而是放在台上，照耀屋中所有的。照樣，你們的光也當在人前照耀，好使他們看見你們的善行，光榮你們在天之父。

——瑪竇（馬太）福音5章15－16節

幅員遼闊、醫療落後

中國雲南省幅員遼闊，相對於其他省分，則屬較落後的一省，面積約四十三萬平方公里（較義大利大一倍半），當時人口僅一千萬。由於為邊疆省分、山陵又多，一切相當落後，有些地區甚至交通全無、只能步行前往。邊疆少數民族，種族複雜、語言紛歧、多不識字，部落之間又不時有械鬥、生活水準甚為低落，有的族群仍過著簡陋原始的生活，有人種植鴉片。衛生條件差、傳染病猖獗（如霍亂、肺病、痲瘋病，瘧疾、赤痢等），嬰兒死亡率甚高。

會士於一九四六年六月三日抵達中國雲南，分別在昆明及昭通兩地設立痲瘋病院，也在昭通設立會院；隨後又在會澤建立「聖嘉民綜合醫院」，之後又在巧家開了一家小型的醫院和診所。在昭通監牧區（所轄面積五萬平方公里，人口約有三百萬），當時合格醫生只有六位，醫院計有三家（包括天主教醫院），合計只有一百五十張病床。偏遠的雲南幾乎完全無現代醫療，人們一旦患病，只能求助草藥或傳統民間療法。會士們一行人騎馬或步行，一村一村的巡迴醫療、蓋醫院和診所，排除萬難，讓此窮鄉僻壤居民得以獲得現代的醫療照護。

上主所預定的時刻！

為能妥善服務，第一年先學中國語言，對他們而言，十分艱苦，必須擁有極大的耐心。正如所料，接二連三地發生許多奇事，至於「上主所預定的時刻」，在一九四七年五月從昭通赴會澤途中適時來到。茲節錄羅德信神父所寫的紀事錄中的一段報告：

這段旅行需五天之久才能抵達目的地。當時我們帶有一匹棗紅色的馬，這匹馬非常強壯，膽大而從不感覺疲乏似的。我們（羅德信神父、潘志仁神父與高安修士）——輪流騎著它代步。一路欣賞不完的山川美景，旅途起初非常愉快！

位於昭通的靈醫會會院。

但到第四天、第五天，由於每人都感到疲乏至極而已無心欣賞風景了，幾乎都已精疲力盡。此時忽然下了一場傾盆大雨，我們都變成落湯雞，景況十分可憐！不過路途疲倦後，經由不可形容的安慰而得到補償，**那就是我們能為眾多病患服務而感到高興**。每到一個村落，便有無數的男女村民，扶老攜幼前來求醫，他們患有各種疾病，要求治好他們……第一天他們包圍著我們觀看，不免有些驚奇，尚不知我們是作什麼的。高修士問我該做什麼？我回答：「這就是上主預定的時刻！」於是我們開始看病、醫瘡、治眼、擠膿或告訴他們一些衛生方面的建議……

下午五點我們抵達江堤，當地老百姓一聽說我們來到，便成群來到我們在廣場上所搭建的臨時草棚前求診。當時天氣炎熱，使我們幾乎喘不過氣來。高修士從不顯累似地等著我發號施令。

> ……我如何能拒絕他？一連三個小時我們彎著身體為百姓醫病，正如前一天下午一樣。差不多到了八點鐘，雖然我十分不情願，但由於太累而不得不打發等了好久的不少病人回家，明天再來。在紅石海，我們被迫接受百姓帶來的米、雞蛋、馬鈴薯、茶葉等……我們為他們醫病到很晚。有時半夜三更也會被叫起來。

會士們所組成醫療團的工作，就是由小型巡迴門診開始，佐以彌撒聖祭，將信仰與醫療工作完美結合在一起。

一九四七年八月會士們抵達會澤，並著手興建聖嘉民醫院。好消息跟著來臨，那就是，華沙那醫師（Fortunato Fasana）於一九四八年正月到了雲南，以因應爆增的醫療需求和心靈渴求的傳道契機。其中醫療團八人，為外科醫師華沙那、內科醫師馬仁光、安惠民、何義士，護理師高安、夏明智、巴瑞士、張明智；傳道團為五人，羅德信、華德露、潘志仁、梅崇德、李善仁等神父。

靈醫修女會於一九四八年也加入中國雲南的服務行列，成立孤兒院，由費納德（Germana Finotto）修女、鮑修女及文修女負責，因女性病人的需要，孟修女、馬修女及其他修女們也加入照護行列。

特別在聖嘉民醫院於當年七月十八日落成之後，醫院人力與設備更充足、組織更健全，功能自然更大，會士和修女們分工檢查、一般看病及外科診療等。求醫病人日漸增多，經常一天要看五百多位病患。光在一九四八年七至十二月期間，就有一萬一千多名病人前來求診，可見當地醫療需求有多大，一切欣欣向榮。

1 | 華沙那醫師（右）和巴瑞士修士騎馬出診。
2 | 華德露神父騎驢外出福傳。
3 | 位於會澤的聖嘉民醫院。
4 | 靈醫會士和靈醫修女會修女團隊合影。

2 | 1
3
4

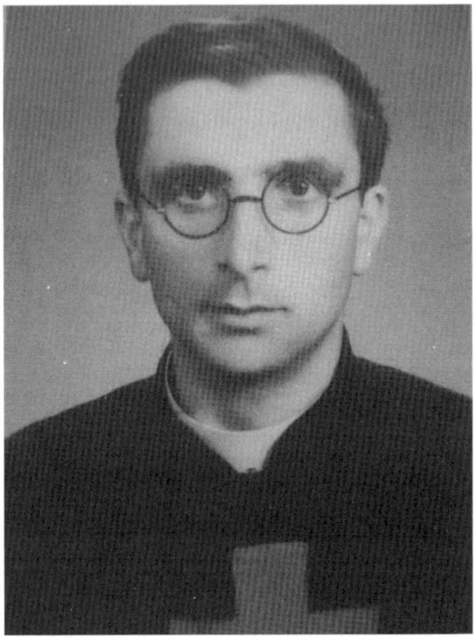

李善仁神父：「如果我有千條生命，都會是傳教士。」

被共產黨監禁、驅逐

> 無論何處不接待你們，或不順從你們，你們就從那裡出去，拂去你們腳下的塵土，作為反對他們的證據。（馬爾谷／馬可福音6:11）

會士與修女們篳路藍縷地在中國雲南醫病傳道前後共六年，寫下完美的醫療傳道史詩。只可惜，由於全中國於一九四九年完全赤化，最終全數於一九五二年被共產黨驅逐，不得已只好離開中國，以及他們所鍾愛的雲南百姓。對會士們而言，是莫大的打擊，對眾多病人、痲瘋病患與貧窮人也是極大的損失，他們是多麼需要靈醫會士的救助和醫治啊！那顯然全無正義可言，使每位會士都吃了不少苦頭。

電影《人神之間》中有個巧妙的比喻，當一群法國神父們受到阿爾及利亞恐怖分子的迫害，面臨必須離開修道院或殉道的天人交戰之際，對當地接受他們長期醫療救助的穆斯林居民坦承說：「我們目前有如枝頭鳥兒，不知道要不要飛走。」一名當地村婦卻對著他們說：「我們才是鳥，你們則是樹枝。」因為，沒有神父們的保護，村民只能任由恐怖分子宰殺。

最終，神父們發自內心找回起初來到此地的信念，並選擇留下，不再畏懼恐怖分子的刀槍，滿心歡喜地享用最後的晚餐。影片最後，神父們排隊隨著恐怖分子踏上白雪茫茫的路途，深知即將前往的世界是在何處。影片的寓意：有人總是藉宗教之名，將罪惡變成個人的歡愉；也有人在會暴力威脅與混亂局勢當中，找回信仰之愛與勇氣。

誠如范鳳龍大夫（斯洛維尼亞語名為 Janez Janež，當時在雲南昭通天主教慈幼會所屬的惠東醫院擔任外科醫師，離開大陸之後，隨靈醫會神父們來到台灣）在一封信上說：

「昭通事件寫來很長，但我不願多寫，因那是令人痛苦的回憶。教區被摧毀，外國人都被趕走，我們被關在監牢裡幾個月，最後也被趕走。在中國發生這樣的事，一切如同在斯洛維尼亞所發生的一樣，對整個中國而言，昭通教區如滄海一粟、微不足道。紅軍希望被他們趕走的傳教士能說他們的好話，但我做不到，因為他們待我們實在太不人道，我問一位曾在斯洛維尼亞坐過牢的修女：「中國共產黨的監獄是否更糟？」她說：「中國的監獄比斯洛維尼亞監獄還要更糟一百倍！」身為她的長上，還能說什麼呢？她心靈的創傷遠大於仇恨。我們所承受的折磨，只有天主知道，也只能向祂訴苦。

這六年服務期間，李善仁神父和瑪諦妮（Carla Martinelli）修女還因感染傷寒而過世，做了愛德的犧牲。如此無私的犧牲奉獻，換來的卻是羞辱和驅逐，可見當時共產黨的無知和不懂珍惜。三言兩語實難道盡會士們六年間所歷經的艱辛與滄桑，唯有的安慰在於上主所預定的時刻，能為眾多病人服務而感到滿足。

從集中營倖存的精神科醫師弗蘭克在《活出意義來》書中寫道：「一個人若能接受命運及其所附加的一切痛苦，並且肩負起自己的十字架，則即使處在最惡劣的環境中，照樣有充分的機會去加深他生命的意義，使生命保有堅忍、尊貴與無私的特質。」或許更能說明會士們此刻內心的真實感受。

第 7 章

風雲變色、艱困抉擇：離開中國，來到台灣

物質的貧窮容易解決，而心靈上的貧乏、寂寞，卻是今日多數人的問題。台灣可能沒有缺乏麵包的飢餓，但一定有愛的飢餓，缺少天主愛的話語的飢餓。

——德雷莎修女（1985）

一九五二年三月三十日，會士們篳路藍縷所開創的一切美好，就此中斷。硬生生地被共產黨驅逐出中國，痛苦地離開一心所繫的窮苦病人，羅德信神父一行人對當地百姓們許下諾言：「我們將再回來。」

峰迴路轉

一九五二年四月，一行人抵達香港，羅德信及華德露神父等參訪香港天主教會，在許多教廷使節中，特別是黎培理主教（Mons. Riberi），不但是忠告、也幾乎是一道命令：「雖然中國大陸驅逐你們，但為了你們那慈善的傳教工作，去吧！到那個島嶼（台灣）去吧！到那裏去播撒天主的種子。」

之後大使也贈以美金一千元，作為他們初期的運作資金。黎主教的意見也被靈醫會總會長和會長採納，羅德信神父和梅崇德神父先到台灣和澎湖群島考察之後說：「我想我們的會士們會對此地——台灣感到中意的。因為它有著和中國一樣的語言和文化，加上當地政府和教會的幫忙，我想等到未來幾年後，大陸這一方面必會再次打開大門，迎接我們回去。」

修會決定任務指派的名單如下：華德露神父為此傳教任務的會長，潘志仁神父、梅崇德神父、張明智修士、高安修士和馬仁光修士於六月中來台；范鳳龍大夫，以及四位靈醫修女會修女也先後加入：分別為貝修女（Battaglia）、芃修女（Venturini）、費納德修女以及莫修女（Mordino）。羅德信神父、蓋修士（Gerardi）和巴瑞士修士則被指派至泰國傳教。吉神父（Giovanni Colzani）和夏明智修士因為健康問題、以及何義士修士因必須進修而一起回到義大利。

其中范鳳龍大夫原本經由鮑思高慈幼會紀勵志主教的邀請，於一九四八年九月抵達中國雲南省昭通市的惠東醫院，開啟他的外科醫療傳道事業，並在當地建立起卓越的名聲。當時，他和靈醫會的醫療傳達事業並無交集。一九四九年，大陸全面赤化，范大夫也感受到肅殺氣氛，他寫道：「祈禱就當作明天即會死亡，工作就當作生活在永生裡。」一九五二年五月，范大夫所屬的慈幼會成員，也全數無差別地被驅逐，最終逃至香港。當時，范大夫決定跟隨靈醫會到台灣，在紀勵志助教和修女的送行之下啟航。

這些從雲南來的靈醫會先驅，隨著他們的熱誠而將靈醫會精神帶到台灣，展開新的傳教使命。范大夫和靈醫會士在香港的決定不僅影響他們的一生，也影響了台灣東北角的蘭陽地區眾多居民的一生，有人因他們的醫術而獲救，另一些人則因他們的信仰和作為而重新找到生命的意義。從照片上燦爛的笑容，很難想像到他們剛被共產黨羞辱過、關過；從身上破舊的衣服可猜測，他們的口袋也沒多少錢。只憑著單純的信心，堅持聖嘉民「醫治病人、傳揚福音」的理想，他們把危機當成轉機，不因一時挫敗而絕望回家，而是勇往直前，到另一個需要他們的地方。

天主叫我們要用愛心來改變人

李智（Rizzi Giovanni）神父說：「共產黨用槍、政治要改變社會，天主叫我們要用愛心來改變人。共產黨不喜歡我們，我們就來台灣。」這一切見證了聖保祿所說的：「而且我們也知道，天主使一切協助（萬事互相效力）那些愛他的人，就是那些按他的旨意蒙召的人，獲得益處。」（羅馬書8:28）

一個人的生命旅程總有高峰低谷，生命的轉折往往是智慧累積的開端。對一個團體而言，也是如此，即使經歷共產黨的勁風吹折，聖嘉民精神依然屹立不搖、堅持到底，順著天主的安排，反而讓靈醫會在亞洲開枝散葉，去到更多新世界，在那些地方也有許多貧病者，需要他們的愛心照護，也因而孕育更強大的信心與盼望。

第 8 章

依承諾重返雲南

只要一雙手，就能夠去幫助或解救許多的困境與痛苦。西方的世界是如此的富裕，但是愛心又是這麼的貧乏。請伸出你們的手去援助，獻出你們的愛心。

——德蕾莎修女

我們真的回來了

一九四六至一九五二年，在雲南行醫宣教已六年的靈醫會士設立了醫院、護士學校、居家服務隊、聖堂及小學等，但在嚴厲的中共政權肆虐之下，一切努力化為泡影。醫療服務被迫停止，病人回家坐以待斃。所有會士被囚禁後遭驅逐出境，有兩名會士還因此喪生。當時會士們的沮喪心境應不難體會，天主像是在跟他們開玩笑。但到後來才知道，其實那是一個奇妙的計畫，中國的門關閉的同時，卻開啟往台灣的門。

接下來的四十年中，何義士修士跟大夥一樣努力建設台灣，同時也嘗到安定和進步的美果。然而他雖身在自由寶島，心卻繫在雲南山區，他也記得羅德信神父離開雲南前曾許下的諾言：「我們將再回來。」因此，當別人都專心於台灣的醫療服務時，他還在向天主祈求，讓他在有生之年回到雲南，繼續服務痲瘋病患者。何修士的偉大在於——他不讓這種心願止於「高尚的情操」，他還把握各種機會將此心願和情操轉化為「實際的行動」。

一九九四年底，當兩岸關係開始解凍，何修士即刻帶頭深入鐵幕，自雲南昆明走了兩天才到達闊別四十年的昭通。他驚訝地發現那裡的建築物、民眾生活和醫療水平等並沒有太大的改變，唯有人事已非！一些居民看見他的大鬍子（已呈銀白），才想起曾聽過長輩敘述有一群具菩薩心腸的外國傳教士的事跡，雙方見面，似曾相識，一番情感交流不在話下。

不確定那時的何修士心裡是否閃過這樣念頭：「雲南山區的痲瘋病仍然猖獗且亟需外界的援助，這是毫無疑問的，但要如何才能迅速提升照護品質？由誰來推動？我都已經六十八歲了，並且患有高血壓和輕度中風，還能撐多久？如果早一、二十年回來雲南就好了……」但可肯定的是，他沒有猶豫很久，就做出重要的決定，並準備不惜任何代價去實踐。

務實協助痲瘋病人，鞠躬盡瘁

首先，他知道路要走得長遠，就不能跟中共官員玩躲貓貓，必須向他們坦白自己的修士身分和進出雲南的意圖。幸虧後者的心態也比以前務實許多，只規定不准向當地民眾傳教，其餘的不但沒有刁難，還多方予以配合，如當地的疾病預防控制中心就經常與他聯繫。按靈醫會的計劃，未來的捐款將優先用於昭通市和巧家縣各建一棟水泥建物，以供痲瘋病人長期療養，其他工作如管理、照護和維護等則由當地相關單位負責。

為了妥善規劃和監督工程，何修士每三個月就須進出雲南一趟，十分吃力，別忘了還有氣候、氣壓、衛生、飲食、睡眠等問題，但他都甘之如飴。其實最大的挑戰在於募款，是整個計畫案的成敗關鍵，因此需要細膩的策畫、創意的策略、堅定的毅力和圓滑的手段。當時澎湖惠民醫院已開始擴建募款，再加上雲南計畫恐怕會產生排擠效應。何修士並未將兩者區分輕重緩急，他寧願承受雙倍壓力、付出雙倍努力！從另一角度來看，也只有何修士有這個能耐，敢同時端出建設澎湖和援助雲南兩個計畫，並理直氣壯地在國內和國外（主要為義大利和德國）進行募款，他的對象包括昔日友人、社會義人、醫界人士、甚至天主教教宗。

為了表示誠意，在信中他親自用打字機打上援助雲南痲瘋病的計畫內容和募款說明，對於慷慨解囊者，他又親自在感謝卡打上致謝詞。於是在他生命末幾年，許多時間都用在為募款打字，下午打、晚上也打，自己打不完時，就請助手幫忙打。大家逐漸被他的執著和熱情感動，捐款源源而來。其他的神父也陸續回去雲南協助痲瘋康復村的復健計畫。在何修士募款的文件中有一位神父（Fr. Giuseppe Girardi）寫了一段感人的文字如下：

當我經過該痲瘋病院的小聖堂，我就進去祈禱，當時有一位姓陳的患痲瘋的女病人，她站在祭台前，只有一隻腳，手臂殘缺。她編了一個玫瑰花環，但無法用這串玫瑰珠去唸經，當我走近她身邊，看著她凝神貫注，我輕拍她的肩膀，問她為誰唸經，她看著我低聲地說：「為你、為我、為其他痲瘋病人及所有恩人。」但她無法使用這串唸珠。其後我靜靜地離開，內心極為難過悲痛，我們怎能不去幫助這些可憐的痲瘋病人呢！

一九九六年昭通市康復村首先落成啟用，為一棟有水電的一層建物，可容納七十人入住；第二棟完工的是巧家縣康復村，面積更大且為兩層樓建物。但就在一九九九年九月落成典禮前的一個月，何修士竟然在無任何症狀下與世長辭，讓人扼腕不已。

承先啟後、拓展關懷據點

接下後續痲瘋病人照顧責任的為高國卿神父，他表示：「何修士一走，起初很多事沒人能接著

高國卿神父（中間戴眼鏡者）探訪各地痲瘋村居民。

做，還好我曾與他一起到過巧家、參與動土儀式，對此計畫知之甚詳，也非常感興趣，就自然而然地接下此項工作。」

高神父曾說，第一次到巧家縣看到痲瘋病人時，覺得很心疼。因為痲瘋病人的生命力很強，痲瘋桿菌侵襲的不是重要器官，而是肌膚表面、手腳及臉部末稍神經，不僅造成皮膚上有可怕的斑疹、斑塊，而且因末稍神經沒有感覺，常發生手部燙傷或是手腳在工作或生活中受傷卻不自知，導致傷口潰爛，最後不得不被截肢的後遺症。

靈醫會每到一個痲瘋病人聚居地，就先勘察當地的生活條件，是否有水、電等基本生活必需設備，村中或附近地區有無診療所，能幫病人們換藥。高神父說：「每到一個地方，都要花很多時間在改善痲瘋病人的生活環境，包括與當地政府和醫師溝通，建設一條固定、有一定品質的聯外道路，讓他們住在一個乾淨又安全的環境中，至少有急病或需要時，有路可走，能向外界求援。」

另一個亟需解決的問題，就是痲瘋病人的孩

高國卿神父陪同李智神父（左）探訪小學生。

子教養問題。高神父說：「大陸沒有限制痲瘋病人結婚、生子，但不准他們的下一代進入村子的小學就讀，所以必須與村子保持距離。」其實痲瘋病傳染的傳染力並不強，常是病人的免疫系統不佳，才比較容易發病，即使發病，若能及早投藥治療，就能治癒，就不會傳染。痲瘋病人的下一代，如果免疫力強，就不易染病，很少發現全家成員都是痲瘋病人，這是民眾需要的衛教觀念。

繼承何修士的遺志，高神父不僅親自參加巧家痲瘋病社區的成立，也積極在會澤縣籌設新的痲瘋病人社區。同時，在師宗縣成立小學，也幫助小朋友們尋覓寄養家庭、設學籍，讓痲瘋病人的下一代在不受異樣眼光影響下，也能接受教育。

靈醫會在大陸地區有一個服務痲瘋病人的牧靈工作，他們與在台灣成立的「中國痲瘋服務協會」合作，為其募款，而高神父也積極投入。雖然這些地區交通不便、地處偏遠深谷、斷崖殘壁，他仍樂此不疲。他大愛無限，關懷這些常常被人隔絕及遺忘的痲瘋病患，以大無畏的精神，真心擁抱這群在他眼中視為可親可愛的小兄弟、小姊妹們。並時常帶大量物資協助當地痲瘋病患的生活所需、興建宿舍，為痲瘋病患子女籌設小學。二〇〇五年二月，高神父當選中國痲瘋服務協會的理事長。近年來，神父的探訪足跡遍及雲南、四川、陝西、河北、貴州等二十多處的痲瘋村，並且計畫長期進行為痲瘋病友服務的工作。

漢中痲瘋村

沉默的果實是祈禱，祈禱的果實是信仰，信仰的果實是仁愛，仁愛的果實是服務，服務的果實是和平。（德蕾莎修女）

二〇一七和二〇一八年，由安寧病房林春蘭護理長帶著護理團隊，前往漢中痲瘋村服務，此行主要有兩個目的：一方面是支持和鼓勵修女們，因她們要長期待在那裡照顧這些康復者，會疲乏、勞累，能把修女們照顧好，就會有更多能量照顧好這些康復者，因此特別安排充滿熱情的志工們，一同前往關顧這六位修女；另一方面，則是探望兩百多位康復者。這一群被社會遺棄的人們，全靠修女們的照顧，親人很少前來探視，我們的蒞臨對他們來說相當開心。

抵達時，在介紹環境過程，院長修女說：「看到妳在為初次蒞臨的夥伴們做環境介紹，像是回到家一般，看了心頭是感動的。妳真得是把這裡當成自己的家一樣。」事實上，修女們內心的活力，也被一群充滿熱情的年輕人所激發，重新展現青春洋溢的笑容。

每天早禱之後，就和修女們展開例行工作，為住民的傷口換藥。多年來住民們也熟悉換藥程序，配合四台換藥車，自動分坐四個角落，脫掉佈滿灰塵的布鞋，捲起褲管，將好似象腿般的殘肢，放置在腳架上。偌大的傷口，等著修女們幫他們潤濕紗布、清洗傷口、塗藥、上藥布和包紮。住民們，也許是末梢循環不佳、營養因素、衛生問題以及老化等多重因素，傷口修復力不佳，康復之路也因此更加漫長，往往一個傷口要一年半載才好。不過，只要能減輕住民們的病苦，修女們仍然願意用最大的愛，來做最小的事。

「護理師及修女一個極巧的動作，點藥、輕揉雙眼，加上一句細心叮嚀如何上眼藥水，都能讓他們開心，敞開心全然接受，並陶醉在天主愛的滋潤當中。」住民們視力退化也是另一種症狀，基本日常生活還是能自我照顧，但無形中也在身上留下許多傷疤。他們還是很努力知足地活著，保有那份純真善良的心，沒有因生病而怨天尤人，也不會因身體殘缺而自暴自棄，就現存的身體資源，勇敢地適應環境、並融入團體生活。

也有住民問起我們會不會害怕：「外面的人和醫生都怕死了，你們怎麼還敢來呢？」其實他們內心也怕完全被拒絕在外，也需要關心、渴望被愛。只要一個微笑，握手或是擁抱，他們都能感受到愛，感受自己不是被遺棄的一群人。

除了關愛兩百多位痲瘋病友，給予換藥、剪頭髮、洗頭、環境整理等照顧服務之外，更關切療養院中長年照顧痲瘋病友的六位修女們的身心靈需求：「愛是流動的，既要愛人，也得被愛。」如何表達對修女們如現代德蕾莎修女精神的感恩之心呢？利用每天的用餐前後的空檔，就在「聖堂」裡進行愛的交流，兩兩一組做大愛

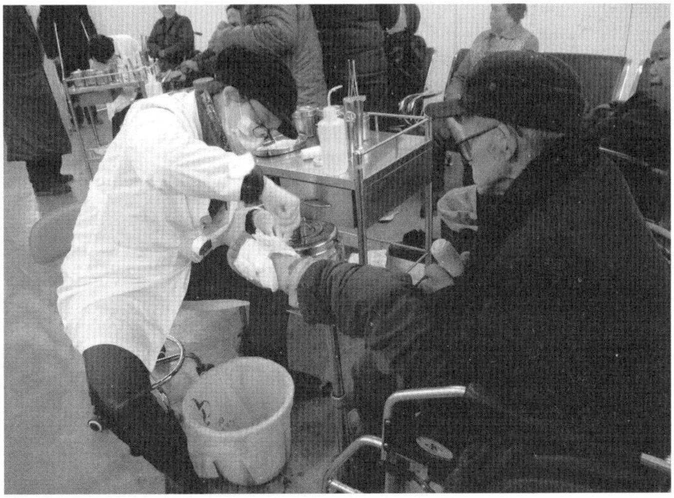

護理師敏捷地為病友處理傷口。

手加立如松、解讀生命訊息，也會以兩個晚上觀賞影片《愛無止境：德蕾莎》。看見身邊這些現代德蕾莎修女的化身，生命是何等有意義！整個空間充滿光和愛，那一刻所有的人心凝聚再一起，見證真愛的力量。

第三部——靈醫會福音傳揚在台灣

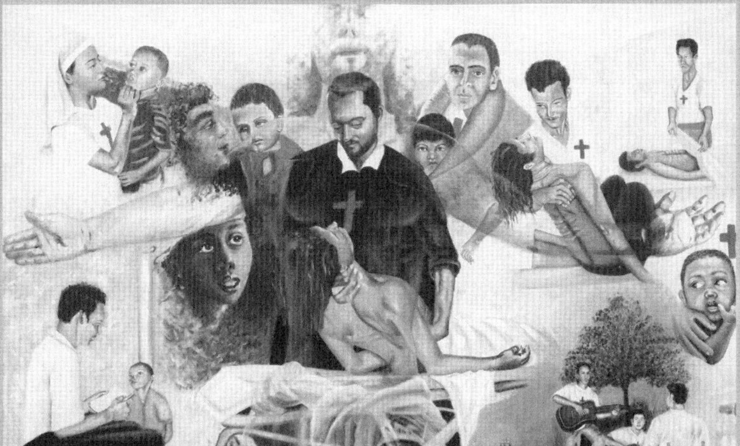

聖嘉民以病房為實際修道之處，同時也是他的講堂。
誰若願意跟隨我，該棄絕自己，天天背著自己的十字架跟隨我。——路加福音 9:23

第 9 章

靈醫會修道院

人啊！已通知了你，什麼是善，上主要求於你的是什麼：無非就是履行正義，愛好慈善，虛心與你的天主來往（同行）。

——米該亞（彌迦書）6章8節

當靈醫會在羅東聖母醫院的醫療傳道工作穩定之後，會士們便計劃如何招募更多有意向的本地年輕人，一起跟隨耶穌的腳步，為醫治人的身體病痛與心靈創傷而努力。

修道院的成立

一九五六年，華德露神父在羅東北成天主堂創立培養聖召的靈醫會聖嘉彌略（聖嘉民）修道院，正巧屏東萬金天主堂西班牙籍包德良神父（Saez Fautino OP）所屬玫瑰省道明會打算解散修會，於是華神父順利接收十位該會修生，加上羅東附近的本地學生，開啟修道院人才培育工作。一九五九年，修道院搬遷到冬山鄉丸山村風景秀麗的山波上，與療養院比鄰，當時修院學生有百人以上。學生同時就讀羅商補校、少數就讀順安國中，畢業後適逢聖母護校招考男生，前後共有十九位修生完成護理教育，成為台灣男護士的開路先鋒，以符合靈醫會醫療服務的專業要求。

修道院在丸山村總共運作約十二年，院生日漸減少，於一九七一年搬遷回到羅東北成天主堂會院，丸山修道院則整修成為聖嘉民啟智中心。當時共有七位暫發願的修士，具遠見的羅德信神父認為修士最基本要受過完整的神學教育，因而派遣修士們就讀輔大神學院。靈醫會一開始接收本地聖召，主要目標是為培育於醫院從事護理工作，直到一九九〇年，意識到需要由菲律賓派遣會士來台繼續修會工作，然而來台的菲籍會士並無法適應台灣文化環境。

自二〇一〇年，修會開始從越南邀請修生來台，從此修會遷到位於台北復興南路的台北會院現址至今。二〇一一年後計有修生七人，其中三人已發願，五人初學，二人在台北教區大修院研習哲學。培育的歷程包括望會一年、初學一年、暫願三年、永願，晉鐸前學習的課程包括哲學、神學，並由輔仁大學為教育之學校。

丸山村山坡上（左側白色建築）的靈醫會聖嘉彌略修道院。

第一批修生的回憶

據第一批修生周正義回憶，當時會士與修生間的情誼深厚，會士們就像父母，甚至比家人的感情還親。他記得自己十二歲進修會，二十四歲離開，雖然未能成為會士，但覺得這十三年期間對他的一生影響很大。印象中，會士們在醫院工作，基本上就是忙忙忙，沒有下班時間，令他感佩。如今離開修會已然久遠，但還是常會夢到在靈醫會工作，修道生活對他的影響之深可見一斑。耳濡目染靈醫會精神，即便在社會上，也能持續活出那般的精神。

他憶起當時的夥伴張文友（後晉鐸成為神父）、鄭傳道員，一起在醫院跟著鮑志（Cirillo Pozzi）修士學習，收穫很多、也有許多趣事。其中永生難忘的，就是曾經有位病人往生，需送

靈醫會修道院生劉哲明（中）神發願合影，後排右三為楊家門神父。

往太平間。通常他會和鮑志修士用推車在人少的時間運送，但那次鮑修士卻是一個人背起亡者下樓梯，或許因一路顛簸而達心肺復甦之急救功能，那亡者竟死而復生，還拍拍修士的肩，驚嚇、卻也見識神蹟。

培育基礎

藉由隱居、閱讀、思考和祈禱，靈性可以在孤寂中被發現，但它只能在群體中完成。（聖依納爵．安提約基）

進入修道院的召叫，來自耶穌的呼籲：

耶穌又對眾人說：「誰若願意跟隨我，該棄絕自己，天天背著自己的十字架跟隨我。」（路加福音9:23）

靈醫會士正是答覆這樣的邀請，學習聖嘉民會祖跟隨耶穌的召叫，並熱切地效法耶穌醫治病人宣講天國福音、救人靈魂，在照顧病人身心靈的健康工作及生活中與基督相遇，會士們時時刻刻不忘回到基督吸取力量、活出基督的樣式。

至於服務的使命，來自耶穌的命令：

那時，君王要對那些在他右邊的說：我父所祝福的，你們來罷！承受自創世以來，給你們預備了的國度罷！因為我餓了，你們給了我吃的；我渴了，你們給了我喝的；我作客，你們收留了我；我赤身露體，你們給了我穿的；我患病，你們看顧了我；我在監裡，你們來探望了我……我實在告訴你們：**凡你們對我這些最小兄弟中的一個所做的，就是對我做的。**」（瑪竇／馬太福音 25:34-36, 40）

靈醫會會祖聖嘉民很清楚地告誡會士們：「要服務病人如同服事主耶穌。」如此正是履行耶穌核心的教導：「我患病，你們看顧了我。」、「凡你們對我這些最小兄弟中的一個所做的，就是對我做的。」靈醫會士們聽到了、也化為行動，將耶穌基督教導的愛，確實在生活及工作中呈現出來，特別會選擇去到最偏遠、貧困的區域，去照顧那身心靈最為脆弱的「最小兄弟們」。

培育所得之珍貴果實

早期，修生人數曾經多達一百餘人，多半來自台灣中、南部地區，經歷學校課程、靈修培育、團體生活及醫院臨床實務經驗陶成，至於最終順利完成修道培植成為靈醫會士的計有：張文友神父（於一九七六年晉鐸）、楊家門神父（於一九八〇年晉鐸）、高國卿神父（於一九八〇年晉鐸）及韓國乾修士（於二〇〇〇年發永願）。其他修生，雖未成為靈醫會士，但在社會上也都事業有成，甚至加入靈醫會家庭，協助傳教事業。其中潘賢義先生遠赴義大利習醫，取得醫學博士學位後，留在當地擔任大學教授。也是靈醫會在培植聖召的同時，衍生而出的果實，對個人及社會影響深遠。

歷屆修院院長神師

自一九五六年至二〇二一年，共六十六年間，由丸山修道院、北成修道院至台北修道院，歷任修道院院長分別為：華德露神父、李智神父、呂若瑟神父、沈安謀（Anselmo Zambiotti，一九四九－二〇二〇）神父，目前台北修道院則由黃浩然神父擔任院長。沈安謀神父也是一九七七年在菲律賓服務的首位靈醫會士。對於修生的照顧，除院長神父帶領外，發願的會士們也是協助、陪伴在學修生的好幫手，俾以認識及學習聖嘉民追隨基督的精神，適應修會的生活，培育成為靈醫會士。

靈醫會士們的靈修生活

靈醫會士們一生奉行聖願「神貧」，生活需求簡單樸實，他們如此辛勞、甚至全天候工作，密切合作、隨時為需要的病人服務，不求回報。此外，他們的生活作息規則、嚴謹，彼此之間關係密切、溝通無礙，充分展現兄弟情誼。除了對教友傳道解惑之外，還需共享愛宴、共同靈修，並接受長上指引，私底下也會互相關懷。

會士們為了回應天主的召喚，離鄉背井。七十年如一日、善盡牧職，他們的服務奉獻彰顯了天主的榮耀。他們是天主的好漁夫、好牧人，他們奉獻的一生就是愛的動人故事，他們的表樣，讓聖母醫院的員工深受感動，因而有許多受洗成為天主教徒、成立教友傳教協進會，積極推行福傳事工。如今來自歐洲、特別是義大利的外籍會士越來越少，除了引進東南亞國家的會士，教友對宣教也是責無旁貸，也是天主教友的使命，正努力推動中。

對中華文化而言，入修道院如同佛教的出家一般，對一般的家庭來說，實屬不易。六十多年前的當時，台灣經濟仍相當落後，家庭貧窮、資源相對匱乏，成為進入修道院的最佳理由，既修心養性、三餐溫飽、也能接受良好的教育，更有神父們如親生父親般的疼愛。耳濡目染之下，除了陶成良善健全的人格、成為社會有用人士之外，能進而發永願、正式成為會士、加入護病行列，實屬珍貴、真情動人。

如今，第一批來台的外籍神職人員（除范鳳龍之外，多為義大利籍），高壽（九十三歲）的李智神父也於二〇二一年蒙主寵召，第二批的義大利神父，如呂若瑟、謝樂庭、秘克琳神父、卡通靈修士也都超過八十歲了。回顧過去七十年靈醫會在台灣的輝煌歲月，大多是透過外籍會士們一輩子的犧牲奉獻，才能展現風華、成就如今的甜美成果，甚至為天主教教宗所稱道。聖嘉民精神、會士們的前仆後繼所呈現的風範，是否已經完全灌注在整個靈醫會體系、機構與成員，進而能在未來七十年，再現風華，令人期待。

第10章

蘭陽平原福音傳揚開拓史

若沒有奉派遣，人又怎能去宣講呢？正如所記載的：「傳佈福音者的腳步是多麼美麗啊！」

——羅馬書10章15節

聖修伯里在著作《小王子》中有一段話：「當你告訴他們（那些大人們）你交了一個新朋友之後，他們從來不問你那些真正重要的事。他們從來都不會問你：『他的聲音聽起來怎麼樣？他最喜歡什麼遊戲？他收集蝴蝶標本嗎？』相反的，他們只會問：『他多大了？有幾個兄弟？他體重多重？他爸爸賺多少錢？』」

所以，不要嘗試用數字來理解這段長達七十年的福音傳揚歷史，而是要去欣賞靈醫會士們辛苦的足跡、悲天憫人的慈心、傳揚天主福音的熱忱、百姓因而得救的喜悅，以及他們前仆後繼的犧牲奉獻精神。

靈醫會士們確定落腳羅東之後，積極展開醫療傳道、雙軌並行的使命，從醫院及教堂的設立為基礎，進而逐步拓展。主著要由李智神父及潘志仁神父於溪南地區各鄉鎮（羅東、冬山及三星）陸續設立天主堂及展開福音傳揚事工。由華德露神父往山地大同鄉各村落撒播福音種籽；羅德信神父則前往離島澎湖積極開展福傳事工。甚至從二〇一八年，開始接手南澳鄉天主堂及弘道仁愛之家，展開對南澳鄉的醫療傳道佈局。接下來三章就是要分別簡述平地、原鄉與離島的傳道發展過程，並介紹代表性的典範人物，以了解會士們的愛心投入及感人奉獻過程。

靈醫會在宜蘭、澎湖傳揚福音的旅程，是耶穌福音在世界傳播歷史的縮影，就像海上波浪一般，從起初的和緩、平靜，因著人們苦於環境貧窮和疾病肆虐，渴求疾病醫治和心靈滋潤，逐漸地熱鬧興盛、洶湧壯闊；之後的年代，隨著經濟起飛、人口的遷移，著重物質享受的世界吸引走世人的目光，城市化趨勢也從偏鄉帶走多數青壯年，加上e世代的興起，網路席捲大多數人日常的關注，人們不再往內在心靈省思。於是福音傳揚的腳步也逐漸和緩，甚至在某些堂區還因而畫下句點，波浪再度歸於平靜。然而，這不僅是宜蘭、澎湖的課題，也是台灣、全球共有的現象。

如今，許多信仰團體也展開網路世代的競爭，期待能透過創新的福音傳揚模式，突破世人的盲點，重新把心靈的渴望點燃。畢竟，過度沈溺物質與聲光世界，就會和心靈的平安、幸福與福佑漸行漸遠，總是等到某個時間點，世人必會重新覺醒，再度興起對心靈平和及福音的渴求，到時浪濤必定再起。

耶穌給門徒的宣告：

> 當聖神降臨於你們身上時，你們將充滿聖神的德能，要在耶路撒冷及全猶太和撒瑪黎雅，並直到地極，為我作證人。（宗徒大事錄／使徒行傳 1:8）

藉由欣賞靈醫會傳揚福音過程中人事物的史蹟，可以發現，無論外在世界如何轉變，也能感受到天主愛世人的腳步，除非普傳地極，必定永不停歇。

羅東福音傳揚事工

❖耶穌聖心堂

在聖經裡有一些關於聖殿的詠讚及仰慕、朝拜的話語，讓人激發嚮往及孺慕之情，譬如：

醫院內耶穌聖心堂。

- 我得進入祢的殿宇，專賴祢豐厚的慈愛，滿懷敬畏祢的心，向祢的聖所肅然跪拜。（聖詠／詩篇 5:8）
- 那些真正朝拜的人，將以心神以真理朝拜父，因為父就是尋找這樣朝拜祂的人。天主是神，朝拜祂的人，應當以心神以真理去朝拜祂。（若望／約翰福音 4:23-24）

聖殿之於教徒的重要性可見一般，靈醫會除了選在羅東設置醫院，開始行醫傳道，還得籌建一個祈禱祭獻之所，成為會士、信徒們聚會祈禱、獻感恩祭和汲取精神食糧的處所，也是整個信仰活動的核心。靈醫會於一九五二年七月十七日在醫院旁設立耶穌聖心會院，當年十二月十四日即同時舉行「耶穌聖心堂」祝聖暨聖母醫院落成典禮。

一九六一年，安惠民神父特地參訪靈醫會在美國醫院所設教堂，作為在台興建的藍圖，全新的「耶穌聖心堂」於一九六二年六月二十三日落成啟用。會院及聖堂皆以「耶穌聖心」命名，係因「心」是愛的象徵，尤其是耶穌聖心，更是人類極致之愛、圓滿之愛，藉此提醒居於其中的人們：「生活在基督愛內的團體，更要效法耶穌以愛為出發點，去關懷人們、照顧病人。」

耶穌聖心堂是一個圓型尖頂建築，外觀遠望有些類似中國的八角形建築，紅瓦屋頂，八個仰角各有獅座，顯得莊嚴威武，室內屋頂圓形內從中心散發成八個三角形區塊，讓人聯想到耶穌曾提及的「真福八端」與「在基督內圓滿」的信念。祭台旁立有一座耶穌聖心像，耀眼的圖像很容易吸引人走至耶穌台前，能因此堅強意志、療癒心靈。面對祭台，右立聖母抱小耶穌的態像，左立聖嘉民照顧病人的態像，左右尚各有一扇長形玻璃，繪有馬槽中的小耶穌、天使向聖母報喜、象徵聖神之火、耶穌建立聖體聖事之麥餅和葡萄酒，牆的四周有十四處苦路像環繞。

羅東北成天主堂外觀。

耶穌聖心堂週日開始至週六，每日早晨均會舉行彌撒；每月首週五下午五時時三十分舉行明供聖體禮儀，其餘週五則公唸〈玫瑰經〉，敬禮聖母、請聖母為信友們轉禱，求天主降福、賜恩寵。公眾舉行的禮儀之外，平時更是會士、信友、病人及其家屬等，可隨時進入祈禱及向天主訴心的地方，在此常能帶給人們平安、心靈寄託及喜樂。

❖羅東北成天主堂

靈醫會的神父、修士及修女們透過在羅東的醫療服務彰顯了天主的愛，並將天主的福音傳給蘭陽地區的鄉親朋友們。於一九五三年二月，在中山西路租了一棟二層樓洋房，作為道理廳、聖堂，主要由華德露神父及徐心凱神父負責傳教及堂務。一九五四年由潘志仁和張必富兩位神父負責堂務，隨著教友人數增加，開始籌建臨時教堂，於一九五五年十二月完工。

一九五八年九月二十八日，全新哥德式建築「聖母升天堂」落成，成為教友心靈寄託的宮殿、天主臨在之所，也是社區的精神堡壘。天主聖神的德能深入人心，並感化許多人，使其成為天主的子民。本堂成立後，由李智神父任司鐸，其後潘志仁神父於一九六〇年擔任本堂司鐸。

一九六二年曲維臣神父協助本堂神父一年，一九六五年由孔德祿神父接替。他們除了宗徒（使徒）工作、傳揚信仰精神之外，另與修女們合作，開辦一所幼稚園，也在花園建了聖母山洞。孔神父於一九五六年抵達台灣，隨即前往澎湖惠民醫院服務，一九六〇年分別於北成天主堂、大洲天主堂服務；一九六六年再到澎湖，一九七一年即被派往泰國服務。

一九六六年由潘志仁神父接任本堂神父，謝樂廷、秘克琳兩位神父輔佐。一九六九年，李智神父再任本堂司鐸。同年，購置教友公墓土地，且為紀念一九六七年逝世的安惠民神父，在李智神父的大力支持下設立「惠民慈善會」，舉凡輪椅之贈送、助學獎金之頒發、訪視和濟助病患及老弱等，善行不勝枚舉。

一九七七年傳立吉神父接任本堂，杜雅銘神父輔助一年。創辦設備完善的聖母幼稚園，以教育本地幼童；開辦兒童聖經道理班、舉辦暑期兒童生活營、青少年英語露營活動。另創立教友傳教協進會，擴大傳教的統整力量，也鼓勵家庭成員共同研讀聖經和祈禱。神父也經常到教友家做家庭訪問、祝聖房屋及降福家庭，提升教友信德，凝聚教會團結的力量。

一九八六年，楊家門神父繼任本堂神父，致力於福音宣導工作，重要的事蹟如：曾舉辦聖母環島巡禮宜蘭活動、重組教友傳教協會、繼續辦理聖母幼稚園、整修公墓圍牆及聖堂門窗，新蓋本堂東側樓房修道院，對於巴修士所籌建的聖母山莊之後續工程更是不遺餘力。

一九九五年由呂若瑟神父擔任本堂神父，對福傳工作及凝聚教友對教會的向心力，全力以赴。教友傳教協進會重新組成，發揮最大成效，協助祈禱宗會成立，組織教友、研討聖經，並照顧離鄉背井來台工作的眾多菲律賓籍教友，每週為他們舉行彌撒、舉辦活動，以慰思鄉之苦。組織中學生要理班，每週有固定活動，培育教會青年人才。為整修教堂而募得百萬餘元，使聖堂煥然一新。

二〇〇四年傅立吉神父重返繼任本堂神父，二〇〇五年天主堂被列為縣級三級古蹟，更加利於整體建築之維護。二〇〇七年，高國卿神父擔任本堂神父，致力於醫院牧靈、宗教交流及基督徒合一及媒體福傳工作，同時，也受台北教區洪山川總主教任命為宜蘭地區第九、十鐸區主教代表。

二〇一〇年八月，李智神父重返繼任本堂神父，對堂區牧靈工作更加積極，特別是常常拜訪、關心教友及家境貧苦的教友家庭，也會提供生活物資給需要的教友。李神父以無我的精神服務身邊的人，過著神貧的靈修生活，每天都為需要代禱的教友們和教堂事務祈禱，為傳教事業勞心勞力，開辦讀經班、慕道班、探視患病的教友、監獄牧靈等，體貼地照顧教友們。李智神父年邁，於二〇一七年退休之後，本堂由傅立吉神父接任。傅神父於二〇一八年，舉辦露德聖母顯現一百六十週年紀念活動，同年不久之後即返回義大利。本堂神父則由蔡詩倫神父擔任至今。

冬山天主堂。

冬山鄉福傳事工

❖冬山天主堂

一九五四年，華德露神父開始向一批望教友（又稱為慕道友）講道，因為那時沒有教堂，他們每週兩次至羅東聽道理。一九六〇年舉行新聖堂「聖若瑟天主堂」落成大典，委託教區徐心凱神父管理地方教務，徐神父透過幼稚園與老百姓有更多接觸機會，在此地傳教十八年。一九七八年魏真智神父接任傳教工作，並透過補習英文作為學生和老師接觸的媒介。一九八七年，呂若瑟神父接任牧養傳教工作至今，並將冬山、丸山、順安及大隱四堂區的教友聯合起來，組成冬山鄉傳教協進會，讓教友能參與傳教工作、增加互動機會，於是彼此有了連繫及支援。

二〇〇二年起冬山天主堂的教友總人數有三十八人，十年中有人受洗、有教友（原住民）遷移冬山居住、有教友搬出到羅東等外地居住。人數雖有銳減，但藉由每年的聖若瑟主保堂慶，邀請冬山鄉傳協會所屬堂區教友一起於當天舉行慶典活動共頌主恩之外，也增進教友情誼。目前冬山天主堂並未每個主日舉行彌撒聖祭，教友會到北成天主堂或聖嘉民天主堂參與主日感恩祭。二〇二〇年，歡慶六十週年堂慶。

❖順安天主堂

一九七一年初期呂若瑟神父發現有一群殘障者。正如經上記載：「對軟弱的人，我就成為軟弱的，為贏得那軟弱的人；對一切人，我就成為一切，為的是總要救些人。」（格林多／哥林多前書9:22）呂神父正為了要救一些人，得以在順安地區展開傳教工作，他就開始照顧一些殘障者。一九七四年曾修建一所惠民工廠，先做雕刻、後來改為編織工廠，二十個員工中有十幾個是小兒痲痺患者。

一九七七年順安「聖若瑟天主堂」落成，由謝樂廷神父接任傳教工作，因教友不多，於是將教堂分開，一部分當教堂；另一部分則作為「惠民殘障服務中心」，目的是協助殘障者救醫，透過愛德服務普傳耶穌的愛。幾年後因空間不敷使用，謝神父將殘障中心移至二結。謝神父除照顧堂區教友信仰，同時持續服務殘障人士。一九八七年，順安天主堂回歸呂若瑟神父。一九九三年，附近成衣廠開始雇用外籍勞工，有六十位菲律賓教友，會在每個週六都至教堂參加彌撒，也參加聖堂的每個活動。神父為牧養教友的信仰及靈性生命，總會積極安排並鼓勵教友及慕道者參與天主教會所舉辦的活動。

從一九七一年初到二〇〇一年聽到真道而相信甚至願意受洗的人，歷年總計約有五十幾位。在此民情樸實保守的鄉村，能有如此豐碩成果，是要感謝天主。二〇〇二年起，堂區傳道胡和興、潘文四老師協助李智神父與呂若瑟神父傳教事工；二〇二〇年，胡老師及潘老師退休，牧靈協助工作則由廖麗嬌接任。傳教工作隨著世代變遷，事工倍加艱辛，但相信傳揚福音的腳步，永不停歇。

❖丸山天主堂

靈醫會於一九五九年在冬山鄉丸山村創辦聖母醫院分院（丸山療養院）與修道院。來自全省各地的修生，聚集於此祥和寧靜、風光秀麗、俯瞰蘭陽平原的山丘上，專心研讀聖經，以傳揚主耶穌基督福音為職志。起步維艱，且山下附近百姓世代務農、代代相傳，平日忙於農務，因此會士們一直無機會與百姓接觸。

◎關鍵時刻

一九六七年十月十六日，烏雲密佈、大雨滂沱，晝夜未停，山下河流、溪水暴漲。村民見狀，紛紛聚集攜帶工具，冒著大雨、築堤擋水。十八日，水位達警戒線，雨勢未歇，頓時土堤沖毀，溪水如萬馬奔騰般衝向民宅，險象環生。當時李智神父及呂若瑟神父率三十多位修生衝至山下救人，直到晚上共有一百九十二人獲救，暫時安頓於修道院內。因人多且交通中斷，致糧食缺乏，兩位神父為照顧災民，便與分院聯繫，不惜任何花費，以分院所飼養豬隻，隨即宰殺烹煮以提供災民晚餐。兩位神父對待災民，親切熱誠、照顧周到。

隔日雨勢不斷、災情慘重，一批批災民陸續上山尋求援救，總計達三百人之多。晚餐後，李智神父以流利台語、配合幻燈片放映，講解聖經道理，介紹耶穌生平事蹟，傳揚主耶穌基督的福音。描述生動、內容豐富，讓聽者因而認識救世主耶穌基督。雨停後，災民返家整理家園。修道院神父以美國福利會所救濟的米，援助災情嚴重的家庭，同時向德國憐憫會申請一筆經費，發動山下民眾出力，修築堤坊。此後，丸山地區再也不受洪水侵襲，確保民眾生命財產的安全。

十二月十日，李智神父在丸山村一位望教友張正華先生所提供的客廳，利用晚上開始為成人講道。講解詳細，望教友日漸增多，同時呂若瑟神父亦開始組織學生道理班，由呂神父親自為學生們講述聖經道理，藉由聖經道理及耶穌生平事蹟，引導學生走向正途。神父待學生溫和親切，學生亦視神父為仁慈長者。道理班學生愈來愈多，於是每週日晚上借用丸山村社區幼稚園教室，在簡陋設備下主持感恩彌撒慶典，而參與的望教友也很虔誠，以加入耶穌基督信徒為榮。設備雖簡陋，但每週日彌撒卻莊嚴隆重。

◎殘障與弱智者守護天使

於一九六九年，「耶穌聖心天主堂」落成，由當年宜蘭縣長陳進東先生、台北總主教羅光共同主持落成啟用典禮。一九七七年，本堂由謝樂廷神父接任；一九八二年，謝神父在本堂開辦一個小型編織工廠，提供殘障者工作機會，給予殘障者幫助甚大。一九八六年將原來編織工廠改為磨珊瑚工廠；一九八七年呂若瑟神父回任本堂從事傳教工作至今。這二十幾年期間，在兩位神父領導下，新教友日漸增加，本堂頗具規模。一九九六年，呂神父為了讓更多智能不足孩子有機會受教育，提供兩間房屋給啟智中心，神父關懷弱智者的愛心，令人感動。

平時教友們皆能相互照顧，隨時聯絡彼此間以建立深厚的情感與友誼，同時亦加入冬山鄉教友傳教協進會，使得教友也參與傳教工作，遇上重大節慶皆能齊聚一堂，參與彌撒。近幾年來工商業發達，本堂位處宜蘭偏鄉，人口不斷外流，同時大部分教友們因工作關係遷徙至外地。相信作神的善工，神必同在作工，也必蒙神應許。二〇二〇年，丸山天主堂慶祝五十週年堂慶。

三星鄉福傳事工

❖三星天主堂

一九五三年底先有一些農場種葡萄的場員、退輔會人士參與聽道；一九五五年應當地百姓要求，先租房當傳教所開始講道。因著對主的熱愛，當時張永遠先生為盡力把天主信仰傳到三星鄉的每個角落，每天騎腳踏車挨家挨戶拜訪，或到熟人家裡集合講道，也有人主動前往聽道理，教友彼此介紹進入教會、認識信仰到領洗進入天主教會，當時來來去去約一百多人，固定聚會的人數約二、三十人。

當時靈醫會在三星鄉成立巡迴醫療，每週一次，由夏明智修士率領護理人員至各村巡迴服務，因此教友人數增加，迫切須要一位固定神父負責，一九五六年由曾在大陸雲南與靈醫會士一起工作的教區張必富神父主持。一九五七年，三星天主堂落成；一九六七年潘志仁神父接任；一九六八年由謝樂廷神父負責，他年輕好動，希望有更多傳揚福音的地方，因此立刻和其他村的百姓聯絡，並計劃購建新堂的土地。此外，也以幼稚園為傳教的出發點，計劃蓋一間很大的幼稚園，即樂仁幼稚園。

一九七一年後由魏真智神父接管，兩位聖家會修女劉桂蘭與蔡枝香協助發展傳教工作。蔡修女主要負責協助管理幼稚園事務；而劉修女主要是關懷教友信仰。雖然當時傳教困難、天候不佳、交通不便，但修女仍固定外出拜訪教友家庭，在關懷教友後也會關懷鄰舍，藉機會將耶穌真道傳揚出去。一九六四年，兩位修女們離開三星回台北，由潘志仁神父回任，長達二十七年。

在潘神父之後，近十幾年來皆由秘克琳神父負責三星本堂，隸屬於北成天主堂的副堂，除主日舉行感恩祭之外，亦有協助本堂事務的老教友周正義村長，在服務村民同時也心繫傳教工作，透過他，也有村民願意接觸耶穌信仰。由於社會變遷，進堂教友約十幾人，當中也有大同鄉原住民因謀生搬遷到三星居住，因而委派專責資深原住民王樹傳道員，負責牧養三星原住民信仰。

秘神父除關心成人教友的信仰之外，也認為信仰要從小扎根，特別委請靈醫修女會潘稻修女協助講授信仰，特別是兒童的信仰培育，於每周主日彌撒結束後讓信友及兒童繼續聽道理及教義。透過精心設計生活化課程，讓聽者易於從中瞭解天國道理，在生活中學習活出在世的天國。二〇二一年之後，教友們移至聖嘉民天主堂參加主日彌撒。

❖大隱天主堂

一九六八年謝樂廷神父除三星之外，開始與大隱的百姓接觸，並向林務局借一間傳道所，很多人來研究天主教道理。一九六九年孔德祿神父到大隱繼續傳教工作，望教友增加。一九七一年，由呂若瑟神父接任，以愛人如己的精神關心年長及患病者，同時為提高他們的生活水準及儲蓄觀，成立儲蓄互助社，同時也負責大洲天主堂，因此很多活動都在一起舉辦。一九七三年舉行新教堂落成典禮；一九七七年由謝樂廷神父接任；直到一九八三年再由李智神父接管。

一九八九年成立教友協進會；從一九九二年之後，李智神父與呂神父輪流接管大隱天主堂，同時協助彌撒禮儀的有靈醫修女會的潘鳳蘭修女與潘稻修女，而堂務協助就由本堂教友傳協主席江蔡生先生等人籌備執行。因大隱教友人數不多，每次參與彌撒有十來位，但他們對信仰的忠誠，可見於他們每次虔敬參與彌撒過程。二〇一四年之後，教友轉至聖嘉民天主堂參加彌撒。

❖大洲天主堂

一九五六年由華德露神父租間小房子當傳教所，很多居民前來聽道理。天主堂於一九六〇年落成，由孔神父擔任本堂神父，為更順利發展傳教工作，請南部的鄭千來先生當傳教員。孔神父除巡迴醫療外，更想辦法跟百姓接觸，一九六五年開辦一所規模相當大的幼稚園。一九六八年，由李智神父接任；一九七一年，由呂若瑟接任，重視社會服務工作，如成立儲蓄互助社，為學生提倡獎學金制度。不久，謝樂廷神父接任；直到一九八六年由楊家門神父接任。為了就業，很多教友搬走，但是每週六晚上都回大洲天主堂參加彌撒。

一九九五年呂若瑟神父接任北成天主堂兼管大洲天主堂，二〇〇四年由傅立吉神父兼管大洲，在百忙之中仍然安排到大洲主持感恩彌撒。目前，大洲天主堂教友大部分都年歲老邁，有的已回到天鄉，年青人工作關係都移居北部，將長者接往同住照顧，所剩幾位教友於每週日到北成天主堂參與感恩祭。

❖天送埤天主堂

一九六三年百姓開始接受福音，第一位本堂神父是張必富神父。開始時由張明智修士每週三次到天送埤為病人服務；一九六四年，成世光主教蒞臨天送埤祝聖第一個傳道所。一九六七年潘志仁神父跟張必富神父互調，一年以後謝樂廷神父接任潘志仁神父的工作，再過一年由孔德祿神父接任天送埤的傳教工作，在天主堂內開辦一所「貝貝幼稚園」。

一九七一年，由魏真智神父接任；一九七四年潘志仁神父負責三星天主堂，又兼管天送埤天主堂繼續傳教工作，繼續陪伴學童。潘志仁神父每天從三星天主堂走路到天送埤，為了就是要去幼稚園看看園內的學童與天送埤的教友與村民，後來有公車才搭車。歷年來天送埤教友有的年長回天家，有的搬移三星居住及其它縣市。一九九八年，天送埤天主堂與貝貝幼稚園終告謝幕，當時八十四歲高齡的潘志仁神父，相當不捨他所愛的天送埤教友與學童。

聖嘉民天主堂

聖嘉民．德．雷列斯（St.Camillus De Lellis）於一五五〇年出生於義大利，一六一四年七月十四日，聖嘉民離世歸主，留下「視病人如耶穌基督」的典範。辭世多年後，在拾骨的過程中，發現聖嘉民神父的心臟仍保完整，顏色殷紅如紅寶石，未受絲毫損傷，被視為一項神蹟，至今聖髑仍被完整保存在義大利羅馬總會。

二〇一四年是聖嘉民神父逝世四百週年，靈醫會特別委託知名的陳柏森建築師事務所設計、在宜蘭三星鄉大隱村建造一座宛如諾厄（挪亞）方舟的「聖嘉民天主堂」，期望藉由教堂的興築，教我們窺見病者慈父、護病師表的聖嘉民是如何以他的仁愛之心、信仰之愛，立下一個銘刻人心的典範。讓紅十字之愛，得以成為後世如隨風飛揚的種子，在天涯海角落地生根，讓世人明瞭「以病人為中心」的重要性。也期望能帶病人到這人間天國來祈禱，祈求天主藉著聖嘉民的轉求，增加他們的信德和勇氣，讓他們平安地接受身心病痛，在主愛中得心靈痊癒。

二〇一七年，由會長呂若瑟神父遠從義大利迎來聖髑：部分的聖嘉民心臟。七月十五日由洪山川總主教在莊嚴隆重的彌撒典禮下，恭迎聖髑。這顆聖潔如紅寶石般的聖嘉民之心，就此長駐在聖嘉民天主堂，傾聽每一聲病中的呻吟，護佑所有的病者及醫護人員。聖潔無玷的聖嘉民之心，在基督內，坐在天父之右。他應許你虔心祈禱，因為他始終側耳傾聽；他應許你輕輕撫摸、他應許你輕吻，最終將用愛回報予你。於是，如果你因此有了奇異恩典，請告訴我們；於是，我們將藉由永恆跳動的「聖嘉民之心」，不斷地傳送著愛的故事，永不止歇。

這就是聖嘉民之心的由來，一段延續了四百多年，接棒實踐「愛人如主」的動人故事。因而，聖嘉民天主堂對教徒的重要性，可見一斑，也成為台灣天主教徒的朝聖之地，祝福前來朝聖的每一位都能身心靈健康、平安、並得到福佑。目前，聖嘉民天主堂由呂若瑟神父擔任本堂神父，是舉行許多重要慶典的教堂，更是宜蘭縣天主教徒樂於聚會之地。

代表性典範人物

平地福傳的代表性典範人物，在此介紹三位神父，即潘志仁、魏真智及李智神父，其他在文中所提到的知名神父，大多會在後續章節中介紹。

❖潘志仁神父

耶穌說：「你們讓小孩子來罷！不要阻止他們到我跟前來，因為天國正屬於這樣的人。」（瑪竇／馬太福音 19:14）

潘志仁神父（一九一四—二〇〇九）出生於義大利特雷維索鎮，是家中長子，弟弟潘若望是當地有名的木刻藝匠，妹妹是潘安琪修女，家中三個孩子就有兩位奉獻給天主，做父母的特別虔誠，也很捨得。當時他曾徵詢父母關於成為傳教士的意見，父母的回答是：「選擇天主要你做的！」他於一九三二年進入修會、一九四〇年晉鐸神父。

他是靈醫會於一九四六年最早派往中國雲南五位開路先鋒之一，當時他三十二歲。離開雲南、來到台灣之後，他曾擔任馬公市及白沙鄉本堂神父、羅東北成天主堂副本堂。一九七四年之後，則長期擔任三星及天送埤本堂神父，直到一九九八年退休。他的專長為繪畫、音樂、雕刻及牧靈，是小孩子的好朋友，也是人稱守護三星鄉的「土地公」。

一九四六年從香港飛往昆明時，因為帶了大批救助藥物，但當時飛機規定每人只能攜帶一件行李，神父只好將行李中所有衣物都穿在身上，好讓行李裝載藥物。當時他說：「那真是太熱了，所有衣物讓身體四肢無法自如行動，一直長途飛行到昆明，才卸下一身重擔。」事實上，一時的身體重擔對他們而言，還甘之如飴，之後長期的醫病傳道的心靈重擔，才是艱辛，因為他扛了六十三年之後，

潘志仁神父與教友。

才得以安息。

雲南昭通第一所痲瘋病專治醫院的建築圖，就是由潘神父所設計的，共有一百五十床。他們對病人無微不至的照顧，令百姓感動，也都跟著願意奉獻己力來協助愛德工作，感覺有天主祝福他們，福傳因而展開。會士團隊每當在醫療傳道過程中遇到困境時，樂觀的潘神父總是不斷給人希望，提醒所有人要相信天主都會有最好的安排。

由於潘神父性格隨和而開朗，幽默、且極富熱忱，來到台灣之後，無論是在馬公、羅東、大同或三星，他都默默地成為其他會士們的好幫手，例如擔任羅東天主堂李智神父的副本堂、協助秘克琳神父編寫小朋友的圖書、和華德露神父從事原住民牧靈服務。

將近二十七年的歲月，潘志仁神父所有精力都奉獻給三星及天送埤的民眾、和他最喜愛的幼教工作。為當地的教友和農民安排就醫事宜、幫助貧困人家解決家庭困境、協助失業民眾就業求職，儼然成為鄉民的土地公；而喜歡小朋友的潘神父，四十年前就在三星市區和天送埤分別創立了兩家幼稚園，特別是樂仁幼稚園。園區小朋友最愛與和藹可親的潘神父在一起，喜歡圍著神父嬉戲，有趣的是，他把為小朋友降福設計成「碰碰頭，一、二、三遊戲」，每天放學前的碰碰頭成為回家的儀式。

由於生長在義大利貧窮的村莊、又經歷戰亂，因而陶冶成為「安貧樂道」的美德，他的一生從未批評過別人，凡事無愧於心。八十七歲高齡時曾回義大利慶祝晉鐸六十年，有人建議他留在義大利養老，他的回答是：「我要回去台灣，那裡我比較習慣。」

潘神父晚年罹患失智症，回到小孩子的樣式，住院期間經常會會聽得到他宏亮的嗓音：「反攻、反攻、反攻大陸去！」、「兩隻老虎、兩隻老虎、跑得快！」隨著輪椅前進、在病房中迴響，釋放病痛的苦楚。斯人已遠，但他的歌聲與愛德卻依然迴盪在人間。

❖魏真智神父

魏真智（Giovanni Vicentini，一九二六—一九九七）出生義大利北部，是位博學多聞的語言天才。於一九五九年至一九九七年期間，分別於泰國、馬公及羅東服務。

左為魏真智神父。

魏真智神父的智慧，可說是天主賜予的，對於事務高度的領悟力造就在語言方面的發展，精通多國語言如義大利語、西班牙語、阿拉伯語系、拉丁文、西臘文、俄文、法文、中文等，也都能夠朗朗上口，對這些語言的熟悉，不僅是會念而已，而且都是深入研究。

來到台灣後，魏神父開始學習國、台語，能說出流利的國語不稀奇，台語也精通，就讓人不得不驚奇。魏神父的語言能力更用在教育工作及牧靈工作，曾經在護校教學英文，並翻譯義大利修會資料。以流利的國台語傳教是魏神父給台灣民眾的印象，魏神父因腸癌辭世後，他的語文神力在靈醫會已後繼無人。他充滿學者風範的特質，以及留下來的許多藏書，都讓人津津樂道。

❖李智神父

神的呼召不僅是要我們俯伏、敬畏，而是要我們去映照神的生命，以受造物的姿態，去發揮遠遠超過世人現下所能想望的神性。（魯益師，英國知名護教家）

「我一直在想著自己最近是否有犯了什麼罪？」

「神父所謂的犯罪是指什麼？」

「譬如說：我今天是否說錯了什麼話？我睡前是否有認真讀經？今天的講道是否沒說到重點？一整天是否太過懶散？對某女士說話是否不得體？腦中的妄念是否會成真？」

這是李智神父（一九二七—二〇二一）於二〇二一年高壽九十三歲時與同事的對話內容，可以看出他一生以追求「成聖」為標準在嚴謹地要求著自己，思考著進天堂之前的審判，自己是否會有什麼差錯而錯失機會。當然，這也是他一生的寫照，他就是這麼兢兢業業地想著、做著每一件事情。

李神父出生於義大利特倫托，父母生有五男三女，排行第七。自有即對來華傳教的利瑪竇傳教士十分景仰，於十二歲就進入靈醫會修道，一九五二年晉鐸神父、一九五四年來到台灣，旋即調往澎湖，三年後返台擔任丸山分院院長。一九八九年至一九九二年又回到澎湖，二〇〇四年至二〇〇七年同時擔任靈醫會會長、羅東聖母醫院院長。二〇一〇年，他榮獲耶路撒冷聖墓騎士團冊封為騎士，當時的誓詞：「要愛我們的敵人，不靠刀劍，而是憑藉著愛與和平來打仗。」因其卓越的表現，曾榮獲教宗若望保祿二世接見。

李神父最為人樂道的才能就是對語言的駕馭能力，對老人家說相當道地流利的台語、對外籍人士說英語，對原住民、外省族群及年輕人則說國語，跟會士們則說義大利語，切換自如。被問到為何台語說得那麼輪轉？他一慣的回答：「只要立定目標打拼，就會成事。」這就是來台六十六年的寫照。

一九五四年，李神父來到澎湖服務之前，曾看過蘭陽平原上的綠野田疇、太平洋中癡癡守望的龜山島，如今再細細體會沒有半棵大樹的澎湖，天人菊在風飛沙中蒼勁地求生存的情景。他直覺認為：「臺灣是最美麗的地方，雖然落後，但有生命力、有熱情，天主一定會眷顧這裡。」他在此與何義士修士共事多年。當年澎湖有不少痲瘋病患，人人避之唯恐不及，李神父就和張明智修士一起挨家挨戶地直接將治療藥物送到病患手中。當時神父第一位聽道理及領洗的教友就是一位二十歲的年輕痲瘋病患者，目前已八十多歲。

回到台灣擔任丸山分院院長時，主要照顧的就是肺結核病患，除了醫療照護，當一家之主住院時，不僅醫療費用無著落、家中經濟都會陷入窘境，神父都會出面同時解決醫藥費及救助病人的家庭生活需求。此外，也兼任修道院院長，作育英才、培養一批男護士、並曾送四位台灣年輕人前往義大利進修。一九六七年冬山大水災，收容將近五百位居民上丸山修道院及分院避難，並殺豬招待居民的美事，正是李智及呂若瑟神父所完成的美事。之後，李神父主要的工作都集中在北成天主堂、羅東聖母醫院。

李智神父（前坐者）擔任修生的神師。

他自己克勤克儉，對員工及教友則是相當慷慨，只要有經濟困難，神父一概不問緣由，只要做得到、一定幫忙，他認為：「每個人都有自尊，若非真遇到困難，是不會輕易開口，能幫就幫、不必多問。」此外，他也是同僚眼中的完美主義者，不僅思慮周密，寧願自己受苦，要求自己做任何事都以不傷人為前提；若團體中有較大的衝突，他常會擔憂失眠，直到紛爭排除為止。

他是眾人眼中最好的諮詢師，耐心聽取

心聲、從不洩密，讓人總是能得到安慰。他不只是牧羊人，同時也是避雷針，為大家避雷擊、擋風雨。李神父也常叮嚀：「不可任意批評他人，凡事不要怕、只要信！多祈禱。」李神父的慈悲與無私的奉獻，讓教友們親身體會到基督般的愛。

擔任靈醫會董事長期間，同時面臨聖母醫院、丸山分院、啟智中心建築老舊，已瀕臨更新時刻。對李智神父而言，這也是天人交戰時刻：「靈醫會到台灣是來服務的，只能奉獻，豈有向台灣人伸手要錢的道理？」另一種聲音：「服務台灣人的醫院，經費由台灣人自己來募款，天經地義。」過去靈醫會在台灣的建設經費，大多從義大利、德國募款而來，然而台灣的經濟已起飛、逐步脫離貧窮落後的時代；最終，如果要讓靈醫會在台灣的服務走得長遠，台灣人自己必須站起來，肩負起慈善事業的推動責任，這也是時代變遷必然的趨勢。於是，李智神父終於鬆口：「只要對服務病人有利，就放手去做吧！」

台灣人在之後的慷慨表現，果然令人激賞。羅東聖母醫院新建「范鳳龍紀念大樓」、「聖嘉民啟智中心暨長照中心遷建」，甚至近年來完成的「馬仁光紀念（老人醫療）大樓」，以及目前正積極募款計畫遷建的「澎湖惠民醫院」，都是台灣人自己所甘心樂意促成的大事。

第11章

山地原鄉福音傳揚據點的建立與拓展

於是耶穌摸他們的眼說：「照你們的信德，給你們成就罷！」他們的眼便開了。耶穌嚴厲警戒他們說：「你們當心，不要使任何人知道。」但他們出去，就在那整個地區把他傳揚開了。

——瑪竇（馬太）福音9章29－31節

「你不要羨慕別人所擁有的一切！因為天主都有安排，祂會給你的！」華德露神父以這句話為座右銘，常常安慰著大同鄉的原住民，幾乎在大同鄉的傳道師也都會轉述這句話安慰貧弱的族人。此外，靈醫會也於二〇一八年四月正式進駐南澳天主堂，開啟原鄉福傳的新頁。

大同鄉的福傳事工

❖寒溪部落（第一站）

華神父及會士們於一九五四年間，在醫院發現一群人用簡便竹子擔架扛著一位穿著簡陋衣服的婦女，送到醫院接受住院治療，並得知是住在大同鄉寒溪村的原住民。由於原住民都非常窮困，經會士們免費、細心醫療及照護後，該婦女痊癒而回到部落，之後為感念會士們的照顧，因而到處宣揚他們的美名。

同年七月十八日寒溪村民率代表表示願意接受教會並成為教友，且提供一份百餘人名單，山地福傳就此展開。華德露神父先遴選七位村民，住宿於羅東會館二樓租的臨時天主堂，透過傳教員以日文

寒溪天主聖心堂。

翻譯訓練他們成為傳教員。一九五四年聖誕節，七位全部領洗，一九五五年一月六日領受堅振禮。第一批傳教員為呂天生、方和正、莊金章、薛松琳、鄭豐榮，返村後他們分別在寒溪村的四個部落——寒溪、華興、新光、四方林，開始分組每晚於各部落傳揚福音，並於隔年再訓練第二批傳教員。

一九五八年十一月一日寒溪「耶穌聖心天主堂」舉行落成典禮，首任本堂為華德露神父。

◎方合正傳教員分享與華德露神父相處三十多年點滴

華神父在望教友比後拔雅斯的家設置臨時聖堂宣講福音，晚上則睡在派出所宿舍，於一九五六年聖誕節，共有一百二十三人領洗。一九五八年，華神父與建寒溪天主堂落成，落成典禮盛況空前村民近千人參與慶祝遊行。每週日有兩台彌撒，小孩彌撒在早上八至九點，大人彌撒在九至十點，由我負責華興部落，人數多到領完聖體已中午十二點。

那時華神父對傳教員的工作要求很嚴格，教友雖然都很熱誠，如遇教友週日沒參與聖事，當天會後或第二天一定帶著傳教員一齊去探訪、關懷他。如遇偷懶的教友，一定溫柔地勸說：「一週只有這一天能跟天主好好說話，下次一定要來喔！」並吩咐我要常常關心沒去聖堂望彌撒的教友。在那個年代，大家都很窮，尤其是住在山上的我們更窮。華神父會帶一些衣服、麵粉、雜糧等物品，交給我分送給需要的人，我那時只分給教友，被華神父發現，他非常嚴厲的告訴我：「不可只分送給教友，要分送給所有需要的人。」

華神父與我相處如兄弟一般，對寒溪村民也是如此。他也開始學山地話，所有村民都是他的老師，不到一年就會講一般山地話，每位教友的名字他都會用原住民語稱呼。當村民生病時，他不分教友或非教友一樣熱心照顧，如遇到住院時，一定親自到醫院慰問，並減免其住院費用，讓他能安心治病。在部落時，他會每天去探望、分送物品給教友或貧困需要者，為了讓交通不便的村民發生意外或緊急疾病時，可臨時處置，然後再慢慢送下山醫治，因而成立臨時藥局，將藥品存放於聖堂內。

一九七二年，離寒溪大約四公里的四方林部落，約有四十戶住家，遭遇水災而全村淹沒，村民瞬間一無所有，只好遷村至高處。華神父資助他們興建新村的費用，並在新村中蓋一個小亭，作為舉行彌撒聖祭及講道之用。方先生很驕傲地笑著說：「四個部落中，除寒溪的一部分住民是基督徒之外，華興、四方林、新光全部是天主教徒，任何人也比不上華神父對我們的照顧。」[1]

一九七四年由傅立吉神父繼任本堂；一九七七年謝樂廷神父繼任；一九七八年高國卿神父繼任本堂；一九八一年潘茂稻神父繼任本堂；一九八四年再由傅立吉神父繼任本堂、二〇〇〇年呂若瑟神父繼任本堂，教友人口將近六百三十餘人。

呂若瑟神父在寒溪天主堂長達十八年，除堂區牧靈之外，還有其他醫院牧靈與行政工作，相當忙碌，但呂神父仍非常關心教友們，常不畏風雨開著車到部落為等待他的教友們服務，神父傳愛的精神讓很多教友都深感佩服與感激。

為增進教友間彼此共融，常舉辦教會禮儀和節慶活動的祈福與聚餐，平時他與潘文四傳教員和幾

1 引自《忘了自己，因為愛你》：光啟文化出版。

最早期的松羅天主堂（左）。

位熱心的教友們一起，每週一次輪流到四個部落講道，為將要領受洗禮的慕道者講授天主教要理，另外也會到教友家中帶領唸〈玫瑰經〉祈禱，並針對當天的福音或教會禮儀節慶，與教友們講道分享。

過年時，呂神父會率領傳協會幹部到貧困家庭關心慰問們，每年神父也會率領教友們一起去朝聖！

呂神父也非常關心兒童與青年的信仰陶成，成立主日學和青年團契，也為孩子們舉辦暑期信仰生活營、不定期的避靜，偶而也會帶孩子們出去旅遊共融，是為了使讓孩子們與教會經常保持聯繫，同時也鼓勵他們要為教會福傳工作努力。也會到醫院探視患病的教友，給予他們施行教會聖事禮儀，使他們獲得身心靈的平安。

二〇一七年，本堂神父由高國卿神父接任，安恒立神父為副本堂至今，高神父致力於寒溪復健醫療站的設置，提升原民整體的身心靈健康。

❖松羅部落（第二站）

一九五二年底，華德露神父與潘志仁神父，開始在距羅東二十公里遠的三星鄉傳揚福音，並由夏明智修士帶領護理人員每週一次在三星成立免費巡迴醫療，當時有很多松羅及崙埤兩地原住民也都徒步涉過廣闊的蘭陽溪上段走到三星來求醫。兩個部落居民都有意願接受福音的薰陶，當時選出兩位村民至羅東接受一年的集訓，回村傳揚福音。當然華神父也不辭辛苦的跋山涉水到松羅，當時望教友顏長生先生提供他的住家做為臨時聖堂。一九六〇年松羅「依利撒伯天主堂」落成，松羅部落一半以上都為天主教徒。

當時華德露神父還特別送五位學生到靈醫會修道院學習，其中一位就是高國卿神父，也是唯一的宜蘭泰雅族神父，是華德露神父內心最大的喜悅。

◎松羅現任傳教員王樹分享華神父事蹟

我當兵回來時，華神父問我願不願意幫他，我一口就答應，接著與許錦松、王來生一起到羅東會館接受傳教員訓練。一年後完成訓練，我被派到各地去傳揚福音，那時原住民生活很苦，主食是地瓜，沒有錢買白米，華神父常常拿白米、麵粉、衣服給我們。當遇到鄉民生病，他就會馬上到家中探望，並給予一到兩百元（當時百元的幣值很大），讓他們買些營養品及添補家用。

華神父非常照顧我們，全鄉民都很信任他，記得一九七四年，葛樂禮颱風過境，松羅靠山邊的十戶房子全部淹埋在土堆裡，我翻山越嶺到粗坑、經過宜蘭，再到羅東聖母醫院向華神父求援，他馬上動員會士及醫院員工將物資先往山上送，救助許多松羅村民。

當時不論天主教或基督教徒，全部靠華神父帶上去的物資過活，並且關懷病人，醫師也馬上在那裡醫治病人，並提供每戶兩萬五千元以協助房舍重建。松羅部落村民一有問題都會馬上找華神父，住院費用繳不出或臨時意外生活失去依靠，華神父都會盡力幫忙，他關心我們的環境、生活品

崙背聖德蘭天主堂。

質。他待我們就像一位照顧及關懷自己孩子的父親一般。[2]

一九八三年，由高國卿神父擔任松羅、牛門及英士天主堂之本堂神父；一九八八年，由謝樂廷神父繼任；一九九三—一九九五年，由潘茂稻擔任松羅、牛門及碼崙天主堂之本堂神父；二〇〇二年楊家門神父繼任本堂神父，同時接管崙埤、牛門、碼崙、英士等四個教堂；二〇〇七年李大川神父繼任本堂神父。二〇一一年，林清和神父也協助主持主日彌撒，幾個月之後，台北教區派遣林神父到南澳天主堂擔任本堂神父，本堂重責由李大川神父負責至今。

神父們身兼醫院重任及堂區牧靈工作，盡心盡力為教友服務。有一段時間請黃浩然神父代為協助李神父主持松羅的主日彌撒，黃神父講道言簡意賅，深受教友們喜愛！平時牧靈工作由王樹傳教員和傳協會幹部們一起擔任，他們會到教友家拜訪、唸〈玫瑰經〉家庭祈禱、會為喪家守靈祈禱、關懷患病和住院教友。

❖崙埤部落（第三站）

華神父在呂天生傳教員的陪同之下，同時也從松羅到崙埤傳揚福音，那時沒有道路，只靠著穿山越林、跋涉河谷才到崙埤，一片貧脊。雖然居民們樂天知命、性情開朗，但原為富家子弟的華神父，實在不忍心看著他們過著如此窮苦的生活品質。

華神父盡力改善他們生活環境，要求傳教員不只傳教，還要關懷當地居民的起居生活，他自己只要一到崙埤，遇見生病的村民，就會給予金錢看病，分送食物給每位居民。一九五七年聖誕節，在崙埤就有首批教友領洗。一九六二年，崙埤「聖女小德蘭天主堂」落成，教友共計一百八十五人，當時總人口有三百八十人，幾乎占了一半。一九八三年由高國卿神父繼任本堂神父；一九八八年謝樂廷神父繼任本堂、潘志仁神父協助，有一段時間楊家門神父也會協助崙埤和英士部落的教堂工作。

一九九五年楊家門神父繼任本堂神父，他非常守時，不管是參加各項活動或是主持彌撒，他都會提早抵達，講道能力極佳，廣受教友們喜歡。天主賜予他宣講的恩寵使他能為主傳揚福音，講道內容相當生活化，常會以一般社會現象來舉例，讓教友們都能理解聖經的真理、繼而領洗。除積極的參與教友們舉辦的各項教會活動，也會帶領教友們去屏東萬金朝聖，平時主日天彌撒結束後，會留下來陪伴教友們談天。每週一次，會與許金虎傳教員和一些熱心的教友們，到每個教友家教導及進行家庭祈禱唸〈玫瑰經〉，進而培養教友們學習每天祈禱的習慣。每個主日彌撒前，教友們就會集體恭唸〈玫瑰經〉，以準備一顆虔敬的心來參與感恩彌撒。

2 引自《忘了自己，因為愛你》：光啟文化出版。

二〇〇七年由李大川神父繼任本堂神父至今，神父非常關心教友們的信仰生活，特別是青年與兒童的信仰陶成，常鼓勵孩子們多參與教會活動，如主日學、青年團契、暑期生活營等，神父也邀請傳道員到崙埤、松羅教堂，為孩童們講授要理，特別安排在主日彌撒前舉辦主日學課程，講授天主教道理。

❖牛鬥、碼崙部落（第四及第五站）

王樹傳教員形容牛鬥、碼崙（現稱樂水）在當時仍在「雲深不知處」，華德露神父傳教的路線，必須透過林場的小火車坐到碼崙，沒路之後，必須下到河谷、涉水通行。當時碼崙兩個部落只有一百五十人，而牛鬥是大同鄉最小的部落，只有九十五人。華神父並不因兩部落居民少而放棄，因為他只想幫忙在那深山中居民，讓他們認識天主的愛是無遠弗屆。兩個部落居民受到他的感召，也近半居民都領洗了。牛鬥「痛苦聖母天主堂」、碼崙「聖若瑟天主堂」於一九七四年相繼建堂。

一九八三年高國卿神父繼任本堂神父；一九八八年謝樂廷神父繼任；一九九五年則由楊家門神父接任；二〇〇七年，李大川神父繼任本堂至今。教堂事務通常是由許錦松傳教員夫婦協助神父，他會到教友家關心教友，彌撒前會去接送行動不便的教友們到教堂參與彌撒，並協助神父準備禮儀用品，協助教會禮儀活動佈置。

由於，英士、碼崙、牛鬥為小型教會，進堂人數大約十多位左右，因此，神父為凝聚三個教堂教友們的心，安排每月最後一週的主日天，集合三堂教友一起聯合彌撒。特別是在教會大節慶時，會再聯合崙埤、松羅天主堂的教友，共同舉辦盛大且隆重的慶祝活動和感恩彌撒。

❖英士部落（第六站）

梵梵現稱英士，很多人描述梵梵位於大同鄉的深山中，一九六五年開始在此傳揚福音。華德露神父於一九七三年興建「聖嘉民天主堂」，人數雖少，但教友非常熱心且能互相幫助。一九八三年由高國卿神父接任本堂神父，原教堂建在教友土地上，後因國小遷建，包括教堂也被徵收為學校用地，換以學校操場做為建堂用地。一九八八年謝樂廷神父繼任本堂，當時部落要新建國小於是把原本的大教堂拆除，於是教友們只能借用廢掉的國小老師辦公室來聚會彌撒，非常簡陋。

一九九五年楊家門神父繼任本堂，有一名熱心的教友願意提供他家一個房間讓我們能在那裡彌撒，直到新建天主堂完工。楊神父在英士服務十二年，與教友間有著深厚情誼，他常關心教友們的生活狀況，不時給予幫助及為教友們代禱，神父常鼓勵教友們多祈禱、常唸〈玫瑰經〉，每週三晚上會帶領教友們到各家庭唸〈玫瑰經〉，為家庭祈禱祝福。

在楊神父傳教期間，他培育一名英士的原住民教友到輔大神學院就讀，學習教會教義及禮儀，學成之後並派遣到山區從事教會服務工作。二〇〇七年李大川神父繼任本堂至今，李神父的牧靈工作為：每週三下午到醫院關懷住院教友、每週五下午到教友家拜訪，晚上家庭祈禱、講授要理，主持主日彌撒、為教友們 祈禱。神父每年過年後，會安排到教友家灑聖水祈福，讓教友們在新的一年都能獲得天主的祝福。

教友們都希望能擁有屬於自己的教堂，大家經過這幾年的努力，有錢出錢、有力出力，天主終於俯聽了教友們的祈禱，於二〇一二年二月開始動工新建教堂，目前已完工啟用，感謝天主！

❖四季部落（第七站）

四季是一個比較大的部落，大約有一千多人，距離羅東有六十四公里，海拔八百公尺。華德露神父第一次拜訪時，便足足走了二十五公里，有些道路還位在河旁，有些甚至沒有一條可通行的道路。當時安惠民神父建議華神父等著，並半開玩笑地說：「等到有一天路造好了，我們再談一談怎麼走！」

但華神父並不以為難，因他曾在中國雲南遇到比這些更困難的問題，都能迎刃解決。一九六〇年，華神父借用望教友家為臨時聖堂開始傳教，一九六三年首批教友領洗計一百七十三人；一九六四

四季聖母升天堂。

年，「四季聖母升天堂」落成時，有一批南山村民參加慶典，也邀請神父到南山傳教，有一個居民將他的住屋奉獻供聖堂之用。

◎四季村許金虎前議員對華神父的印象——原鄉的救世主

一九五八年，我與華神父一起到四季傳教，因交通不便，公路局一天只有一班，所以我住在南山，華神父到南山必須從四季走路上來，等彌撒及拜訪教友結，再走回四季。偏遠地區教育不普遍，不識字者居多，華神父希望我能一邊講授福音、一邊教導文字，晚上因為沒有電燈，只好點蠟燭教導經文。

華神父要求我成立一個教友互助團體，不只達到整村村民互相關懷，又可即時了解村民家庭發生的問題，然後我和神父就能盡快協助解決。於一九六七年，山上還過著原始生活，大家都以地瓜裹腹，華神父也跟著大家一樣以地瓜為主食。因為生活艱苦，沒有錢買白米，只要有生病的人，華神父會給錢買白米或補品。

在華神父的口袋裏面，一邊放著糖果、一邊放著錢，見到小孩就給糖果，遇到窮苦的大人就給錢，村裏無論大小都叫他「亞爸」（原住民語：慈愛的父親）。最早在寒溪，所有人都以「亞爸」來稱呼他，漸漸地流傳到每個部落村民都稱他為「亞爸」，因為全鄉民只要有困難一定找「亞爸」，而這位亞爸也從不拒絕，所以全鄉將他當成救世主。

一九七〇年，華神父為讓他們接受文明洗禮，特地買了三台電視，分放於南山、四季、留茂安三個聖堂，每晚都擠滿了村民，我也利用大家看電視時間教導或叮嚀一些重要事情。為能探望更多教友，神父買了一台50CC的摩托車，但是路況不好或山路太陡，經常要下車用推或拉的，到平一點的地面再騎。教友都很高興神父能到家裡拜訪。

有一次，神父去探望一位教友，因為他已經多次未到聖堂，神父很生氣地告訴他：「再忙也需撥出時間與天主談話，你這樣天主會不高興。」沒想到那位教友不久之後，竟然生病住院，神父得悉下山探望他，當時我也陪同在側，他小聲告訴我說：「我以後不能隨便罵人了。」

神父每一次上山，背包都裝著滿滿的東西，食物及米一包包的分送給村民，而他本身的廚房只有泡麵及村民送給他的地瓜，他連自己用的日用品也拿去送給需要的人。他對自己生活非常節儉，在他心中總是先想到別人的需要，而且也盡量想辦法滿足他們的需求。

記得當年鄉民推薦我出來選鄉民代表，靈醫會的神父們都反對，只有華神父鼓勵我參加選舉，他希望我能利用此機會多幫忙鄉民。當我發現代表的力量還是有限，才繼續參選議員。如果我沒跟著華神父一起工作，以他對鄉民服務的精神做表率，鄉民不可能一路挺我，將我送進縣議會。我到目前還在崙埤繼續從事傳教員的工作。[3]

3 引自《忘了自己，因為愛你》：光啟文化出版。

南山天主堂。

❖南山部落（第八站）

南山村位於蘭陽溪上游左岸，在與其支流奴摩炭溪合流處西北方約兩公里處，海拔一千二百公尺，早期人口約一千多人，一九六九年，首批望教友領洗，一九七〇年南山天主堂落成啟用。

◎黃哲男傳教員對華神父的追憶

小時候常常吃華神父的糖果，因為他常走到大街小巷，碰到小朋友一定給糖果，很多小朋友最高興的是見到華神父。我當兵回來後，就一直陪在華神父身邊，每天彌撒後探望教友，特別照顧貧窮病人。記得有次看見華神父從山下買來五、六斤豬肉，心想這下可有口福了，到了晚餐並沒有發現到肉，原來又是拿給生病的人補身體了。

小孩子對神父非常信任，記得有一個孩子的父親常喝醉酒，小孩子非常害怕，於是常跑去聖堂找神父幫助他。而對單親的小朋友，他提供學費、交通費等。如果你問我，華神父在南山的工作？我只能告訴你：「他就像一個父親關懷他的孩子一般，我們每個家庭的事情他都知道。誰家貧窮、誰受傷在家，他總是想盡辦法幫忙我們，尊稱他『亞爸』一點也不為過，在我心目中，他是一位聖人。」[4]

❖留茂安部落（第九站）

留茂安（現稱茂安）距四季六公里，海拔四百公尺。一九六九年，華神父開始到這裡傳揚福音，當時全村人口一百九十人，教友已達一百一十五人，當時尚無聖堂，於是彌撒都在室外舉行。陳茂樹的母親捐出住宅興建為聖堂，於一九七〇年落成。

王樹傳教員說：「全大同鄉以留茂安村民是最兇悍的，也曾聽說日本統治時代，他們不肯臣服而與日本軍隊打得天昏地裂、傷亡無數，但華神父卻在那邊得到全村民的敬愛。」

❖華神父年邁時特別鍾愛前往偏遠的山區教堂

一九七〇年，經過十六年的努力，華德露神父終於完成大同鄉九個部落福音傳揚及聖堂興建的任務。他並不以此為足，還是不怠懈地關懷村民，每次下山一定到醫院探訪住院的村民，並盡可能提供他們的需要，有些原住民住院時並不是很合作，醫師的醫囑有如耳邊風，醫院的護理人員最高興見到華神父，因為他們只聽華神父的話。

一九八三年之前，除寒溪教堂自一九七四年起由傅立吉神父及謝樂廷神父負責之外，其他八個大同鄉聖堂都是由華神父負責。輪流一週於英士以上的聖堂（四季、南山、茂安）主持主日彌撒，另一週則於包含英士及以下的聖堂主持彌撒。一九八二年五月之後，高神父自國外回來，除在醫院負責工

---

4 引自《忘了自己，因為愛你》：光啟文化出版。

作之外，也上山幫華神父到英士以上的教堂服務。

一九八三年七月起，華神父就委請高神父負責含英士以下的教堂，他則更喜愛四季、南山、茂安等地比較單純、貧困的教友。當時交通不便，所以高山上的教友較不會因週日或假日到都市遊玩或購物，而不參加主日彌撒。有些神父不解為何讓年邁的華神父到偏遠的教堂，年輕的神父卻不去？其實是華神父特別囑咐高神父負責英士以下的堂區。

華德露神父一九九五年逝世後，崙背、松蘿、英士、牛鬥及碼崙本堂神父由高國卿神父續任；二〇〇七年之後，則由李大川神父接任至今。茂安、四季、南山三個教堂事務，起初由張文友神父繼任本堂神父五年；一九九五年，由謝樂廷神父繼任本堂，每個主日需要主持三台彌撒，平時還要到教友家拜訪，家庭祈禱唸〈玫瑰經〉、講道理，與教友們談論信仰問題。謝神父是非常風趣、活潑開朗的人，也很會開玩笑，讓教友們和接觸他的人都能變得快樂。神父非常重視教友們對信仰的認知與道理的認識，所以神父在教導教友們唸經文時，會將每一段經文講述其意義與內涵，使教友們不光只是唸而是能明白經文的意義。

另外，謝神父也教導教友們認清教會禮儀中活動只是信仰的表現，聖事才是信仰的基本，不要只重視外表而忽略了真正的意義！神父非常喜歡照相，不管各項教會活動、家庭祈禱、帶青年、孩童出遊時，他都會拍下來做紀念，也幫助他記憶教友們的長相。神父常說要看見人真正的需求，才能真正幫助教友們在信仰上能成長。

二〇一〇年，謝神父關節疼痛住院治療，又在二〇一一年發生車禍開刀住院、復健，這段期間教堂事務就由呂若瑟神父、林清和神父、宜蘭的楊品裕神父或其他台北的神父協助。不久之後，謝神父身體復原，再度生龍活虎地繼續服務村民和病人。二〇一五年之後，茂安、四季、南山三個教堂的本堂神父則是由楊家門神父接任至今。

代表性典範人物

靈醫會在大同鄉所進行醫療傳道的歷史已長達六十八年，期間有許多神父都有卓著的貢獻，也在本書其他章節多有介紹，在此章僅選擇華德露神及高國卿兩位代表性神父進行簡介。

❖華德露神父

如果家庭窮苦是進入靈醫會的驅動力之一，那華德露神父（一九一二—一九九五）必定屬於例外的那一位。他於一九一二年出生在義大利維琴察的小村落，父親經營酒廠，家境不錯。那他會進入靈醫會的原因，可能就是住在尊稱為「聖召村」的維拉甘澤拉（Villaganzerla），因為這是天主揀選最多接受聖召者所居住的村落，包括何義士、馬仁光修士。或許耳濡目染之下，不僅舅舅、連家中三個兒子中除大哥之外，雙胞胎哥哥和他都成為神父，那對當時的義大利家庭來說，或許常見，但對華人家庭來說簡直不可思議。

華神父於二十五歲晉鐸神父，並於一九四六年成為首批受邀前往中國雲南服務首批五位會士之一，當時他說：「這邀請好像是天主賜給我一生中最大的恩典。」此外，他也是一九五二來台傳教首任的靈醫會遠東區省會長。之後，馬不停蹄地蓋醫院、聖堂、醫療傳道並行，待醫院及平地聖堂陸續建妥、順利運行之後，他就將多數的心力投入大同鄉原住民的醫療福傳事工，持續四十一年，從不間斷、貼近原民進行感人的服務。

或許大同鄉的地形地貌，如同中國雲南的縮小版，對會士們有著似曾相識的熟悉感，吸引他們某種程度接續對雲南偏遠山區百姓救助與醫療照護的情感，也對從中國被驅逐、中斷對雲南百姓照顧的痛苦，有所慰藉。完成九個部落的福傳及濟助，似乎也了結部分心願。當然，台灣政府、百姓及原住民對靈醫會的接納與感恩，也相對療癒了會士們在中國所受到的心靈創傷。

大同鄉風景優美，是當今國人旅遊勝地，無論太平山、翠峰湖、鳩之澤、明池、棲蘭山莊，一到假日，旅客絡繹不絕。很難想像在華神父傳教的那個年代，交通大多靠步行前進，颱風一來，不僅原住民房舍受損，連帶山路也會因落石而中斷，沿途可謂險象環生。事實上，華神父就是以八十三高齡，於一九九五年在前往四季村探訪病人途中，因意外而生命殞落。如同聖嘉民不斷重申：「好軍人死於戰場，好船員死於大海，好靈醫會士死於醫院。」而華德露這位好神父，則歿於傳道的路上。

耶穌說：「我是善牧，而善牧為羊捨掉自己的生命。」（若望／約翰福音 10:11）華德露神父正是如此，扛著自己的十字架，跟著耶穌走上犧牲的道路。他一生的歲月，都是跟隨耶穌，捨棄一切財富、與貧者共居，全心全意地照顧著貧病中的最小兄弟，默默地照顧著祂的羊群。他喜歡天真無邪的小孩、協助無助的貧病患者與被忽略的原住民，只有天主的祝福才是他心中所追求的，他誠摯的心，不求聲名地默默做著喜歡的工作，為照顧祂的羊而跌倒、失去生命，尊稱他為「聖人」也不為過。

華神父本身就像一部「走動的福音」，一直活在大同鄉原住民的心中，「救世主、亞爸」都是原住民對他的尊稱，「聞聲救苦」就是他個人的寫照，哲人日已遠，典型在夙昔。

❖高國卿神父

高國卿神父於一九四九年出生於桃園縣復興鄉，於十一歲全家遷移至大同鄉松羅村。十二歲就在父母的祝福之下進入靈醫會修道院、十九歲就讀聖母護校、二十五歲就讀輔大神學院、三十一歲晉鐸神父之後赴羅馬靈醫會神修。一九八二年返國於聖母醫院及大同鄉服務；一九九五年擔任馬公惠民醫院行政副院長；一九九九年接續何義士修士在中國雲南未完成的痲瘋病人服務工作；二〇〇七年至二〇一三年擔任聖母醫院全人關懷副院長。

從高神父的學經歷，可看出是靈醫會精心培養台灣在地人才過程的代表性人物，也是「華德露神父內心最大的喜悅」，從一位懵懂的泰雅族少年，漸漸成長為信仰堅定、對病人無私奉獻的照護者。此外，他也不辜負長上的期望，即使罹患胃癌，開刀後不久，仍堅持辛苦完成中國雲南的事工，並於羅東聖母醫院及各堂區扮演重要福傳角色。

當選「中國痲瘋服務協會」理事長之後，甚至足跡遍及四川、陝西、河北、貴州、安徽等省約二十多處的痲瘋村。陪同高神父前往大陸安徽明光村痲瘋村探訪的聖母專校老師們，有著如下的感想：

我們一行人跟每位痲瘋病友打招呼，在打招呼過程中，神父都會主動跟每一位病友噓寒問暖、並握手表達關心。同時也遇到之前神父在這裡服務時就關心過的病友，大家都露出開心的笑容、彼此問候，這樣的畫面真是讓人感動，這畫面不禁讓我想起聖經中的一段話：「誰若為了我的名字收留這個小孩子，就是收留我；誰若收留我，就是收留那派遣我來的，因為在你們眾人中最小的，這人才是最大的。」（路加福音 9:48）

神父不會因為病友身體的殘缺而像一般人將他們隔離、不予關心，反而就像是關心自己孩子一般付出無私的愛心，愛這些我們看似微不足道、甚至忽略的人，就像現在那些需要被醫治的人。他總是把自己放在最低的位置，去關心醫治需要幫助的人。其實想想，或許我們也可以試著去學習高神父愛人如己的精神，像聖經中提到的：「你要盡心、盡性、盡力、盡意愛上主你的神，並愛近人如你自己。」（路加福音 10:27）最後在此希望大家有能力之餘，可以付出一些關懷和愛心去幫助明光痲瘋村的居民，改善他們的生活環境，並希望遠在安徽明光的病友們能在神的關懷之下，每天都能平安喜樂。[5]

5 引自《忘了自己，因為愛你》：光啟文化出版。

高國卿神父背負著華德露神父高度的期待，確實也傳承會士們的奉獻精神，甚至接續何義士修士對中國雲南痲瘋病患者的救助計劃，完成會士們「再回雲南的承諾」。感念於高神父對台灣、澎湖醫療傳道的奉獻典範，於二〇〇六年榮獲第十六屆醫療奉獻獎。

南澳鄉的福傳事工

誰在主這邊？誰要跟隨主？誰要為主活著，走祂的道路？
誰要撇開世界，去為主爭戰？誰是在主這邊，跟隨主向前？
藉著祢慈悲的呼召，藉著祢神聖的恩典，
我們站在主這邊——救主，我們屬於祢！（弗朗西絲．海弗格爾，英國女詩人）

「南澳天主堂」全名是「南澳聖若瑟天主堂」，創建於一九四八年，隸屬天主教台北總教區第十總鐸區。天主堂位於南澳國小旁，周邊環境維持得很潔淨，建築分為天主堂及神職人員的宿舍。前者是素雅的灰色建築，以洗石子為外牆，樣式很簡單，白色的十字架較為醒目，「天主堂」幾個字型也很古樸；後者則是以紅磚為牆體，搭配西式拱窗，並有西式的廊柱及女兒牆，屋子側邊的白色石柱也很典雅，整體感頗有英國鄉村建築的風格，讓人驚艷。

提起華思儉神父，總讓南澳鄉民特別感念，他從事神職前是加拿大的醫師，原本在中國傳教，後得罪共產黨而入獄，被釋放後輾轉於一九六六年來到台灣，定居南澳鄉超過五十年。期間除父母臨終前返國外，華神父從未因私事返鄉，都留在宜蘭縣南澳村傳教、並行醫。

由於華思儉（Georges-Etienne Beauregard, S.J.）神父本身是醫師，除了在天主堂福傳之外，也同時於一九六八年由教會所建立的南澳醫院（一九八四年轉型為弘道仁愛之家）進行醫療工作。天主

（左）南澳聖若瑟天主堂。（右）華思儉神父（照片由耶穌會詹德隆神父提供）。

堂平日是當地教徒的信仰中心，當遇到颱風天，則搖身一變就成了鄉民的避難所，三、四百人熱鬧地擠在一起。神職人員們則會用心準備餐食，幫村民安然度過天災。對南澳鄉民而言，天主堂不僅是精神上的依靠，在生活層面上也相當重要。

直到二〇〇八年，華思儉神父已九十幾歲高齡，耶穌會請他到新竹會院休養。堂務陸續由范銘山神父負責，整修聖堂窗戶及神父宿舍；而後有林清和神父、華瑞禮神父、方德明神父等在此福傳。

❖天主教靈醫會承接福傳任務，從接納小孩和老人開始

自二〇一八年四月十七日起，教區委請靈醫會負責南澳鄉聖若瑟天主堂、弘道聖若瑟天主堂、東澳聖母聖心堂、及遠在澳花的聖嘉民天主堂。天主教靈醫會恪遵天主旨意，派遣蔡詩倫、范文東、陳蘇懷等三位新世代神父，抵達南澳承繼福傳使命，開啟靈醫會在南澳鄉的牧靈事工。一

個新的服務紀元開始，也為靈醫會在此牧靈事工領域擴大服務的承諾，寫下新的篇章。

到任後，蔡詩倫神父新建南澳聖若瑟堂區的花園、弘道聖母亭及聖堂；東澳范文東神父賣飛魚募款整修教堂及聖母亭；陳蘇懷神父則整修澳花聖嘉民堂。蔡神父調離南澳返回羅東北成之後，由高神父當會院院長，陳蘇懷神父為本堂神父、范神父為副本堂神父，並負責東澳及弘道聖若瑟教堂。二〇二〇年，本堂神父由劉玉慶神父接任，也積極募款修建教堂設施。

劉玉慶神父和長照原住民阿嬤合影。

神父們來此偏鄉工作及傳道，除了例行的彌撒、福傳和教友關懷之外，也主持由博愛基金會經費支持的學生課後輔導班，協助原鄉小孩教養。此外，於二〇二〇年六月運用教堂內的教室，開啟全國第二家「微型日照中心」，收置五位失能失智的長者，提供家屬適當的喘息服務。

❖長者的身心靈全人關顧

在這兩個最初入住的老人，一個說閩南話、一個說國語；一個右邊偏癱不良於行，一個四肢無力，都坐輪椅；一個答非所問，一個總是微笑、但不知所云。服務滿一年多之後，老人從二人到現在六至七人，有的來幾個半天，有的來星期一至星期五，有的伴隨失能失智、或無法清楚語言表達，或失智嚴重，無法久坐或一直說話或一直唱歌，不然吵著要回家煮飯……相當熱鬧。

有這麼一天，一位失能加失智的長者說：「作品做得再好，最後也是揉揉就丟掉，有什麼『路用』。」回答說：「那我們來義賣賺錢如何？把賺到錢給你們加菜，請好老師教你們……」他的眼睛閃出光芒，之後的每一堂課都非常認真，努力做到好。

聖嘉民曾說：「病人是『整個人』到醫院來的，他的身體和他的個性，沒有一樣被隔離在醫院之外。在他骯髒破爛的衣服底下，也帶著那『自由、不朽的靈魂』。」因此，誰說失能失智長者就是剩人、無用，或所謂等死，從神父眼中，他們內心裡那自由、不朽的靈魂，正顯露出啟發愛德的光芒。在此，經過各種治療活動之後，看著他們的日常功能漸漸回復，甚至開始能清楚表達自己的想法和情緒。好有價值的一份工作，天主的愛在他們身上展現無遺。

❖庭園造景，如破蛹而出、羽化成蝶般的美麗

> 凡喝妳打的水還是會再渴，若喝我所賜的水就永遠不渴，因為我所賜的水，要在他裡面成為泉源直湧……（若望／約翰福音 4:13-14）

天主堂不只服務的轉化，在環境上也煥然一新，除了大聖若瑟抱聖嬰石像之外，神父們運用越南教友畫工畫出南澳七村，也代表天主教堂區，有山有海，還有多種族耕種畫面，以及南澳特產——段木香菇。

另外花園內的造景，也涵蓋許多大家所熟知的聖經故事：五餅二魚、活水的井、代表酒及餅——彌撒聖事、以及「紅十字」的靈醫會在其中。此花園內涵豐富，充滿聖經愛的故事，有如破蛹而出、羽化成蝶般的美麗。

❖華思儉神父——典範人物

華思儉神父（一〇一三—二〇一七）[6]出生於加拿大魁北克虔誠的天主教家庭，是家中十七位手足中排行第九，其中五位姊妹是於世界各地服務的修女。二十一歲時加入耶穌會，一九四七年到中國北京傳教，一九五三年遭到共產黨監禁一年；獲釋後前往菲律賓十二年，新建聖母皇后堂。一九六六年，華神父來到台灣靜養，正巧南澳神父出缺，秉持天主旨意，就長期留在南澳，從事醫療傳道事工。

教會在當地設立托兒所，但村民負擔不起費用，於是他慷慨解囊代為支付，並曾送八名失怙兒童由遠在加拿大的自家手足代為扶養，可謂全家族都投入愛德行列。他曾持續幾十年每隔三個月捐血一次，直到二〇〇〇年時才因健康因素停止捐血，共捐了將近兩萬西西。

二〇〇三年一月二十四日，與靈醫會眾神父修士們一起領到「永久居留證」。當時馮德山神父說：「我們這些耶穌會士在決定要來台灣時，就知道永遠不回家了。活著也是要為天主及別人，不再是為自己。華思儉神父用六十多年的時間來服務中華地區，特別有四十二年都在南澳，他全然忘了自己，完全融入在地的生活、飲食、風土人文。」

直到二〇〇八年，華思儉神父於九十五歲高齡才真正退休。二〇一五年十二月二十一日，榮獲總統頒贈紫色大綬景星勳章。於二〇一七年七月十日，以高壽一百零四歲榮歸主懷。

天主教的神父們，有的會在一個堂區待上幾十年，有的則會在不同堂區、甚至不同國家轉換。無論如何，他們有的就像宗徒（使徒），開疆拓土；有的，則是扮演守成，並深入扎根；有的，則必須服從命令，隨時被差遣到海角天涯。或許，在他們心中，一開始並不一定都明白天主的旨意，直到進行生命回顧，才曉透：「天主卻有意使之變成好事，造成（成就）了今日的結果。」（創世紀 50:20）

台灣人民何其有幸！從全世界聚集如此眾多的外籍傳教士，來為台灣人服務，特別是偏鄉地區。

在每位台灣人心中，絕對不能閉起心靈，不去感受天主如此豐盛的美意，我們不能只是無感地接受，卻沒有讓內心所激起的回饋之情，得以順利展現。是的！我們的任務，就是要盡全力讓愛流動、生生不息。

（本章主要資料提供者：劉玉慶神父、楊廷芬院長）

6 取材自二〇一七年七月十六日《天主教週報》。

第12章

澎湖群島的福傳事工

我們必須認知到，我們都置身於一條比我們偉大的河流中，這條河流的基礎和流動其中的，就是愛。生命不在於我，而在於上主；而上主即在於愛。

——理查．羅爾神父

一九五二年，羅德信神父離開香港來到台灣，即使在中國的傳教事業受挫，卻依然秉持樂觀的態度，自告奮勇為靈醫會尋找另一個「未開發」地區。於是，來台灣一個月後，專程從台南搭飛機到澎湖，親自考察民情，停留三日才返回台灣，在回覆上級的報告中寫著：「那裡風很大、沙很多，但也充滿了希望。」

一九五二年六月，高安修士和潘志仁神父抵達馬公，雙劍合璧，潘神父主責傳道、高修士負責醫療。一九五三年，馬仁光修士抵達馬公，開始經營瑪利診所。一九五四年九月，羅德信神父和夏明智修士抵達，眾人合作，積極開展醫療傳道事工；之後醫療工作由王理智（Franco Avi）神父、何義士修士及鮑志修士接續。羅神父在澎湖十八年時間，發揮開疆闢土的大能和毅力，讓靈醫會在澎湖的醫療傳道事工，更加蓬勃發展，所進行的傳道工作內容，概述如下。

聖母病人之痊堂

澎湖天主教在日據時代就有教友，但其總人數不會超過十人。一九五二年，靈醫會初到達馬公

早期的澎湖惠民醫院（左）及天主堂（右）。

時，在市區承租一間房屋當作臨時教堂使用。一九五四年自願來澎湖傳教的羅德信神父，憑藉在雲南巧家的傳教經驗，一面用國語溝通、一面苦練閩南話，每天與地方人士接觸，加上當時的澎湖縣長李玉林英雄相惜，逐步累積不少信眾。此外，羅神父將其在雲南醫療傳道過程，親身遭遇共產黨迫害的經歷，使用英文、法文、德文、西班牙文、義大利文寫成小冊，在歐洲各國努力募款，以便發展澎湖的醫療傳道事業。

羅德信神父於一九五七年興建惠民醫院，同時在旁邊蓋了一座教堂，但是後來發現教堂空間不夠容納教友使用，希望能蓋一座較大且舒適的教堂供教友使用。於一九六三年完成募款三萬美金，於當年十二月二十五日舉行破土典禮；一九六四年八月三十日舉行「聖母病人之痊堂」落成祝聖，由羅光總主教主持落成典禮，典禮中由馬仁光修士所領導的靈醫會修道院樂隊負責典禮伴奏，場面熱鬧隆重。羅神父曾說：「馬公是這個澎湖群島的首府，擁有全台灣至今最美麗和最具藝術氣息的教堂之一。」

羅神父選擇在聖堂祭壇上刻下耶穌的承諾：

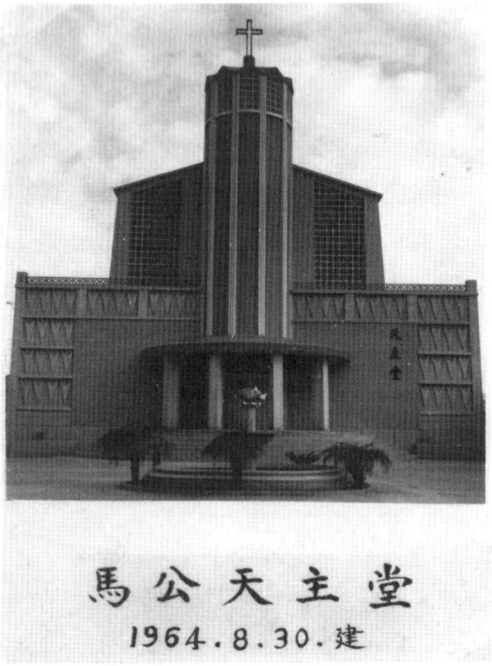

馬公聖母病人之痊堂。

「凡勞苦和負重擔的，你們都到我跟前來，我要使你們安息。」也確實成為澎湖人民得以安息之所。此後十四年期間，他們在馬公、湖西和西嶼建立了十一間教堂，提供更多的安息驛站，可見當時民眾對福音的渴求盛況。

興建房舍

此外，羅德信神父同時還透過募款，興建惠民一村與二村，使當時許多貧窮的人都能有房子住。羅神父為了讓教友有個團體能協助堂務運作，故將本堂教友組織起來通稱教友代表會，於一九六四年十一月成立諮議委員會，讓教友組織更具規模。當時，羅神父還不時拿些金錢（以當時算不少數目）資助貧窮人家做生意，很多人都因他的幫忙而發達起來；甚至在神父沒錢可幫時，通常也會自願作擔保，並設法借錢幫助真正需要的人。

積極福傳

羅神父經常利用晚上時間去拜訪惠民一村的民眾，帶領他們到聖堂，為他們講道，使他們更認識基督信仰，在生活中學習信賴天主。他也為人排解家庭糾紛，指導解決兒女教育問題。當時民眾生活都困苦，他則四處張羅救濟物資，提供民眾貼補家用。除以行動讓人體會福音之美好，羅神父在每次講道，都以「仁愛」為重心，見證天主對世人的愛。神父總是勉勵教友說：「信仰是在人最需要時，才會想去接近。」因此，儘管有機會就去播種，等時機來到時，必然會發芽、成長與結出美好的果實。

羅神父除在本島佈道、行醫之外，也經常會搭船至澎湖其他偏遠的離島，發放物資、二手衣物。這些島嶼在當時的眼光看來，生活環境都極差，有些島至今已廢村。一九六〇年代羅神父所探訪島嶼有漁翁（漁夫之島）、七美（七美女之島）、望安（希望之島）、東嶼坪（和平之島、二十五戶）和西嶼坪（三十五戶）、西吉（西部島嶼、約一百戶）、花嶼、鳥嶼（約一千人）、員貝嶼（幸運之島、三十三戶）、大倉嶼（大倉庫之島、約兩百五十人）等。

成立聖母軍

於一九六八年成立基督活力運動澎湖分會，也是一個教友組織運動，以廣揚耶穌基督的教訓與基督化生活為原則，並以實踐為宗旨的運動。一九七〇年和一九七九年，分別成立聖母軍，每週有一次固定的開會時間，在會中同心頌念經文祈禱〈玫瑰經〉，求聖母及聖神的助祐，賜予恩寵及工作能力。工作項目有：拜訪慕道朋友、訪問教友家庭，輪流家庭祈禱、及所有與教友有關係的聯繫工作。羅神父在澎湖十八年，為傳教工作撒下豐碩的種子，教友最多曾達千人以上。

接任神父史蹟

靈醫會士定期前往湖西、白沙、西嶼等村落進行巡迴醫療，不僅關心病人和家屬，也會拜訪教友、體察民情，甚至會給予救濟物資。因而吸引許多慕道友、繼而為他們施洗。此外，他們也聘請許多幼教老師、設立許多的幼稚園，接任羅神父的謝樂庭神父回憶於一九六九年至一九七七年服務期間，當時整個澎湖有九個天主堂，甚至連離島的吉貝和鳥嶼都設有幼稚園。他們希望能在他們單純的心靈中，播下天主慈愛救贖的幼苗，讓他們一生中都能得到天主的幫助和安慰。

呂若瑟神父於一九七四年至一九八六年在澎湖期間，除了擔任澎湖惠民醫院的牧靈工作、在天主堂主禮彌撒之外，大多數時間都在較偏僻的白沙鄉傳教，更多的時間是在探訪窮人、殘障者、獨居老人和監獄的犯人。他說：「在馬公市教區，我遇到的知識分子、教師、政府官員，他們比較了解我想傳達的訊息，也能幫著我推動想做的事，但這些只是成功主義（神學）。相對地，單純、貧寒的人，才能讓我的生命更豐富，更能體會『教會』是個大家庭。」

傅立吉神父於一九八三年至一九八九年期間來到澎湖惠民醫院擔任副院長，成為何義士修士的得力行政助手，在醫院的工作還包括開救護車、洗水塔、當水電維修工人。此外，他也是馬公天主堂神父，除了彌撒及靈修活動之外，也會到監獄牧靈、重組教友傳協會、成立青年會、辦理暑假生活營，將福音傳給活力正旺的青少年。

李智神父曾於一九五四年至一九五七年及一九八九年至一九九二年兩度調任來到澎湖，接續傅神父的工作，除了擔任馬公天主堂神父，也兼任澎湖惠民醫院副院長。高國卿神父則於一九九五年至二〇〇〇年接任惠民醫院行政副院長，承接李智神父所規劃的工作，並成立「護理之家」、「重殘者養護中心」；也承繼何義士修士大陸痲瘋村的救助計劃。

李智神父於二〇〇二年曾寫道：「靈醫會曾在澎湖寫下光榮的歷史，會士們的奉獻、善行和宗徒（使徒）的熱忱，值得珍惜與慶賀。特別是在白沙鄉灌注最多的心血，那裡的人們說：『天主教靈醫會在短短時間內，為這塊土地付出許多的心血，善待這裡的居民。只要哪裡有需要，他們就出現在那裡，他們的奉獻精神，會永遠存在我們的心中。』」

一九七七年澎湖《白沙鄉誌》的記載，充分說明靈醫會所留下的典範：「天主教在本鄉的傳教，所吸收的教徒雖然不多，但對各村貧困者的施惠，可謂不勝枚舉，如生活困難者，經常濟助麵粉、麥片、衣服等，如遇病人則收容在其附設的惠民醫院免費醫治。特別是對本鄉的各項地方建設、社會福利有卓越的貢獻，所奉獻之心力遠勝過其他各宗教。」

事實上，靈醫會士們無論在平地、原鄉或澎湖的付出，並非只是為累積數量為目的，如建堂數、教友人數，更重要的目標就是要讓更多人認識耶穌偉大的愛，並散播耶穌的福音種子，提升人們的靈性力量和價值。如今，這些種子已然遍佈全地，等待著的，就是我們必須用心地灑水、施肥、除草，並耐心守候種子萌芽、成長、茁壯、開花及結果。

代表性典範人物

❖羅德信神父

羅德信神父（一九一五—一九八七）出生於義大利瑞巴羅塔的聖馬丁諾，曾說：「選擇到中國雲南，是對父親的許諾。當初懇求父親准予加入修會，由於父親本身是共產黨員，不喜歡我去服事有權勢的權貴。因此，當我告訴他是要到最貧窮、偏遠的地區去服事最有需要的人之後，他才勉強答應。」

他於一九三三年進入靈醫會修會、一九四〇年晉鐸神父，他是一九四六年前往中國雲南的負責招募者及領隊。一九五二年離開中國前往泰國建立新據點；一九五四年回台旋即前往馬公，一九五七年建立澎湖惠民醫院，前後待在澎湖長達十八年。一九六四年建成馬公天主堂，之後也建造沙港、烏崁、西嶼、白沙鄉等處的十四間天主堂。一九七一年至一九七七年回台接任羅東聖母醫院第四任院長。

卸任後，六十二歲的羅神父馬上又前往印度建立靈醫會新據點，展開新國度的傳教工作，要深入蠻荒，光坐車就得花上一天的時間。由於印度政府規定，外國傳教士一年內僅能有半年待在印度，因此只能用有限的時間，加倍努力、默默耕耘，也由於他所奠下的基礎，當地已經有超過六十位印度籍的靈醫會士。可見，羅神父如同聖保祿般既是一位開創者，同時也是能守成的賢能者。

羅神父對窮苦百姓的愛護具有全面性眼光，在澎湖十八年期間，除了積極醫療傳道、常不辭千里前往澎湖各島嶼探訪及發放救濟物資之外，甚至對地方建設做出許多貢獻，主要包括為窮困者所建設的惠民一村及二村、協助過大倉碼頭修建、鋪設村外聯絡道路，以及經手過多間古厝等翻修工程。

這些建設所需的龐大經費，大多是由羅德信神父透過書信、著作傳遞他親眼所見景象與貧病民眾的需求，積極從歐洲各國募款，更多的細節可從他義大利文著作《台灣海峽中的澎湖：風和沙之島》中的紀錄看到。其中有一段如此寫道：「我們必須記住，過去幾年來，透過天主教福利會（CRS）和德國主教慈善機構（MISEREOR）的慷慨捐助，完成許多社會福利工作：建設二十個漁港，並成立漁民合作社，讓數百位貧窮漁民借貸以購買汽船和舢舨，為整個漁村的百姓開拓出生計來源，提升整體生活水準。最近，甚至為離島的窮人興建集合住宅（三十五戶、三百多位住民），這是一樁令澎湖全體居民感動的舉措。」

此外，為爭取住民權益，他也會向縣政府提出各種社區建設計畫，爭取公家機關資源。加上他有著堅強的意志和真誠待人的社交能力，因此也有不少人願意挺身而出，共襄盛舉。由於神父對澎湖無怨無悔地付出，也得到實質肯定，獲頒「澎湖澎湖縣政府文化局榮譽縣民」、及當選「全國好人好事代表」。

他也是文人、並主修過歷史，非常熱衷爬梳澎湖過往的歷史文獻。在《風和沙之島》書中，除了記載許多美麗景緻、風土民情、傳統信仰儀式、藝術文化情境，也特別提到澎湖經歷的政權流變，如荷領時期、明鄭時期、日本統治五十年的影響，還提到一八八五年法國遠征軍攻佔澎湖時，澎湖居民普遍對法軍將領孤拔印象不錯：「指揮官真的非常善良，對窮人充滿同情心。」

更重要的是，他在此書中寫道：「我的心會留在過去傳教過的地方，一些在雲南、一些在泰國、一些在台灣、一些在印度，但是最大部分則是在澎湖。」可見，澎湖算是他一生心之所繫。

另一本著作為《病人慈父、護病師表：靈醫會會祖聖嘉民》，文字簡潔，配合潘志仁神父簡單傳神的插畫，圖文並茂，是傳達靈醫會精神的佳作。

❖韓國乾修士

一位受到靈醫會外籍神父奉獻犧牲服務台灣百姓而感動，並主動獻身服務的男子，將人生最精華的三十六年時光都奉獻給澎湖的病友，他就是韓國乾修士。他不僅認為澎湖是天堂，更親自寫下〈生命之光，常燃不熄〉的感人文章，也是所有靈醫會士生命實際的寫照。

韓修士出生於電影海角七號中恆春小漁村，為家裡第四代的天主教教友，從小體弱多病，幾次住院經驗激起他對服務病人的期望，但家中的經濟窘困，只能暫時放下願望，前往恆春核能三廠擔任土木品管員。

一九八四年因活動到澎湖惠民醫院參訪，看見義大利神父離開家鄉到臺灣服務，心中的疑問：「為何沒有本國傳教士來澎湖為同胞服務？」激起童年時期的願望，經過長考、與家人深入討論後，隔年他寫信給在澎湖福傳的呂若瑟神父，表達想到澎湖學習的意願。於一九八五年，正式進入天主教靈醫會，成為望會生；於二〇〇〇年發終身願，正式成為靈醫會士；二〇〇三年，奉調菲律賓聖嘉民醫院從事復健服務；二〇一一年，返回澎湖惠民醫院，持續復健服務至今。

三十六年來，服務無數個復健病人，儘管澎湖的風很大，也褪不去服務病人的熱情。「天主讓他感受病痛，是為了更有同理心來服務病人」，這是韓修士的初衷與堅持。如今他繼續在澎湖惠民醫院服務，醫院的每個角落，只要病人有需要，都會看見他忙碌的身影。

「我的使命在澎湖！」、「大家以後來澎湖，不要再說這裡是離島，我覺得這裡是天堂。」這是韓修士的堅持與決心，這次澎湖惠民醫院重建計畫，他期盼重建能幫助更多澎湖鄉親，延續當年義大利

韓國乾修士（右）榮獲第三十一屆醫療奉獻獎。

神父走過的美善之路。感念於韓國乾修士對澎湖醫療傳道的奉獻典範，於二〇二一年榮獲第三十一屆醫療奉獻獎。

◎生命之光，常燃不熄

我們只是一根根蠟燭，要緊的是要能被點燃並發出光芒。個人的生命，所發出的光芒，或許只是宇宙中的微光。然而，只要自己努力發亮，就不愁這世界沒有光，剎那即為永恆。主啊！我更需要祢永恆的光芒。

每當在聖堂祈禱，遙望祭台上的燭光閃爍時，心中就能充滿平安。即使光芒渺小，卻能襯托出祭台上的神聖。憶起現今很多默默行善、有愛心的團體或個人，展現出犧牲奉獻的精神，幫助那些需要援助、安慰的人，在他們心中猶如一盞燭光，照亮充滿希望的人間，是別人難以享受和體會的樂趣。

當一個人心中萌生「愛」，表現總會不同往常，喜歡透過愛的光芒照亮他人的黑暗，成為引路者，也代表憑著愛心與毅力就能協助他人衝破黑暗，走向光明之路。主耶穌多麼鍾愛世人，啟示我們多關懷別人、體恤別人，用我們燭光的溫柔，照亮且善待需要幫助的人。即使再窮苦的人，無論所發出光芒多麼微弱，也能付出一定的「愛」與「光」。

我們都是閃耀的小小燭光，主會確保我們持續發光，再大的風雨都吹不熄我們的微光。主的力量總是保護著我們，能在黑暗中光亮無比。耶穌是世界之光，命我們傳揚福音，使其真光能照射到幽暗昏沉之地，使失意、頹喪的人都得到盼望，化黑暗為光明。

求主耶穌基督點亮我們心中不滅之光，驅逐一切阻擋向善的障礙，畢生照耀人間，能在我們的日常生活、工作崗位上，發散愛和光芒，傳送到每個角落。也能讓世人因我們榮主救靈、慈善關懷、互愛互助、和諧服務、奉獻犧牲的精神，得以分享我們的燭光，並減輕世間的邪惡與紛爭。

燃燒自己、照亮別人，常燃不熄且貢獻一切力量助人為樂，如此生活就會充盈踏實，享受甜美的生命之光。即使人的生命短暫，但生命之火花，將永遠存活在世人的心中。

第13章

抹茶山聖母山莊

野地裡的花不會為了尋找陽光而移動，只因天主的照料，讓它們無論在那裡，都能豐饒而美麗。

——克里斯汀神父（來自電影《人神之間》）

抹茶山位在宜蘭礁溪，以往稱為聖母山莊步道，但二〇二〇年因日本攝影師小林賢伍將此山稱為「宜蘭聖母峰」，而且將所拍照片上傳社群媒體，有粉絲問說：「這是抹茶冰淇淋嗎？」因而「台灣的抹茶山」開始爆紅，成為登山客及遊客朝聖的焦點，假日時期，還需排成人龍才能上、下山。至於抹茶山最醒目的地標「聖母山莊」，就是出自巴瑞士修士之手，不過重點在於要認識巴修士其人其事。

聖經裡有一段記載著「上主召叫」的故事：

那時，上主召叫說：「撒慕爾，撒慕爾！」他回答說：「我在這裏！」……厄里於是明白，是上主叫了幼童，便對撒慕爾說：「去睡罷！假使有人再叫你，你就回答說：請上主發言，你的僕人在此靜聽。」……上主走近，像前幾次一樣召叫說：「撒慕爾，撒慕爾！」撒慕爾便回答說：「請上主發言！你的僕人在此靜聽。」（撒慕爾／撒母耳記上 3: 4-10）

巴瑞士修士（一九一六—一九八四）出生於義大利北部特列威紹城，一九四一年發終身願。巴修士前往中國傳教的呼召，竟然類似聖經所記載先知撒慕爾為天主所召叫過程。

巴修士曾在一次大避靜時，於半睡半醒之際，聽到一個聲音：「為和你不到中國傳教？」第二天同時刻，聽到同樣的聲音，而且更加清楚，讓他覺得不尋常。於是將此現場報告指導神父，神父說：「放心，別思慮過多，如果再次發生，你就回答：『不要求任何條件，全力以赴。』」避靜結束當天，靈醫會省長見到巴修士，一開口就問他：「你願不願意到中國傳教？」巴修士立刻回答：「我願意。」

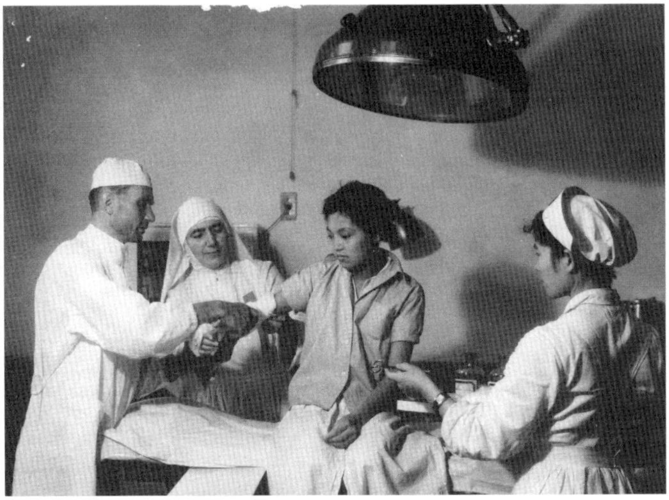

巴瑞士修士在開刀房的身影（左一，左二為陳龍妮修女）。

當然，並非每個人被上主召叫的過程，都會如此鮮明、帶著戲劇性。事實上，祂就一直在我們的生命當中存在著，以各種形式在召叫著我們，能背起自己的十字架來跟隨祂。如果我們只是一直空等著上主以奇幻現象來召喚我們，就會因次錯過無數的召叫機會。因此，大多數的靈醫會士被召叫的過程，都是如此平淡無奇，他們就在日常生活中，找出上主給予他們的特殊召喚，然後就勇敢地背起自己的十字架，一輩子地跟隨耶穌。

一九四七年，巴修士歡喜地成為靈醫會第二批前往中國雲南的會士，並於會澤聖嘉民醫院從事護理工作，特別是照顧當地的痲瘋病人。一九五二年離開中國之後，與羅德信神父一起前往泰國邦朋，拓展靈醫會在當地的事工；一九五五年再調至曼谷，繼續為天主效命。

一九五八年來到台灣，開始於羅東聖母醫院服務，之後同時在聖母醫院及丸山分院兩地辛苦奔波達八年之久，特別在丸山療養院，照顧肺結核病患，親力親為、任勞任怨。由於巴修士待人慈祥親切，讓病人受病痛折

巴瑞士修士（左側著花上衣、戴帽子者）與山友合影於聖母山莊。

磨之餘，也能感受到如同家人般的溫暖，因此常用「阿爸」來尊稱他。

於一九六六年之後，因外科病房擴張，則固定在聖母醫院服務，由於本身的護理專業，之後就專責外科開刀房麻醉事宜及第二外科病房護理持續二十多年，成為范鳳龍大夫不可或缺的左右手。

由於巴修士長年奔波，積勞成疾，特別患有氣喘宿疾，由於對中西藥的效果有限，於是趁每週半天的休假，外出運動，最終選擇登山成為他的最愛。初期以五峰旗瀑布、金盈瀑布溯溪及紗帽山等為目標，待身體健康恢復、體力較為充沛之後，組成聖母登山隊，轉而挑戰高山，如桃源谷、甚至登上台灣第二高峰——雪山（三八八六公尺）。

一九七〇年至一九八〇年代，台灣許多大山經常發生山難，基於醫療人員的本職及惻隱之心，為降低此類憾事的發生，選擇在台北和宜蘭交界之熱門登山景點三角崙山及烘爐地山，籌建避難小屋。歷經一番艱辛，包括募款、購買材料、搬運上山及建築事宜，終於克服萬難，避難山莊終於在一九八〇年三月二十五日竣工啟用。不僅可容納二十至三十人留宿，還備有許多應急物資，門前還立有一尊聖母像，「聖母山莊」因此得名。

一九八四年，巴修士蒙主寵召，眾人也在聖母像旁立了一座巴修士的銅像，共同守護攀登抹茶山的所有山友們，都能身心靈健康、平安。

盧雲神父說：「不要害怕死亡，因為儘管你死去，你也必以更深邃的方式與我們同在……死亡是我們完完全的軟弱，不用將衰老的軟弱是為連串的損失，反而要將衰老視為一條道路，倒空我們的心，讓愛的靈傾注……死亡是最終要走的一段路徑，讓我們離開，得以完全實現我們是蒙神所愛的兒女身分，與充滿愛的神完全契合。」

的確，透過聖母山莊，巴修士一生的奉獻、善行，都會持續映在歷代登山朝聖者的心中，更能讓我們明白，傾其一生倒空內在的愛，湧流到需求著的心中，才能領受天主所傾注更豐盛的愛，最終能與天主無盡的愛，永恆地契合在一起。

第四部

靈醫會在台灣設立之醫院、特色及國際醫療

羅東聖母醫院早期完整醫療大樓樣貌（含耶穌聖心堂）。

你要以親切溫柔的慈母心腸，全心、全智、全力、全天候的來看護我。

——聖嘉民病人之樸十誡之二

第14章

羅東聖母醫院發展史之一：草創至舊外科大樓時代

今日，要燃起蠟燭綻放感恩的光芒；看哪，在黑暗之中，那就是祢指引前路的亮光……因有美善大能幫助保守我們，我們將勇敢面對未來的一切。不論何景況，上主與我們為友，是的，每一天都確實如此。

——潘霍華（德國神學家）

草創時期

靈醫會士因共產黨迫害而離開中國，從香港轉到台灣，一九五二年六月十五日抵達羅東。當時人在台北、家住羅東的羅許阿隆曾在十六份做保正，又有一大片土地。日據時代，他的兩個孩子到日本讀醫科，因二次大戰日本投降，他們提早回台灣，羅文堂在「羅許阿隆博愛診所」工作，而許文政則轉到台大醫學院繼續未竟的學業。當羅許阿隆聽說靈醫會想在台灣鄉下找個地方建立醫院時，便極力邀請他們到羅東來。

一九五二年，靈醫會在宜蘭縣羅東鎮租下「羅許阿隆博愛診所」，作為醫療傳道的起點。於七月十五日正式成立「羅東聖母醫院」，梅崇德神父（藥師）為首任院長，並聘許文政為管理醫師。起初醫院僅有十二張病床，同年十二月自建的一棟尖頂平房落成，容納二十張病床。

❖梅崇德神父（首任院長）

梅崇德神父（一九二〇—一九七七）出生於義大利維洛納省的貝維拉夸，十九歲進入靈醫會修

最早期的羅東聖母醫院（僅有十二張病床）

會、二十六歲晉鐸神父，一九四七年前往中國雲南，一九五二年與其他會士們來到台灣。

在醫院草創期，以藥師的身分，擔下首任院長職務，必定是一項艱鉅的挑戰。由於其他會士多半得負責看診與醫療，身為藥師，除綜理藥劑事務之外，還得擔負起打理醫院行政事務的沉重責任，總是廢寢忘食地工作，忘了吃飯、忘了休息，除了工作、還是工作。在台灣當時物資缺乏的一九五〇年代，梅神父必須設法解決設備不足的問題。當時院內設備極差，開刀房居然沒有通風設備，醫師常需頂著高瓦特燈泡動手術，腳下放冰塊降溫。行政人員為了節省電力，白天必須在走廊藉日光辦公，天黑才進屋，全院上下的難題，都得由梅神父設法解決。

一九五五年，梅院長已將原來草創的十二張病床擴建成一百多床的規模，特別還建了舊外科大樓，為聖母醫院運作奠下良好基礎。於一九五六年，交棒給安惠民神父（醫師）。梅神父則繼續擔任總務主任，並發揮他的專長，主持藥局。梅神父本身有藥劑師執照，七十年前醫院所使用的藥都是由他研發配製，如：葡萄糖水、公鹽水、維他命注射劑、感冒針劑、感冒藥錠、止瀉及口含片，甚至殺蟲劑及蚊蟲叮咬皮膚止癢藥膏、燙傷藥、石膏等，多由梅神父自行研發，再交給藥局同仁製作，臨床藥效良好。

在實驗研發中，他就像神農嚐百草般，總是很勇敢以自己作為初嚐的試驗人體，之後確認自己無恙，才會給病人使用，藥品在他的把關下，都很安全。有一次研製過敏藥品時，藥物一打入身體，立即造成身體不適，幸好還能快找出解藥來解救自己。空暇之餘，研發製藥過程中，為能讓同仁們更容易看懂他所寫的化學學名，會教導藥局幾位同仁相關拉丁語，讓他們更容易記住藥名。此外，也有一本記載藥品製作流程的獨門秘笈，再交由同仁按圖索驥。因此，當時有人盛讚只要有 Oki 大醫師和梅神父藥師，一切都能搞定！

醫院草創之初，醫療物資匱乏，總是要靠著梅院長親自打點張羅，寫信向義大利的家鄉求援，並持續對外募款，讓初創醫院得以維持運作，同時也不忘濟助貧困病人，給予醫療費用減免之優惠，兼顧病人的身心靈。

舊外科大樓時期（一九五五年）

草創期聖母醫院的醫療工作可說是備極艱辛，開刀房沒有通風設備，連止血鉗也沒幾支，更沒有現代無影手術燈，醫護人員夏天在高瓦特的電燈下開刀，只好在腳旁放冰塊消暑。晚上工作完畢，就在開刀房內睡覺，吃飯則在會客室決解。當時只有護士十三位，而醫院中主事的神父、醫師、修士、修女們無不上下一心、同甘共苦，樹立良好典範。當時靈醫會總會長是德裔美藉的卡爾・曼斯菲爾德（Karl Mansfeld）神父，於一九五四年專程到羅東視察，親見范大夫和神父、修士、修女們的努力及病人的需要，便答應協助醫院擴建，並到處奔忙募款。

一九五五年，舊外科大樓建成，病床增至一百多床。聖母醫院的醫療服務得以穩定下來，范鳳龍大夫的工作也因而更加繁重。聖母醫院的名聲也隨著范大夫日增成功的手術逐漸傳揚開來，不只蘭陽地區，連南臺灣民眾也慕名而來。一九六九年另一棟外科大樓興建完成，一樓為護校學生教室，二樓為外科病房及開刀房、三樓為婦產科病房，此時聖母醫院已在蘭陽醫療史上佔有一席之地。

❖范鳳龍大夫

耶穌轉身向他們說：「如果誰來就我，而不惱恨自己的父親、母親、妻子、兒女、兄弟、姊妹，甚至自己的性命，不能做我的門徒。不論誰，若不背着自己的十字架，在我後面走，不能做我的門徒。」（路加福音 14:25-7）

范鳳龍大夫（一九一三—一九九〇），宜蘭人尊稱他為「Oki」、「大醫師」，誕生於斯洛維尼亞首都魯比亞納附近的小村落道斯高，上中學之前，他要求父母讓他繼續升學，父親問他：「為什麼？」沒想到他順口說：「我想到中國去傳教。」由於斯洛維尼亞主要信奉天主教，虔誠的母親原本期待他能當神父，但當時的范大夫自認較適合當醫師。當他把醫學系入學通知第給母親簽名時，她非常難過、並絕食三天，他也不肯妥協，甚至陪著母親絕食，最終他安慰母親說：「將來我仍會去傳揚天主的福音。」才化解母子的衝突。

一九三七年於奧地利格拉茲大學醫學系畢業、回到魯比亞納醫院擔任外科醫師。一九四五年被共產黨列入黑名單而開始逃難生涯，在一次躲避共產黨游擊隊的過程中，躺在麥田裡長達六小時，當時他下決心：「若能逃過此劫難，將把自己餘生奉獻在傳教區，去服務貧窮的病人。」之後果然脫困，並順利逃到奧地利，前往克拉堅福的聖堂，拜訪高中同學、遣使會的可百克神父，分享逃難過程與在麥田的誓願，結果神父告訴他：「明早我要前往羅馬，慈幼會的紀勵志主教正在找一位能前往中國雲

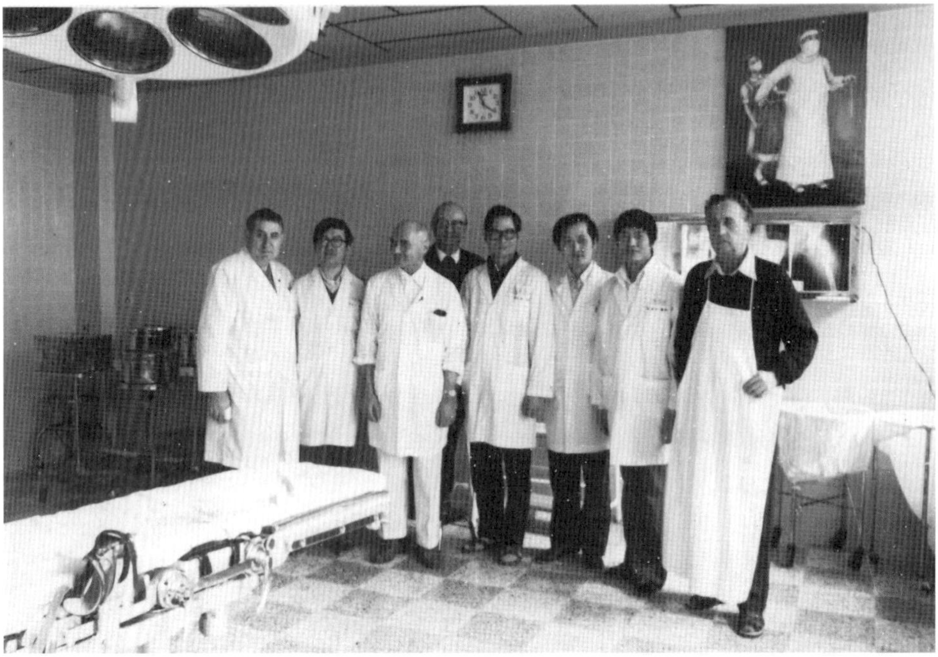

范鳳龍大夫的外科團隊（右起范鳳龍大夫、陳振佳醫師、林進忠醫師、李光雄醫師、羅德信神父、巴瑞士修士、張醫師、高安修士）。

南省偏鄉昭通所設醫院服務的醫師。」

回顧范大夫早期的生命旅程，種種跡象顯示一切巧合似乎都是天主的安排。後來范大夫依照約定前往中國偏鄉行醫持續四年多（一九四八─一九五二），並與紀勵志神父建立起如親人般的情感，但最終與靈醫會士同樣遭遇共產黨的逼迫與驅離。離開中國、處在香港時，決定和靈醫會士們一起前往台灣服務，當紀神父和在昭通的修女送他上船時，他這麼寫到：「這是痛苦的分離，我喪失了家庭的最後溫暖。」可見當時，他同時承受共產黨的創傷及再次與親如家人之摯友的分離之苦。

來到台灣之後，范大夫繼續燃燒自己，將生命完全投入貧病的醫療服務，在聖母醫院諸多傳奇中，是最令人驚訝的一位，因他在三十八年內總計完成八萬多件外科手術，甚至最多同時要照顧兩百多床病人。如果以每天都進手術房來計算，平均每天要開六台刀。這項罕見的記錄，不僅反應了他個人精堪的技術、慈悲的愛心、堅強的性格，也反應出台灣當時相對貧乏的社會及醫療資源。

早期宜蘭極少外科醫師，也缺乏先進的外科儀器和設備，而蘭陽平原地形封閉，三面環山一面靠海，火車是對外的主要交通工具，但車次少且站站都要停，台北到羅東要花上四、五個小時。北宜公路是另一條到台北的交通路線，不僅道路沒鋪柏油，顛簸難行、路窄又九彎十八拐，非常危險，病人要到台北就醫非常不便。李智神父回憶說，當時聖母醫院是少數有車的機構，到台北車上一定有備胎，有時甚至連續撞破了兩個輪胎，只好在路邊等人來修車。

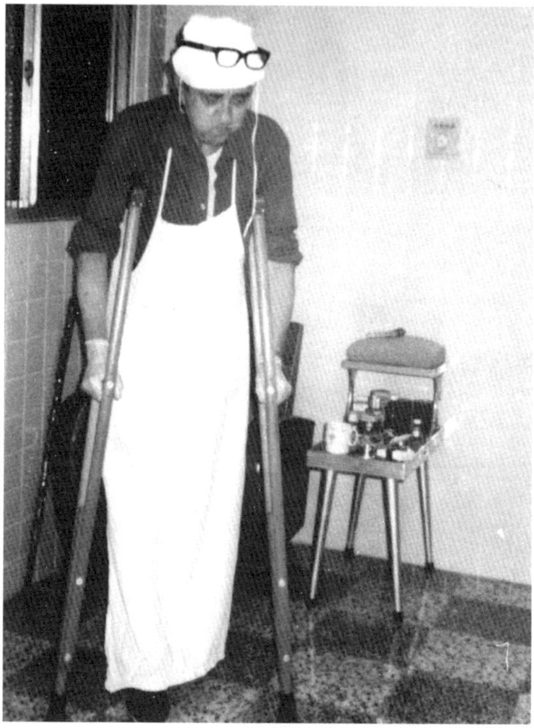
范鳳龍大夫晚年即使靠兩支枴杖行走，仍堅持進開刀房救人。

沒有健保，也是范大夫病人絡繹不絕的原因之一。四、五十年前，台灣沒有醫療保險，一九六二年才有公、勞保，除了公務人員和大公司的員工之外，絕大多數民眾看病都要自掏腰包。不少貧困人家因付不起醫藥費，而只能自己採些草藥偏方、或到藥房買成藥，然後待在家中等待奇蹟。有些人經濟拮据，小病沒錢看，等到病況嚴重了，往往只能開刀才能解決。再加上大家知道聖母醫院的會士們不是為了賺錢才到羅東，不會因病人沒錢而拒絕看病，因而湧進許多貧窮病人。

八萬多台刀其實並非靠范大夫個人的能力就能完成，他的得力助手團

高安修士與護理團隊及病友。

隊，包括同為外科醫師的王理智神父，麻醉專責巴瑞士修士；護理專責高安、張明智及柏德琳（Givanni Petrin）修士；得意門生陳振佳醫師及杜素瓊護士，還有許多其他兢兢業業地協助這八萬多位病人手術前後的照顧。不可諱言，這個忙碌且高效能團隊的精神支柱就是范大夫。

范大夫傳奇的一生就像一棟宏偉的建築，是一塊一塊愛心磚所堆疊起來的。就是因他這種專精的技術、單純的愛心和奉獻的精神感動了周遭的人，許多修士、修女、醫生、護士也都欣賞他的為人，捨命陪君子地幫忙他。范大夫晚年行動不便、雙腳紅腫，仍拄著拐杖，固執地堅持著只要還有體力，就想多救一位病人，令人動容；開刀後累了，就在手術室一旁休息，讓紅腫的雙腳回復循環，之後再開下一台刀。

感念於范鳳龍大夫對台灣醫療的奉獻典範，死後仍於一九九八年受追頒第八屆醫療奉獻獎，創下絕無僅有的紀錄。

❖高安修士，他一直都在

高安修士（一九一六－一九八四）出生於義大利特列威劭，十七歲進入靈醫會修院、二十一歲發永願，並接受紮實的護理訓練，具有慈母的心腸。他也是首批前往中國雲南的五位會士之一，扮演專業護理的角色，在當時他就專責住院病患的全權照護之責。

來到台灣之後，高修士人高馬大、又熟悉各項醫療器材，便成為范大夫的右左手，每天陪著范大夫巡視病房，並負責手術前後的病人照顧。實際上，在病房中高修士什麼都願意做，他的小辦公室也是個人寢室，就在外科病房裡，大家習慣稱之為「瞭望台」，因為病人半夜有什麼緊急狀況，護士們隨時都能喚醒他起來處理。因為「他一直都在」，所以能安定所有住院病人的心。更令人感動的是，他完全熟悉每位病人的病情進展，只要告訴他病床號，立刻知曉病人的病況該如何處理。

高修士也被尊稱為「急診室的守護者」，在當時，公路車禍幾乎每天都會發生，高安修士總是對救護車的汽笛聲保持高度警覺，不論在聖堂、餐廳或正在休息中，每聞汽笛必然立刻趕到。有時他會感嘆著說：「我們的醫院已變成繁忙的海港碼頭，讓我有時感到吃不消！」，但並會不因此怠慢助人及救人的行動。

他的工作可說是全年無休，即使沒排班時間，也隨時處在警戒狀態，只有主日才真正有些許的休息時間，就這樣的生活節奏，長達三十二年之久，以愛德與無比慷慨地為病患奉獻了一生。從他服務病患的熱忱與無條件的奉獻，可看出內心修養是如何地沈著、高深。先從虔誠熱心的媽媽吸取信德，進修院再予以增強。他是在信仰中生活，他的信心充分在行為上表現出來，無私奉獻的善功超凡出眾。他特別敬愛聖母，每日必念玫瑰經，往往在病患需要緊急救助時，他的守護天使就會及時從床上把他喚醒，起來救助另一條生命。

晚年，他自己成為癌症末期患者時，說著：「現在親身體會，才懂得何為病痛，但這一切都會過去的。我的命運已經注定，願承行天主的聖意，只希望以一位良好的會士，平靜地迎接死亡的到來。」他是天主的宗徒（使徒），用慈愛的身影，活出一部生動的福音書。

❖張明智修士

張明智修士（一九〇九—一九七一）出生於義大利北部的特倫托省，二十四歲進入靈醫會、並學習外科護理。一九四七年前往中國雲南從事痲瘋病患的照護，一九五二年隨靈醫會來台；一九五五年

張明智修士（右二）1963 年當選好人好事代表，馬仁光修士、達神家神父及華德露神父為其祝賀。

前往澎湖兩年；一九五七年回到羅東，直到過世之前都是范大夫的得力助手。

張修士長年身處異國，性情溫和，比別人多一份體貼。張修士常在大同鄉及三星鄉開設巡迴門診，每天也都會值勤夜班工作長達十年，與高安修士經常輪班，高修士值白班、張修士負責值夜班。馬仁光修士曾說：「張修士會被安排值夜班，原因是他能讓范大夫信任，工作認真、很有責任感、注重運動、動作敏捷、重視自己身體健康，是一位可以擔任此職務的能者。」

若遇到病人無法成眠，他都會耐心地給予安慰、鼓勵，更因他深諳夜間工作的辛苦，因此每逢中國節慶時，總會特別為大夜班護士準備一份小禮物，讓人倍感溫馨。除了注意護理人員的需要，對不認識的人也樂於幫助。地處偏遠封閉的宜蘭縣，四、五十年前醫院並沒有血庫的設置，病人失血過多就主動捐血，直到他過世後，還有數不清的受惠病患身體裡，流著他聖愛的血。因著一生仁義行事，張明智修士於一九六三年當選

巴瑞士修士（中）與友人全影。

全國好人好事代表。

他是馬修士特別的朋友，不僅是一起練習演奏時的完美搭檔，甚至共用一張床，十年如一日。別誤會，因在當時聖母醫院空間、設備都不足，所以同一張床，白天是張修士使用，晚上則是馬修士使用。

❖巴瑞士修士

巴瑞士修士（一九一六—一九八四）同時在丸山療養院照顧病人，並協助羅東聖母醫院外科麻醉工作，兩處奔波。巴修士雖然本身患有氣喘，常隨身帶著藥，防止氣喘發作，而仍在照顧肺結核病患者、在外科主要擔任麻醉工作，並負責一樓病房骨科病人的照顧。在那年代台灣的交通事故、工安事件特多，而骨科病人住院時間也較長。他不只對病人很體貼，他也很照顧護士，尤其當護士被范大夫罵得傷心哭泣時，巴修士就會給個適時的安慰。有時護士們因病人而受到委曲，但他也不會苛責病人，他經常用愛心去感召護士們，使他們沒有怨言，所以在他領

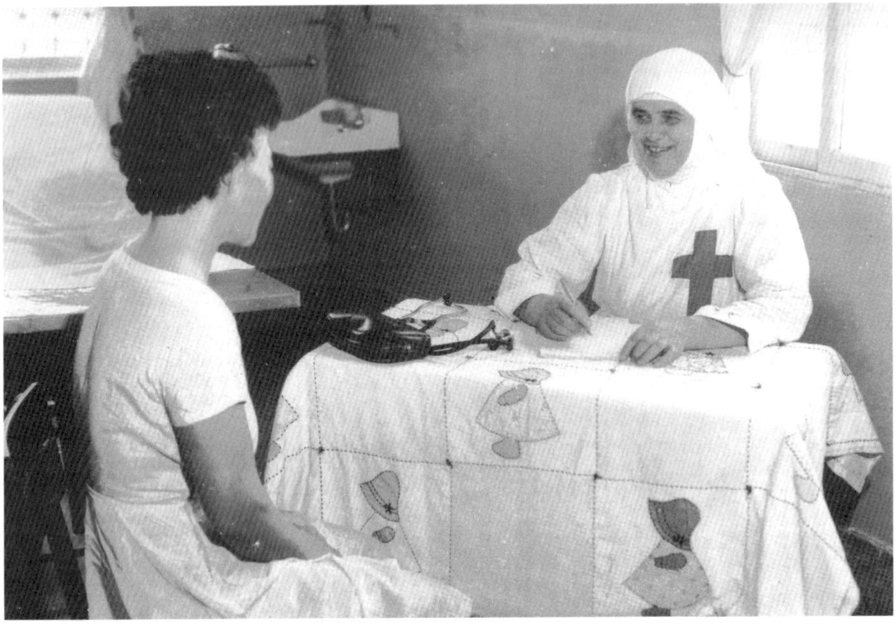
（右）費納德修女親切看病中。

導下的團隊也充滿愛心（詳情於第13章〈抹茶山聖母山莊〉章節中介紹）。

❖柏德琳修士

柏德琳修士（一九三四—二〇一三）是范鳳龍大夫團隊的副手，是件很不容易、很辛苦的事。年輕的柏修士，聰明伶俐，很快就了解各種手術的步驟與范大夫急性子的脾氣，只要范大夫一伸手，就能得到需要的器械。因此柏修士成為范大夫最欣賞的工作夥伴之一，並在開刀房工作了十五年，直到丸山療養院成立，台灣籍外科醫師漸漸加入范大夫的團隊之後，柏修士才轉往丸山服務，出任丸山療養院的院長。

柏德琳修士說：「開刀房的工作很嚴格，在大醫師的要求下，不能有一丁點兒的錯誤，要非常專注，所以常常下午進去開刀房，出來的時候已經是星光點點的夜空，但是仍要回丸山。」（詳情於第24章〈聖嘉民老人長照中心〉章節介紹）

❖費納德修女

費納德修女（一九一一—一九九九）出生在義大利，一九四八年隨靈醫會士們前往中國雲南進行醫療傳道工作，一九五二年從大陸撤退到台灣羅東。她是一位學有專精的助產士，她是江湖人稱「生子姑娘仔」，一生接生過三萬名蘭陽之子（在當時婦產科一個月有三百個以上嬰兒出生）。一九六三年返回義大利，一九六七年又再度來到羅東，之後長期在羅東聖母醫院婦產科擔任助產士工作，於一九八九年榮退。她認為，接生工作是上主給她一生的使命。

修女常在清晨四、五點起床祈禱，接著參與彌撒，之後便是繁忙接生的一天。在當年高出生率的時代，她的睡眠極少，陪產時為病人祈禱的身影，極其莊嚴美麗。

❖陳振佳醫師：范鳳龍大夫得意門生

一九七五年一位台大醫學系畢業的高材生，因一則動人的故事、一位感人的外籍外科醫師，因而捨棄大都會的繁華、大醫院的升遷，來到當時仍顯貧瘠的後山小鎮，奉獻他的一生，他就是羅東聖母醫院外科陳振佳醫師（一九四八—二〇一八）。

訪問羅東聖母醫院同仁，所有人對陳醫師的印象就是：「話不多、做事認真、來者不拒、不居功、不爭名利、埋首醫療、以院為家……。他總是以病人優先、做事嚴謹的陳大，他是心直口快、和藹親切的陳爸，從他身上可以看見范大夫身影的風範傳承。」

自進入羅東聖母醫院，陳醫師即跟隨范醫師左右，學習技術、照顧病人的仁慈精神。范大夫總是以病人利益為優先，因此在醫療業務執行上相當嚴謹，跟在身旁的醫護同仁免不了偶有責罵，唯獨陳醫師從未被叨唸過。由此可見陳醫師的純熟技術、做事嚴謹態度深獲范大夫的肯定，因此在院內陳醫師有范大夫「大弟子」的封號。

他是將腹腔鏡技術帶回宜蘭的第一人，在外科手術的技術上，不斷求進步，經常是病人及院內醫師求援的第一人選，也因為如此當他院慕名高薪邀請時，他總是說：「這裡的病人需要我，小鎮醫療資源缺乏，他要留在這裡照顧需要照顧的病人，高薪、大都會的繁華就留給他人吧！」他總是如此淡泊名利。

當獲知陳醫師於二〇一六年榮獲第二十六屆醫療奉獻獎時，病人及院內同仁們齊聲認同，這是兼具醫德醫術、謙虛低調的陳醫師所配得、實至名歸，同事們莫不深深感動，並為陳醫師獻上誠摯的感謝與祝福，也希望陳醫師無私奉獻視病如親的精神，能成為後學的典範。

❖其他會士與修女

除了上述四位修士較長期幫忙范大夫之外，包括卡通靈修士（於本章後半段介紹）、鮑志修士、王理智神父（兩位於第18章〈澎湖惠民醫院〉章節介紹）也都曾到外科協助過。他們也都和范大夫一樣，以病人為重，不僅日夜照顧病人，需要輸血時，更慷慨捲袖，毫不遲疑。

此外，還有兩位值得一提的修女護士，即陳龍妮與傅純玲。一九五五年，台灣地區急需療人員及服務熱忱的修女傳揚福音。當時遠在羅馬的傅純玲修女便和陳龍妮修女兩人一起穿著大毛衣，搭機往東飛抵台灣，正值暑熱，兩人一下飛機，全身冒汗，她們說，根本不知道台灣這麼熱，更沒想到一待就是四十年。對醫護十分純熟的傅純玲和陳龍妮修女抵台後，先在羅東聖母醫院服務，分屬內、外科，長達十五年的醫院工作中，不但是醫師的重要助手，更為病痛的患者帶來福音與心靈上的慰藉。之後，兩位修女就轉往花蓮新城天主教醫療所服務長達二十七年（詳情於第29章〈靈醫修女會〉章節中介紹）。

第15章

羅東聖母醫院發展史之二：內科大樓時代

不回去，讓我死在台灣，死在我親愛的病友當中。

——安惠民神父

內科大樓時代（一九六一年）

一九五五年，安惠民神父來到台灣之後，展露高超的管理長才。於一九五六年，三十六歲時就接任遠東區靈醫會會長，不久即正式接掌羅東聖母醫院第二任院長。隨著外科大樓的完成與順利運作，安會長也開始積極籌建內科大樓，以因應蜂擁而至的求診病患。一九六一年，內科大樓順利完工並啟用，自此羅東聖母醫院的軟硬體規模，已奠下雄厚的基礎，順利開展對台灣人民與蘭陽鄉親的醫療服務。

由於醫術精湛，加上照護病患態度親切，很快地，聖母醫院就得到廣大民眾的信賴，除蘭陽當地的病患之外，慕名從台北、花蓮、台東與屏東來的病患也不計其數，甚至連菲律賓、馬來西亞等東南亞國家的病人都來求診。由於求診者日益眾多，聖母醫院也從草創的十二張病床，在安惠民神父及達神父的經營與管理之下，逐步擴建到三百床。

一九八二年七層樓房的住院大樓改建完成，內設內科、婦產科病房及加護病房、血液透析、檢驗等單位，先進設備，一應俱全。

（左）新內科大樓。（右）舊內科大樓。

❖安惠民神父（第二任院長）

安惠民神父（一九一九－一九六七）出生於義大利特倫托省，十三歲進入靈醫會修會，十八歲發願成為會士，二十五歲進入巴杜亞大學攻讀醫學、二十六歲晉鐸神父。一九四七年輟學前往中國雲南，一九五二年重回校園，並於一九五四年畢業取得醫師執照。心中一直懷著對中國傳教的使命感，於一九五五年，即動身來到台灣寶島，展開在台行醫與傳道的行程。

由於主攻心臟內科，來到台灣之後，就成為醫病的主力，正好可以大顯身手。安神父每天雖然很忙碌，自己門診的就診民眾人數就很多，但仍按時協助范大夫工作，從不抱怨。而且他不但治療疾病，更注重病人的心靈的關顧，當時有很多專程從花蓮或台北來的修會會士或修女們來安神父的門診就診，一面讓神父看病，一面來詢問神父有關信仰的問題。

此外，在安神父任期內，也設立丸山療養院、創辦聖母護校、完成及擴建內科大樓，為聖母醫院的軟硬體、人才庫，殿下雄厚基礎。他不只關心醫療事業的發展，對天主教的敬拜與傳道，更是熱切。安神父舉行彌撒的態度非常莊嚴、慎重、專注，充滿火熱的心，常有同儕主動來參與及學習其主持彌撒的精神。可見，他對每一件事情，追求完美的特質。

安神父不但是一位醫師，亦是一位建築設計師，北成天主堂及醫院內的耶穌聖心堂，都超過六十年光景，皆已列宜蘭縣的三級古蹟，設計皆出自安神父之手。當初在建造之時，神父每天都會去建築工地觀看，親自監工，連天花板及祭台亦都是他自己所畫圖設計出來。

澎湖惠民醫院、惠民啟智中心、惠民殘障服務中心，都以他之名設立，可見他在會士們心中的地位非凡。退休後仍穿梭聖母醫院、弘道仁愛之家的春蝶阿姨回憶早年她原本是在幼兒園工作，因受安神父對病人親切的看病態度所感動，因而決定轉行從事照護病人工作。有一天她將心願告訴安神父，他回答說：「好，那我請老師先幫你補習，然後幫助你可上護校，學費全免，只要你放假日、寒暑假來醫院工作即可。」後來，春蝶阿姨果然在安神父的幫助之下，順利進入醫院工作，直到退休，仍充滿笑臉、滿心歡喜地在醫院及安養機構從事志工服務。

安惠民神父（中）。

晚年罹患癌症，他拒絕回義大利接受治療，理由如下：「不回去，讓我死在台灣，死在我親愛的病友當中。」這就是安神父的堅持，視死如歸、絕不退卻，讓他的身體與精神，永遠留存在他所鍾愛的土地上。

❖達神家神父（第三任院長）

達神家神父（Giuseppe Dalla Ricca，一九二五—一

達神家神父（右）、左為馬仁光修士。

九九三）出生於義大利維洛納省維琴察，十一歲進靈醫會修院、二十歲發終身願、二十四歲晉鐸神父，一九五二年前往泰國服務，一九五八年來台擔任總務主任，一九六四年與安惠民神父共同策劃創設聖母護校，他與陳成陽醫師四處奔走，處理購地、師資、建校證照申請等問題，開校之初，為提升師資，還延聘台大教授授課，董事會都是學術界一流的教授。

一九六七年，安惠民神父去世之後，他繼任為羅東聖母醫院第三任院長，院務及校務的重擔全落到達神家神父肩上。他日夜工作，廣交朋友，贏得大家敬愛，並當選為全國好人好事代表。一九七一年交棒給羅德信神父之後，卸下院長職務，旋即接任澎湖惠民醫院院長，將醫院整頓得煥然一新。達神父同時兼任聖母醫院公共關係室主任，期間並出任台北天主教醫院協會主任秘書，致力推動教會醫院的會務發展。在公共關係的領域，接待外賓與參觀行程的安排，是達神父的另一專長。有時，一個月內，桃園中正機場不知跑了多少趟，甚至有一天跑三趟的紀錄，卻從未聽到他有絲毫抱怨。

達神父個性樂觀、幽默，相當可親，「What can I do for you? 」（我能為你做什麼呢？）是他經常掛在嘴邊的話語，隨時準備幫忙他人解決問題。有次要前往三星鄉聚餐，順道拜訪潘志仁神父，他開玩笑地說：「這裡是『天送』的地方，而喝酒的杯子就稱作『天送杯』。」之後，就舉杯乾杯，並常自稱「酒公」。派任前往澎湖之後，他不僅適應快速，還與馬仁光修士及鮑志修士合稱「澎湖三劍客」，態度總是如此從容瀟灑。

他是一位身體力行教義之人，很少將教條掛在嘴上，透過他和善的言行舉止，自然對身邊的人形成潛移默化的影響力，讓人特別感念他給出的生命啟發及引導。

呂道南神父（右）、左為李智神父。

❖羅德信神父（第四任院長）

羅德信神父於一九五三年來台旋即前往馬公，一九五七年建立澎湖惠民醫院、並擔任院長長達十八年。一九七一年與達神家神父互調，回羅東聖母醫院接任第四任院長。六年之後（一九七七年），再將院長職務交棒給呂道南神父。同年，羅德信神父又出發前往印度開疆闢土，開展新國度的傳教工作，並且奠定穩固的基礎，之後組織發展迅速，目前已經有六十位印度籍的靈醫會士（詳情已於澎湖教區章節中介紹）。

❖呂道南神父（第五任院長）

呂道南神父（Antonio Didoné，一九三三—二〇一八）出生於義大利巴多瓦省的齊塔德拉，二十五歲晉鐸神父，是家中五位兄弟的長兄，並引領兩位弟弟（呂若瑟與馬里歐）成為神父。一九六一年奉派來到陌生的澎湖惠民醫院，開始在台灣的服務工作，展開醫療傳道的

呂道南神父（右）與陳定南縣長歡笑合影，身後為傅立吉神父。

第一步。

一九六七年呂神父回到羅東聖母醫院服務，到了這個以木材起家的小鎮，經濟環境較澎湖富庶許多，但聖母醫院尚處草創時期，人手不足、設備缺乏，只分內、外、婦三科，全院上下，不論醫療人員、工友或院長，大家都得一起捲起袖子幹活，煮開水、倒痰盂、搬運病患，從早忙到晚。他們在蘭陽這塊醫療荒地上，也是天主的應許之地，胼手胝足，一寸一寸地整地、耕耘，一步一步地扎根。

他深深體會，要幫助更多苦難病患獲得妥適的照顧，首要任務在於培養醫療專業人員。一九七三年，他以四十歲「高齡」，不惜放下手邊一切，重返義大利巴杜大學學醫，而且攻讀的是當時人才最缺的小兒科。四年後（一九七七年），以醫師身分返回蘭陽地區行醫，並接任羅東聖母醫院第五任院長。

呂神父接任院長後，仍保持一貫溫和、民主式的人性化管理，讓醫院像個大家庭般和樂、溫馨。身為小兒科醫師的呂神父，給人最深的印象，就是臉上總掛著「聖誕老人」似的笑容，讓就診的孩子們樂於與他親近。

在呂道南長達二十四年的第五任院長任內，是醫院持續成長的動力，聖母醫院不但擴大規模、增加病床，在他的領導下，成為一所擁有六百張病床的區域教學醫院，還大大降低因早產而導致腦性痲痺、失聰、失明的病例。他深知貧病的痛苦，為了充實貧病、弱勢族群就醫的資源，積極設立復健之友會、腎友基金會、早產兒基金會、貧困病患基金會，成功協助無數病患享受平等醫療的機會，特別是在沒有全民健保年代。

此外，他也經常親自率領醫護群前往位在偏遠山區，去救治貧病百姓。在過去交通不發達的年代，醫護人員常常是扛著大批的醫療器材，跋山涉水、翻山越嶺，深達山地部落為受病魔纏身的原住民同胞醫治病痛。

呂院長一生奉獻，卻謙卑地說：「今天和這裡的民眾，過著自由及富足安和樂利的生活，這是台灣人經過努力所得來。能在這片土地上平安喜樂的生活，是台灣人所賜予的，所以能在醫療服務上盡一份心力，這對我而言是在做最快樂的事。」

因其無數感人的行醫事蹟，使得呂神父於一九九五年獲頒第五屆「醫療奉獻獎」的榮譽，而他的得獎感言，依然如此謙遜：「我只是代表出來領獎而已，一切榮耀應歸於天主。」

馬仁光修士（左一）、華德露神父（左二）攝於大陸昆明市立痲瘋醫院。

❖馬仁光修士

馬仁光修士（一九二二—二〇一〇）出生於義大利維內托省的維琴察，十三歲進入修會、二十二歲發永願、二十六歲前往中國雲南服務，於一九五三年五月接管「瑪利診所」，並開展澎湖的醫療服務，加上羅德信神父在當年八月的加入，二人在窮鄉僻壤，定期下鄉進行巡迴醫療，為貧病者免費施醫之外，並與當地居民共同翻修村落的聯外道路，甚至協助修建住屋，

馬仁光修士與同事（右一為年輕時的高尊良醫師）。

深刻地融入當地的生活。因此，當年的「瑪利診所」，不僅是看病求診之地，更是與居民博感情的所在，深獲居民信賴。隨後因應居民及病人愈來愈多的醫療所需，一九五七年將「瑪利診所」擴建，改名為「天主教靈醫會惠民醫院」。惠民醫院收容不少痲瘋病患、小兒痲痺、肺癆病患。

馬修士在澎湖的醫療服務總計六年，一九五九年返回羅東聖母醫院，主要負責內科診療工作，與當時的外科Oki范鳳龍大夫成為醫院的兩大招牌，而有「一內一外，內外雙雄」的稱號，使原為偏遠地區的羅東，因二位大醫師而名聞遐邇。馬修士回羅東長達四十六年的行醫歷史，以其一週六天看診、每天看診人數百，且幾近全年無休來估計，其看診病人數將近一百二十萬人次。

許多馬修士的患者都會回憶說：「遇窮人他就直接簽名將醫藥費打折、優免。」他說：「光看就知道這病人家裡窮困啊！」有次他在診間對著某女病人碎念：「你再不按時回診，我就不幫你看病了！」但該女實在因為家貧而不好意思再來回診，修士心裡明白，於是趁著假日騎著單車閒晃，正巧路過該病人家門，直接進去就看起病來，並將早已準備好的藥物交給她，並警告她要按時服用、而且要準時回診，然後說著：「下次你再不按時回診，那就換我再過來囉！」這就是仁心仁術的真實展現。

羅東鎮民代表林聰文表示：「宜蘭早期醫療嚴重缺乏，五十年前，那時我才五歲，罹患重病、懨慨一息，是馬修士從藥櫃裏拿出歐洲進口的藥物，用湯匙敲開我的小嘴，將藥灌進去，才救了我一條小命。五十年來，馬修士就是我的再造父母。」

這僅是兩位代表性個案，事實上馬修士對醫病關係做出良好的示範，真的將每位病人當成天主一般來照顧，認為生命是平等的，不會讓貧窮成為就醫的障礙。在修士晚年臥病在床時，常會出現一些柱著拐杖、坐輪椅等行動不便的老先生、老太太來探望他，他們都有一種共通感受：「馬修士透過醫療接觸，同時展現對他們如同親人般的愛與恩情，永生難忘，在他們心中，馬修士就等同於最親的家人，面對當下病榻上的馬修士正承受病苦，痛如己身。」

馬修士既是名醫、良醫，曾謙沖為懷地說：「只做天主要我做的最平凡的事，**不是病人需要我，而是我需要病人**。我希望繼續服務鄉親，每個人健康不生病，是我最終的願望。」

他是一位音樂天才，會作詞作曲，精通鋼琴、管風琴、手風琴、直笛、黑管等多種樂器，也是音樂老師、樂團指揮，不僅個別指導學生音樂、還指導整個樂團，治軍嚴格、並曾獲得全國初中組冠軍頭銜，充分展現其斜槓的天份。

呂若瑟神父說：「我們都不是生命的主人，天主才是；我們不能決定別人生命的盡期，只有天主能；天主要的，我們不能討價還價，時候一到，只能把馬修士交還給天主。」這就是天主教對生命的崇敬與坦然！

感念於馬仁光修士對台灣、澎湖醫療的奉獻典範，於一九九九年獲頒第九屆醫療奉獻獎。

❖卡通靈修士

卡通靈（Cattaneo Davide Angelo）修士於一九三九年出生於義大利米蘭北部的萊尼亞諾，十八歲進入靈醫會修會、二十歲發終身願、二十三歲取得護士文憑。家中有三兄弟及一位妹妹，家境貧窮，但父母非常注重孩子們的教育，哥哥曾做到鎮長、弟弟在非洲當神父，妹妹從事復健方面的

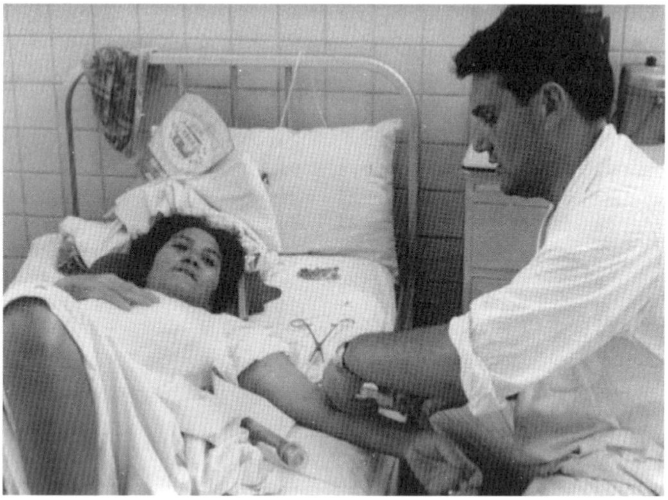
卡通靈修士於病榻旁照護病人。

工作。一家三兄弟，竟有兩位獻身神職，相當令人敬佩。

一九六三年奉派前來羅東聖母醫院，初期主要擔任外科病房燒燙傷病人護理工作，也曾調往丸山療養院工作兩年，之後長期於內科病房擔任護理主管及監理工作。他的生活相當單純，上班在醫院、下班在會院、加上聖堂時光，就是他生活的一切。他所喜歡的經文中，有一段特別令人感動：

> 看見他所愛的門徒站在旁邊，就對母親說：「女人，看，你的兒子！」然後又對那門徒說：「看，你的母親！」（若望／約翰福音 19:26-27）

這似乎也在表顯自己追隨耶穌、離開家人，將母親交給其他人照料的心境，是對母親思念之情的流露。

每天早上八點，員工上班時，都能準時看見卡通靈修士從內科病房已經查房完畢之後，正走在醫院庭園中的小徑、回聖心會院的路上，然後下午、晚上會在各巡房一次，五十多年來堅持不變的時間與路程。謹慎個性使然，讓他對一同工作的護理人員嚴加要求，對病人卻將心比心如家人般善待，數十年如一日。他也常在病床邊為受苦的病人祈禱，在病人胸前以手勢畫上十字聖號，然後握著病人的手，念著天主經或聖母經，最後還會說：「聖母保護你，天主降福你。」

聖母醫院常有路倒、臥床遊民被送來，但卡修士對於所有病患一視同仁，照顧到無微不至。他曾親力親為為他們洗澡、換藥、餵食、導尿。如果遊民不幸在醫院往生，卡修士也會一如往常，為往生者祈禱，陪伴送至太平間，這些舉動，常令趕來見病人最後一面的家屬感動，令社政人員也為之動容。

在執行護理技術與照護過程相當嚴謹且一絲不苟的卡修士，對員工鮮少流露出內在情感。但與他熟識的護理人員都說，卡修士擁有一顆無比柔軟的心。曾有一位才九百公克的小嬰兒，被母親遺留在醫院後失聯，體弱嬰兒被堅強的醫療團隊奇蹟式救活。當時負責內兒科的卡修士每天都會到病房探視小小病患，雖然嬰兒因視網膜病變失明，但修士總會帶著有聲音的玩具逗弄孩子，玩起抱上抱下的遊戲，孩子也特別認得卡修士的聲音，兩人在一起，響亮的笑聲常充滿整個病房。孩子在醫院待了快兩年，之後被認養送往美國，儘管無緣再見，但當時卡修士與孩子的溫馨互動，令人印象深刻。

曾有一位因車禍、即使開過刀仍造成下肢癱瘓的病人，因保險限制，住院七個月之後就必須出院回家。由於家庭支持不足，卡修士會特別開車去到病人家中，將他接出來一起去吃牛肉麵，甚至還會幫他洗澡。這些溫馨感人的故事都只是數十年來的一小部分，甚至可以說是卡修士善待病人的日常，說他是台灣護理界的楷模，一點也不為過。事實上，卡修士對安寧療護的觀念也非常清楚，他希望自己在臨終當下不必再急救、亦不需使用呼吸器延長生命，他也是會士當中第一個註記DNR及簽署安寧療護意願書者，對生死相當豁達。

人在異鄉、一心將自己奉獻給台灣的卡修士，忙於護理工作，鮮少有要好的朋友，但和馬仁光修士的情誼，卻讓他身邊所有人都欣羨感佩。兩人是相差近二十歲的修會兄弟，當他看著馬修士年紀漸長，無法再騎腳踏車，便經常假日開車載著馬修士，沿著昔日騎鐵馬的路線，看看宜蘭鄉野間的變化，或帶著馬修士一起參加醫院病友的一日遊。二十餘年，不曾間斷，這直到馬修士生病臥床才告一段落。但馬修士臥床期間，卡修士仍每天到病房探視，為他祈禱，直到他回歸主懷。

卡修士於二〇一七年榮獲第二十七屆醫療奉獻獎，他個人低調不多談此事，但熟識他的人都盛讚：「他的臨床表現，遠遠超越一位護理人員應有的奉獻。」

第16章

羅東聖母醫院發展史之三：新外科大樓時代

感謝天主，我發自心底最深處感謝天主，為了你們的成就、也為了無數被耶穌基督仁慈的愛感動的病人，願這是你們靈魂重生的時候。領導你們的創造力，創新適合現今最需要的服務項目。

——靈醫會總會長佛蘭歌（二〇〇二年）

新外科大樓時代（一九八九年）

一九八七年夏天，會士們排除萬難取得羅馬總會同意，新建大樓工程開工，為十一層之門診、兼外科醫療大樓，面積達一萬餘坪；一九八九年美輪美奐的新院廈落成啟用。於此，羅東聖母醫院邁入新時代，同時也將蘭陽區的醫療品質，帶進一個新紀元。

落成啟用當時，呂道南院長談到一所「理想的醫院」所必須具備的條件，他說：

我確信現在的聖母醫院，已擁有宏偉的規模及優秀熱忱的醫護人員。而一所理想的醫院，應具備的條件包括：高明的醫術、完善的護理及一流的醫療儀器設備，以及電腦化高效率的事務管理，還有理想的院舍及環境。

本院又是教會醫院，因此更應建立基督化的醫治，依基督愛世人的精神為病人服務，即以愛德在精神上與肉體上為病人服務，包含身心的醫治及靈魂的拯救。以上的醫療目標，本院不遺餘力的逐一達成。希望這樣理想的醫療服務模式，帶給蘭陽地區民眾無限的溫馨與分享。

新外科大樓。

同年，四十週年紀念刊物當中，呂道南神父則以「繼續發揮愛的使命」，寫下當時的努力目標，並於之後的二十年內，逐步完成，發揮有效率的領導與管理。

本院的傳統是人性化管理，隨著電腦化時代來臨，也指引我們新的醫學發展方向和經營方針。今後我們努力的目標，在硬體方面，將逐步完成：一、全院電腦化作業；二、擴充並整建醫護人員宿舍；三、妥善處理醫療廢棄物；四、繼續完成本院第三期工程，強化現代醫療水準。在軟體方面，也將實現：一、實踐愛的服務精神和態度；二、強化醫療品質管制；三、培養優秀醫療人才；四、配合政府實現全民醫療保險；五、推動急診專科醫師制度；六、改善偏遠地區醫療問題；七、引進新技術，造福民眾。

❖楊家門神父（第六任院長）

楊家門神父於一九五〇年出生在屏東萬金村，於十七歲進入初學生活，考驗一年後，在修會的培育人員准予通過誓發三年暫願，進入另一階段的考驗期。一九六八年羅東聖母護校獲得教育部的核准男生就讀，修會長上就將一批包括楊神父的十七位修生及修士送到護校就讀。服完兵役回到修會，會長神父派楊神父於羅東聖母醫院內科與卡修士一同工作。天主的奧妙，在其計畫中逐漸用不同的方式召喚楊神父，雖然年輕、富理想，也帶有些世俗的誘惑，三年期間每日忙碌於護理工作。

在他二十五歲那年，向修會長上申請離開羅東聖母醫院，到輔仁大學神學院就讀，準備晉升司鐸，為更多的人服務。三十歲那一年，帶著親人及家人的祝福回到屏東萬金故鄉，在鄭天祥總主教的手中晉鐸神父。之後，修會長上派楊神父前往菲律賓進修。

從菲律賓開始牧靈及進修，直到如今，包括在台灣服務將近四十年，回顧一路走來，酸甜苦辣都是天主在調味，只有「順服」在天主的愛中，與世俗相比，幸運得多。每個人的生活都是天主的聖召，祂召叫人走不同的路，只是往往人很自然地認為長大就是要成家立業。身為神父，是因生命中聽到天主特別的呼叫，而去跟隨祂，去服務祂的子民，繼續主耶穌基督救贖人的事業。

楊家門神父由靈醫會修院培養晉鐸，擁有碩士學位。除了在聖堂服務，致力於福音宣導工作之外，也積極參與堂區之外的傳教工作。此外，楊神父神學素養豐富，講道經常以社會現象為例，以激發教友之信德與愛德。重要事蹟包括：重新成立教友傳教協會、持續辦理聖母幼稚園、整修聖堂、新蓋修院、接續巴瑞士修士籌建聖母山莊、積極參與監獄牧靈等。

楊家門神父。

楊家門神父於二〇〇一年，成為第六任院長，除了綜理院務之外，也協助傅立吉神父積極進行范鳳龍紀念大樓之募款大業。在位三年期間，勤於院務，帶領聖母醫院順利度過健保、以及SARS疫情嚴苛的考驗，並為授權與信任部屬的領導風格立下典範。

❖李智神父（第七任院長）

一九五四年，李智神父即奉派來台，先抵宜蘭羅東，也就是靈醫會在台根據地，一星期後，再銜

李智神父（右）。

命赴澎湖服務。一九五七年李神父調回羅東，擔任丸山分院院長，也擔任北成天主堂本堂神父、初學神師，培育靈醫會在台灣本土的會士。

一九八九年，他一度被調回澎湖服務，每一羅東聖母醫院員工、甚至病友聽說了，都來和他告別，數百人把小小的辦公室擠爆了。羅東聖母醫院的檢驗室主任徐快君回憶，送別的場面是她這輩子唯一經歷的，每個人哭紅了雙眼；想起牧羊人不在了，頓覺自己像走失的羊兒一般，惶惶然不知所以。一九九二年，李神父又調回來，大家像撿回寶貝一般；聽說澎湖辭行的那一天，在那裡也重演了當年羅東惜別的那一幕，大家都笑了。

之後，他也曾出任羅東聖母醫院總務主任、副院長，並於二〇〇四年以七十七歲高齡出任羅東聖母醫院第七任院長、董事長及台灣靈醫會會長等職務。感念於李智神父一生對醫療傳道的奉獻，因此於二〇〇一年獲頒第十一屆醫療奉獻獎（詳情請見第10章）。

范鳳龍紀念（急重症）大樓時代（二〇〇七年）

耶穌向聖嘉民說：「這是我的工作，而不是你的。」是這樣的信念，讓我們更虔誠地面對所有的困難，無論是社會上的問題、或醫療上的問題。（靈醫會總會長雷納多．薩爾瓦多，二〇一二）

「要怎麼收穫，先那麼努力的栽！」感恩天主保佑，聖母醫院重症大樓順利完工，並於二〇〇七年七月十四日舉行感恩落成典禮。為了感念來自斯洛維尼亞的范鳳龍大醫師的愛，以精湛外科醫術救過無數面臨死亡邊緣的病患，決定將重症大樓命名為「范鳳龍紀念大樓」。或許也隱含當年的巧合，曾發生重大車禍的傅立吉神父（Fr. Felice Chech），也是范鳳龍醫師從死神手中將他搶救回來的，如今卻在傅立吉神父手中，負責主要募款業務，興建完成「范鳳龍紀念大樓」的工程。以「妙手回春的范鳳龍大醫師」命名的重症大樓，盼望成為一座完美無缺的醫院，能夠造福更多人群，相信這也是「天主的旨意」。

❖打造天使的家

二〇〇二年，靈醫會於創院五十週年時，立下的願景是「向新世紀、新目標挑戰，打造天使的家」。

創辦羅東聖母醫院的義大利靈醫會神父、修士及修女們，陪伴宜蘭鄉親走過漫長的五十年，嚐盡草創、成長、茁壯的酸甜苦辣滋味；數十年來，醫院和地方鄉親發生了無數感人的事蹟，不但國人讚嘆，且傳送各個角落。

走過半世紀，聖母醫院在邁向新世紀的此時，也勇於向自己的新目標挑戰。這些新目標就是「打造天使的家」，不僅要為老、弱、重症患者重建重症大樓，更以發展人性醫學、全人照護、提供安寧照護為己任，並深入社區，發展衛生教育，以保障社會大眾健康。又如燒燙傷，由於缺乏燒燙傷醫療設施，一遇不幸，哀苦無告的病家只好忍著傷痛，一路哀嚎地北上求醫。而罹癌的病人在重症的折磨與生命的威脅下，更需要家人的陪伴、撫慰，這些都是促使聖母醫院興建重症大樓的原因。即使在近年來面臨經營的強大壓力下，以愛人為本的靈醫會，仍願不計成本，興建重症大樓，以嘉惠這些重症病人，滿足鄉親們的醫療需求，免於身罹重症，仍得忍受舟車勞頓之苦。

與重症大樓緊鄰的七層內科大樓已有三十年歷史，亦將整建為慢性病房、兒童早期療育中心、胸腔科照護中心等，羅東聖母醫院的醫療水準與品質，將因而更加提升與精進。除極力推動重症大樓等硬體建設外，聖母醫院平時即深入社區辦義診、做健檢、推廣衛生教育，醫護人員穿梭其間，提供獨居病人居家護理，提醒婦女乳癌篩檢、子宮頸抹片檢查，並成立糖尿病照護網，更是令人津津樂道。近來更推展安寧療護，希望提供人性醫療，成為全人照護的新典範，提供宜蘭鄉親最佳的醫療品質。

❖傅立吉神父——典範人物

傅立吉神父於一九四三年出生於義大利，二十七歲晉鐸神父；一九七一年奉派來台，進入丸山療養院服務；一九七五年擔任北成天主堂本堂神父；一九八三年前往澎湖惠民醫院擔任副院長。

一九九二年，傅神父返回羅東聖母醫院擔任副院長，並一肩扛下靈醫會、聖母醫院計畫、管理院務等雜務，以及聖母護校改制升格為護專的任務。從早忙到晚的他，上午在羅東望彌撒，忽焉下午到了高雄；到了晚上，則在臺北出現；第二天天才剛亮，又可準時看見他現身病榻旁，專心一意地帶領病人祈禱，從不喊累。

讓傅神父心繫的兩項艱難任務，除了聖母護校的遷建與升格，就是得籌募到六億元蓋急重症大樓，一想到這兩筆龐大費用要何時才能募足，心中擔憂油然而生，只得虔誠祈求天主保佑，順利完成聖母醫院造福病人的心願。以救人為宗旨的聖母醫院，經常為貧困人士免費醫療、照顧幫助，曾經接受過幫助的人，或熱心響應捐款義舉的人士，在獲知聖母醫院發起興建重症大樓募款活動後，都一一挺身而出。

聖母醫院院內的人也絞盡腦汁，不管有多大阻力也要克服。在臺灣北中南連辦三場大型募款活動，邀請到義大利知名歌手和樂團加入義演，場面聲勢浩大，門票收入全數挹注在重症大樓經費上。在院內更常態性舉辦大小義賣，跳蚤市場、義大利原裝進口產品特賣。

在籌集經費的日子，四處奔波募款，即使募到甚至一元，聚沙成塔也是件感恩的事。在這節骨眼，傅立吉神父也發生了一段小插曲，為了募款奔波的他，在北宜公路往臺北途中碰上大塞車，不小心碰撞到前車，幸虧不嚴重，當雙方下車時，對方看到的是德高望重的傅神父，不僅客氣地不要求賠償，反而當場捐款給傅神父，隔天也參與聖母醫院的義賣會，那是多麼令人感動的時刻。

同時他也接下靈醫會所創辦聖母護校的管理職務，也肩負將其升格為聖母醫護管理專科學校的重責大任。當然他也不負眾望，不僅完成將學校遷建到三星鄉的壯舉，甚至順利讓學校在二〇〇五年完成升格任務。此外，范鳳龍紀念大樓終於在眾人愛心捐款之下，於二〇〇七年竣工啟用。如果沒有他年輕力壯、活躍穿梭、犧牲奉獻，這兩項壯舉是很難在如此短的時間內完成。

感念於傅立吉神父對台灣、澎湖醫療傳道的奉獻典範，於二〇〇四年榮獲第十四屆醫療奉獻獎。傅神父因羅馬靈醫會總會另有任用，於二〇二〇年返回義大利，他那俊俏的臉龐、標準流利的國語、逢人便微笑的儀態，令人懷念，相信會永遠存在國人的心中。

傅立吉神父榮獲第十四屆醫療奉獻獎。

❖呂鴻基教授（第八任院長）

羅東聖母醫院打破了五十四年來的傳

呂鴻基院長。

統，於二〇〇七年聘請臺大醫院名譽教授呂鴻基擔任第八任院長，是聖母醫院有史以來由非神職人員擔任的首任院長。呂教授行醫超過一甲子，有台灣「兒童心臟學之父」之稱，六十多年來投入兒童心臟病研究與治療，創立「中華民國兒童心臟病基金會」，更花了三十年催生成立台大兒童醫院。

呂院長就任感言如下：

是天主給的派遣，接任羅東聖母醫院五十四年來首任非神職人員的院長職務，我感到非常的光榮……二〇〇七年七月，范鳳龍紀念大樓落成啟用，醫院的儀器與設備也大幅更新，醫師陣容更加充實。聖母醫院的同仁，共同實踐以病人為中心的醫療。又勵行以病人為導向的「關鍵時刻、感動服務」，並整合各科醫師，組成心臟急救、創傷重症、腦中風及腫瘤癌症四個醫療中心。此外，又積極籌設健康管理中心、安寧緩和病房，並積極推動社區整合醫療照護計畫，為蘭陽鄉親提供貼心、卓越且專業的醫療服務。

呂院長在位三年期間，確實表現四平八穩，實現其就任感言中所提及的任務，也確實找來不少優秀人才，順利度過各種醫院評鑑。他總是帶著親切微笑的態度，來面對醫院的大風大浪，讓人見識到他深沈的智慧、圓融的人際手腕。

感念呂院長對台灣兒童心臟醫學的貢獻，於二〇二一年榮獲第三十一屆醫療奉獻獎。呂教授即便退休，更維持每個月回到醫院參與兒科醫療團隊討論會，指導後輩及關心病人，他是醫學生、醫師們口中的呂教授；是大朋友、小朋友的「開心」爺爺；是許許多多兒心家長的呂醫師、呂教授；他也是聖母醫院聖母家人的呂院長。

范鳳龍紀念大樓啟用（二〇〇七年七月）

隨著范鳳龍紀念大樓的施工圍籬逐漸拆除，醫院各科室陸續遷入新大樓，接著拆除老舊建築並整修各樓層，從中正南路進入院區的行車動線改善，綠化面積增加，視野開闊，景象煥然一新。最實際實惠的是停車位增加一倍，解決看診民眾的停車需要。急診室、醫學影像、檢查與檢驗室的空間設備擴充，動線順暢，加上病房的擴充與改善，羅東聖母醫院為蘭陽鄉親健康守護下個五十年的建設，已清晰呈現在眼前。

首先行車進入院區原來阻擋動線的建物已拆除，空地也加以綠化，這樣的改變使院內的視野清新空曠，感覺非常舒服，這些增加的綠化草皮提供病人與家屬活動空間與住院品質，大量增加的停車位，提供了病人與訪客的最大方便。其次搬遷到新大樓一樓的急診室，空間整整比原來的地方大一倍，專屬的出入口、車道、車位、藥局，加上設備更新，並設置化災與疑似傳染病的隔離區，大幅提升急診的醫療服務品質與安全。

門、住診的檢查，醫學影像與檢驗病理集中在新大樓的二、三樓，設備新穎的高科技儀器，配合數位化影像擷取傳輸資訊系統的上線，縮短檢查與報告的時間，提升醫療效率與品質。等待與檢查空間均寬敞、明亮且舒適，能有效疏緩病人與家屬不安的心情。

住院病房的增加與整修，也緩解病床的需求，並改善病房舒適度。特別值得介紹的是在新大樓八樓的兒科病房，充滿了迪士尼卡通故事人物，還有閱讀室與遊戲室的設備，加上精彩動聽的童話故事，使兒科病房洋溢著麥當勞的歡樂氣氛，舒緩小朋友住院期間的煩悶無聊。新大樓七樓的兒科加護

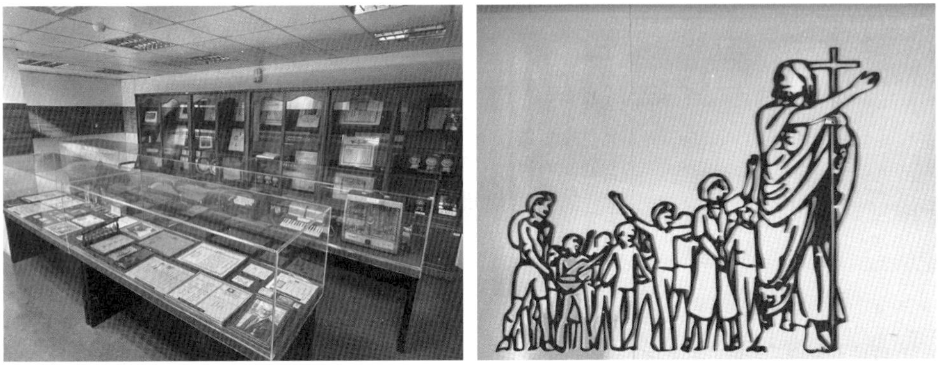

（左）靈醫會史蹟館所收藏之歷史文物。（右）靈醫會史蹟館前的耶穌領路圖：「我就是道路、真理、生命。」（若望／約翰福音 14:6）。

病房與十樓的內外科加護病房在空間設計、動線規畫上，也是煥然一新，對病人、家屬及醫護人員都是一大福音。

在頂樓的安寧病房與空中花園，無疑是最特殊的地方，如果疾病已無法治癒，瀕死已不能免，安寧病房的醫護團隊，設法減輕病人的痛苦，給病人身心靈全人最舒適照護，使病人能善終，讓家屬與病人生死兩無憾。

搬遷到新大樓九樓的透析中心，明亮舒適，人性化的醫療空間與家屬等候區，這些都是為了提升病人與家屬舒適的就醫環境。在地下二樓占地二百多坪的放射腫瘤中心，設置最先進的影像導航式光子刀，是治療腫瘤的新利器，可使癌症病人的治療更準確有效；獨立的醫療與等候空間，提升對病人與家屬的服務品質。

搬遷到內科棟三樓的護理之家，裝修上也做了大幅改變，營造出「家」的感覺，本著老吾老以及人之老的精神，細心照護並維護老人家的生活品質。

❖靈醫會史蹟館

為紀念靈醫會來台醫療傳道五十五週年暨范鳳龍紀念大樓啟用，並傳承會祖聖嘉民神父為病人服務的使命，醫院特別在內科棟一樓設立了靈醫會史蹟館。目的是為呈現數十年來遵從「天主是愛」，完全主動、完全奉獻、完全利他的會士們一生的服務事蹟，這些會士們的奉獻，成為所有同仁的最佳導師與指引明燈。

❖陳永興醫師（第九任院長）

每個人的孤島、每個人的守望者……就是他的良知。（哈波・李，《守望者》）

陳永興醫師，高雄人。高雄醫學院醫學系畢業，美國加州柏克萊大學公衛研究所畢業，曾任台北醫學大學精神科主任，高雄市政府衛生局長，高雄市立聯合醫院院長、凱旋醫院院長。任教於台北醫學大學醫學人文研究所、慈濟大學醫學院、馬偕醫學院，專長精神醫學、衛生行政、醫院管理、醫學倫理、醫療史、醫學與文學，著作等身。

在醫界與政界服務多年，陳永興從醫當過精神病患的啟發者，公共衛生執行者，站上街頭、擔任立委為弱勢族群爭人權，從政制定法律。六十歲那年，他受洗成為基督徒，以全新人生為主奉獻。

他曾參訪羅東聖母醫院時看過一張照片，義大利神父們在台終寢的墓園，他深受感動，「神父們都願意飛半個地球，盡一生為台灣服務，我有什麼不可以！」受靈醫會所有神父與神職人員們在台數十年無私無我、犧牲奉獻的精神感召，於二〇〇九年九月接受靈醫會的邀請，成為羅東聖母醫院第九任院長。以下摘錄陳院長的就職演說部分內容：

> 自醫學系畢業到現在，經常變換行程。何處需要我服務時，我就會改變行程，羅東這一站是我從來都沒有想到的一站。太太說：「你又要換工作啦，從高雄跑到羅東這麼遠的地方，在台灣的最東北方。」我回答說：「我被靈醫會感動了，有感動就不遠，神父、修士、修女們從義大利來到台灣都不覺得遠，是比去天國還較近的地方。從高雄到羅東，有愛，就不遠。……

他在任期間，不僅改善醫院財務，並擴大醫院服務規模，因為自身就醫的經驗，加上他曾在醫院看到一部電梯只能搭載一部坐著輪椅的老人家，等電梯變成是件很困難的事。他決定推動「老人親善醫療大樓」，並說：「我們總有一天會變老！自己已是個老人了，深覺在台灣就醫的不便，更何況其他人？老人醫療將是台灣醫療服務的重點，第一步就要籌建『老人親善醫療大樓』。」

他奔走全台，導演吳念真義務拍攝廣告，歌手范瑋琪、李宗盛都跟著投入募款工作，感動了千千萬萬人。在一片景氣低迷中，他仍透過個人的影響力，帶出社會熱情捐輸的善行，最終歷經六年、超過二十五萬人次的捐款，馬仁光紀念大樓終於在二〇一七年竣工啟用。

陳院長也指定成立口述歷史小組，完成各會士的傳記，編載成冊，包括《大醫師 Oki 范鳳龍》、《忘了自己，因為愛你》、《十二位異鄉人傳愛到台灣的故事》，讓後人能明白會士們仁愛傳世的作為。感念陳永興院長過去對台灣醫療及羅東聖母醫院的貢獻，於二〇一三年榮獲第二十三屆醫療奉獻獎。

陳永興院長離開聖母醫院之後，轉往花蓮擔任門諾社會福利慈善事業基金會董事長，繼續他的人生使命。

馬仁光紀念（老人醫療）大樓時代（二〇一七年）

❖高齡化社會來臨

依據內政部人口資料指出，至二〇二〇年底宜蘭縣總人口數為四十五萬三千零八十七人，而其中六十五歲以上的老年人口數為七萬八千兩百零二人，佔總人口數的十七．二％，相較於台灣地區的老年平均人口比十六．〇七％，高出一．一三％（為全國第九位），顯示高齡化問題日趨嚴重。至於台灣二〇二一年預測生育率為一．〇七，全球排名倒數第一，背後原因可能為房價、托兒和未來教育費用太高、工作時數長而無法陪伴小孩、傳宗接代觀念已改變、社會太亂、不婚及晚婚現象普遍、女性就業而不利養育小孩等。到時，平均每二．五個年輕人就要照顧一位老人，這是多麼沉重的負擔！

❖親老終極目標：以人為本、以被照顧者健康需求為核心

靈醫會為因應此一時代發展趨勢，主動提出「親老終極目標」，希望建構一個以醫療健康為核心的新社區概念，意即老人醫療的社區主義，主要是要打破病人與家屬往醫院集中的概念。「親老」並非醫院處於被動狀態等待服務病人，而是當病人有需要時，醫療、照護及關懷團隊，無論透過遠距、到宅、社區，主動走入家戶的行動力，如同早期聖嘉民及靈醫會士所做的一樣。

此一新社區概念的範疇，需要發展出更綿密的醫療照護網絡，從出院準備服務、居家醫療及護理、居家服務、到宅沐浴、居家送餐等社區服務網；另一方面就是打造新的老人醫療大樓，成為堅強的醫療後盾，並透過綠地廊帶、休閒設施，打破醫院與社區的藩籬，讓老人看病時增加親近感及互動，建構全面性兼顧身心靈的老人醫療照護網。

如今馬仁光紀念（老人醫療）大樓已然竣工營運，期待早日實現親老終極目標。

馬仁光紀念大樓。

❖徐會棋教授（第十任院長）

陳永興院長預定離開羅東聖母醫院之後，靈醫會相當慎重地於二〇一五年下旬展開新院長遴選作業，競爭激烈之下，最終由當年剛榮獲「台北榮民總醫院廉政楷模獎」的徐會棋教授中選，接任第十任院長。

（左）寒溪醫療復健中心啟用典禮。（右）左一為徐會棋院長，左二為楊家門神父。

徐會棋院長本身是陽明大學醫學系教授、台北榮總血液腫瘤科名醫，長年不辭辛勞，每週一次從台北來到羅東聖母醫院兼任血液腫瘤科門診醫療業務。曾任台北市立陽明醫院內科部主任、社區醫學部主任、及院長（二〇〇七—二〇一〇），以及台北榮總內科部一般內科、血友病整合治療中心主任。曾榮獲優良醫師、優良教師及國科會研究獎。

徐院長接任之後，最重要的工作就是馬仁光紀念（老人醫療）大樓的竣工與啟用，完成規劃中所有醫療大樓的營運，以及「天主教靈醫會醫療財團法人」的設立。另外，就是全院通訊、電路、防火及光纜系統的更新。除了靈醫會高層的支持，加上有如「萬能工具人」般的行政副院長黃子勇完全獻出心力及體力、整合各方資源等，這些重大任務也都如期在靈醫會的掌控之下陸續順利完成。

徐院長也善用資源全力促成與台北振興醫院的合作及結盟，共同完成大同鄉寒溪醫療復健中心的建設和啟用。此外，任期內也正逢政府大力推展長照二．〇政策，在他的領導之下，陸續推行出院準備服務、四季文健站、日照中心等企劃、建制社區關懷據點、規劃成立居家服務部門等。

另外，在他任內也完成一件相當動人的跨國醫療救助事件，幸運兒是「兩歲大、來自菲律賓的 Francis Joseph」。他出生後即罹患鼻額部腦膨出的罕病兒，又合併水腦症及顱底骨頭缺損，腦膨出越來越大，造成腦部發展遲緩、眼睛無法聚焦且不停流淚。受限於當地醫療資源不足，羅東聖母醫院國際醫療團於二〇一七年至菲律賓離島義診時，發現Francis的狀況，經靈醫會國際救助團隊爭取Francis的醫藥費，及徐會棋院長討論後，將他轉診至台北榮總，於九月二日住院。主治醫師陳信宏整合跨科部醫療團隊協助，經歷十個多小時的手術及術後重建，於九月十四日順利出院。

Francis的父母非常感謝靈醫會羅東聖母醫院、台北榮總的協助，Francis的父親也感性地說：「我們不會忘記每位醫師的名字，Francis長大後我們也會給他看這些照片，讓他不會忘記感謝這麼多人曾經為他的付出！我們也不會忘記台灣，謝謝你們。」

徐院長是一位溫文儒雅的學者，總是面露冷靜的笑容，從未對員工惡言相向，總是耐心嘗試與員工進行溝通。在任期內，確實也把個人的廉潔風範展露無遺，符合聖嘉民精神。

❖馬漢光醫師（第十一任院長）

◎謙沖為懷、擇善固執的專業領導者

馬漢光院長是羅東聖母醫院期盼已久的專業領導者，從二〇〇九年在永和耕莘醫院當院長、到二〇一五年轉新店耕莘擔任院長，並於二〇一八年退休，勞苦功高。在各種公開場合，他都能顯露親切、穩重、微笑的態度，對醫院營運眼光獨到，特別對醫療品質、財務的掌握程度相當細緻、專業，領導各協會時也充滿自信、展現領導者的風範，更重要的是他言談之間，所散發出謙遜、正向、樂觀的氣質，總是令人折服。

馬院長於一九五三年出生在香港，一九七二年來到台灣就讀中國醫藥大學醫學系，畢業之後在耕莘醫院體系工作長達三十五年，一九九五年領洗為天主教徒，一九九七年到澎湖惠民醫院進行醫療支援業務，每週六下班後就飛到馬公，進行夜診、急診、週日全天值班，直到週一上午再飛回台北，長達四年、未曾間斷，犧牲珍貴的假日、意即犧牲與家人享受假期的時光，可見是一位對責任非常看

重、堅持度相當高的人，如同靈醫會士的精神。事實上，在那裡他也親眼見識到何義士修士晚年、高國卿神父及修女們的奉獻精神及服務病人風範。

◎期待能為台灣奉獻一輩子

事實上，認識他的人都高度推薦，因此在未經過遴選的流程，靈醫會直接於二〇一八年十月年正式聘任他為羅東聖母醫院第十一任院長。馬院長接任之後，首要目標除了要讓醫院財務維持平衡之外，身為教友的他深深體會到：教會的精神和宗旨必須傳承，福傳才是教會醫院的根本。如果兩者之間有所衝突，當然是以福傳為優先，這是毫無懸念的抉擇。此外，他也強調兩個醫院經營原則：找出醫院的亮點，讓病人感動；發展社區醫院，找出我們要服務的民眾

曾有人問他：「羅東聖母醫院的神父那麼多（意見可能也會很多），相處起來會不會很辛苦？」他的回答是：「神父們不只愛天主，也同時愛病人、愛同仁，對我也很尊重。而且他們常這樣表示：只要你覺得對病人好的事情，就放心去做，但永遠別忘記聖嘉民『視病猶親』（其實也是愛人如主）的精神。因此，我會期許自己，可以學習聖母醫院的外籍神父一樣，能為台灣奉獻一輩子。」

◎堅持聖嘉民精神

事實上，馬院長是一位重承諾的人，他在聖母醫院的行事風格確實如此，一切以病人為中心做決策考量，特別在 COVID-19 防疫期間，別家醫院不接的危險工作，他都不顧一切地接了下來，因為這就是真正的「聖嘉民精神」。例如，設置溪南戶外社區防疫篩檢站、建置 PCR 檢測儀及實驗室、設置防疫大樓及病床、進入南澳碧候村全村採檢、深入各職業工會及工廠採檢，甚至進駐春節防疫旅館篩檢工作等。當然背後也有許多醫護團隊義勇軍、無名英雄，願意領微薄的防疫津貼，進入危險疫區，做為馬院長承諾的實踐者。

馬院長對待員工的態度，如同神父們對待員工一般，相當疼愛、不忍苛責，總是對事不對人、從不口出惡言，最嚴厲的話語，就只是這樣：「請你們通報意外事件，進行檢討。」遇到會議中同事之間意見有所衝突，他都會適時介入，並承擔必要的責任，他通常會謙卑地這麼說著：「好，好，好，都是院長的錯，好不好！」往往經過他著麼一說，現場氣氛馬上緩和許多，之後他也會適時地表達他精準的專業意見，切中主題，最終的決策，總是能避免片面之見，回到以病人為中心的考量，是員工心目中最為正向、溫和的領導者。

◎高瞻遠矚、有為有守

在他接任院長三年多來，致力於改善營運與財務狀況，即使面對任內連兩年多疫情的衝擊，讓聖母醫院都能經得起考驗，創造出盈餘，用來進行必要的投資。此外，他提倡所謂「草綠馬來」策略，即把草養綠了，自然會出現千里馬；意即聖母醫院本就名聲卓著，若能創造良更好的執業環境，自然會有高端人才願意來到聖母醫療園區長駐。於是他積極更新門診及老舊病房、擴增病床、添購設備、更新電腦軟硬體，慧眼獨具地引進國內最為齊備的長庚醫院體系之行政及醫護資訊系統。並逐年編列預算，要在短期內將全院病床都改為電動床，不僅嘉惠病人及家屬，也同時減輕醫護人員的體力負擔。

此外，他相當重視長照體系的發展，相信這是聖母醫院未來發展的重心之一，於是他建立國內少見完整的長照服務體系，提供全方位、人性化、社區化、完整的三段醫療及照護服務，包括長照二．〇之ＡＢＣ據點的擴大、設立與連結，形成綿密的長照服務網絡，除了靈醫會轄下的聖母護理之家、聖嘉民長照中心、瑪利亞仁愛之家、南澳弘道仁愛之家，也結盟在地六十幾家長照機構；建立樂智日照中心（早期失智症）、樂活日照中心（有障礙老人）、失智症團體家屋（失智症患者全日照護）、四季文化健康站，並協助建立諸多社區關懷據點；除了擴展出院準備服務、居家醫療、居家護理、居家安寧、居家復健，也提供整合式居家服務，為獨居老人送餐、到宅沐浴，並設立家庭照顧者支持據點、社區健康學苑等。

馬院長任內其他重大作為，包括：於二〇一八年至二〇二〇年期間完成三家醫院（羅東聖母、馬公惠民、礁溪杏和）納入「天主教靈醫會醫療財團法人」；二〇一九年七月親自領軍菲律賓國際醫療團；二〇一九年通過國際醫療機構認證；二〇二〇年九月正式啟用宜蘭唯一免進醫院「藥來速」；二〇二一年開啟原鄉遠距醫療服務；二〇二二年一月正式導入新的醫療資訊系統。

三年多來，草綠馬來政策果然奏效，確實招來十幾位頂尖優秀的主治醫師，如社區醫療副院長、職業醫學科、核子醫學科、眼科、小兒科、心臟外科、家醫科、骨科、急重症科別等，其中還包括許多年輕的宜蘭本籍醫師。並首創核子醫學科、引進最尖端設備——單光子射出暨電腦斷層掃描儀（SPECT-CT），為醫院進行各種疾病的早期診斷添增利器。可見馬院長確實是一位高瞻遠矚、有為有守的領導者。

第17章

羅東聖母醫院之特色醫療與未來展望

弟兄們，要意識到，我們對這些可憐人所做的，就是對天主本身所做的……這種服務，需要很大的精神、很大的耐心、很大的愛德。

——聖嘉民，《惘瘰在抱》

靈醫會創立羅東聖母醫院之後，在眾多會士們前仆後繼之下，確實為當時醫療、經濟貧乏的蘭陽平原，灌注無限的愛和希望，也服務無數的病患，在台灣立下美名。本章則特別摘錄介紹在醫院歷史中，相當有特色的醫療，包括聖嘉民安寧病房、山地巡迴醫療、大量傷患緊急醫療（普悠瑪火車出軌事件）、防疫醫療與地球村任務、監獄醫療與國際醫療等。這些醫療服務過程，細讀之後，都能感受到濃厚的聖嘉民精神。並於本章最後呈現年輕醫師連繼志的好文〈曾因觸動心弦，如今再續前緣〉，以及由馬漢光院長所寫下壯闊的〈羅東聖母醫院之未來展望〉。

聖嘉民安寧療護病房

主啊！賜給每個人他自己的死亡。這個死，來自他的生命，有他的愛、感覺和苦難。（里爾克詩選）

宜蘭的病人常在第一時間被診斷嚴重疾病時，大多的選擇，是前往台北的大醫院接受治療。拜雪山隧道之福，真的縮短了很多就醫的奔波。直到疾病進展到生命後期，往往最後的心願，就是希望落葉歸根，回到家鄉。聽到病人這樣的心路歷程，還是深深覺得，好辛苦。

因此，羅東聖母醫院於一九九七年在范鳳龍紀念大樓十一樓，建置了蘭陽第一家安寧療護病房，成為安歇寧靜好所在。並成立「安寧照護基金會」，落實聖嘉民精神：「要妥善準備病人的善終」。二〇〇七年，也成立「聖嘉民安寧緩和照護中心」，同時執行三安服務——安寧居家、安寧病房及安寧共照服務，穿越病房的限制，讓病人不論身處何地，都能接受安寧療護。並落實五全照護——全人、全家、全程、全隊與全社區照護，為每位病患完成四道人生——道謝、道歉、道愛、道別。道謝及道歉能化解恩怨情仇；道愛則留下美好愛的回憶，澤被後代、持續流傳；道別則心願已了，順利羽化成仙。

安寧的工作是如此貼近死亡的疆界，如此近距離面對生離死別的憂傷。曾經伴行的點點滴滴，也成為個人生命中的一部分。當我們和病人在生命末期相遇，透過陪伴，讓我們和病人有了深刻動人的交會，成為彼此人生故事交織的一部分。如今，安寧病房已成立十五年，在其中，這是屬於他們的生命故事，同時也是我們的生命故事。我們因此能從悲傷裡見證許多美麗動人的故事、尋見勇敢堅強的事蹟、學習感動溫柔的心靈碰觸、共享平安喜樂的結局，歸功於每一位病人、家屬、志工、醫護團隊、神父及修女們。

❖如同在家一樣熟悉自在

宜蘭是個好山好水、很美麗的地方，聖嘉民安寧病房則是最棒的病房之一，可以遠眺宜蘭群山，有時默默無語的陪伴，和病人一起眺望遠處，就能開闊心境，許多的問題似乎自然就縮小了。

舒服的泡澡浴缸，讓即使行動已經完全需要外人協助的病人，或身上有管路的病人，可以舒舒服服地泡個澡。寬敞的空中花園，使大多務農的宜蘭人，在住院期間也可以踏踏土地、種種蔬果，如同在家一樣，是一種自主及自尊的感受。

溫馨的大客廳，是家屬與病人放鬆聚會的地方，每週有固定的鋼琴老師、古箏老師到場演奏，在週三下午於小聖堂舉行彌撒，每週四下午則有卡拉ＯＫ。一年中固定的節日，都會舉辦相關的慶祝活動，每天傍晚，呂若瑟神父都會帶著天主的祝福走進每一間病房，探望所有的病人和家屬。這些看似規律的活動，安排的用意，都是希望讓病人和家屬，待在病房就如同在家一樣熟悉自在的感受。這些貼心設計的背後所產生的效果，能夠陪伴他們抒發哀痛、安然度過這段最後的旅程，這樣的理念，我也是日後才漸漸體會到的。

❖安寧照護是一個完整的團隊

安寧照護，不只醫師和護士而已，還有很多的夥伴共同付出，才能達成使命，包括共照師、居家護理師、社工師、牧靈師、營養師、復健師、藥師、安寧芳療師、志工，有時還需照會精神科醫師、疼痛控制醫師、臨床心理師，甚至還需院外專家不定期到院指導。

因著我們每週一次的團隊會議，幫我們把不同角色，所看到病人的不同面向串連起來，以完整了解病人及他的生活。對我們而言，也許已經成為每日習慣的工作，然而對每一個病患或家屬而言，都是獨一無二的經驗。我們無法代替任何人經歷死亡，但他們把自己的經驗和我們分享，傳承給我們，也間接造福了其他更多需要的人。

在這樣漫長的照護旅程中，曾經讓我們感到沮喪無力、矛盾衝突，看到許多生活裡的現實與殘酷。另一方面，這些經歷則教會我們思考生命，以及面對生命的謙卑、感恩、珍惜、尊重與陪伴，不論是對病人、夥伴自己，以及我們的家人。

感謝有這樣一個美好的團隊，讓病人來到生命末期時，不論住在我們的病房、其他病房、回到家中或臨終時，都能得到安歇、寧靜。

得力於品質良好的安寧照護，聖嘉民安寧緩和照護中心於二〇一七年榮獲「SNQ國家品質標章」；此外，聖嘉民安寧團隊也於二〇一八年榮獲「保安宮第一屆醫療奉獻獎」。

呂若瑟神父和聖嘉民安寧療護團隊領取「保安宮第一屆醫療奉獻獎」。

山地巡迴醫療

翻山越嶺、勇渡波濤、深入泉源、行過幽谷、穿越洪水最深處，那是海神尼普頓的日常。攀過最陡峭的岩石，有愛，就有路。（軼名英詩）

靈醫會在蘭陽開展福傳的步履，主要有幾個管道：一、蓋天主堂，成為社區靈性啟發中心，並且以錢財與物資直接濟助窮人；二、設立幼稚園，從幼小的心靈紮根，擴及家庭；三、就是進行巡迴醫療，實際醫治民眾的身體，並藉由義診的過程，將福音傳進民眾的內心，讓他們從靈醫會神父與修士的手中，去感受天主真實可觸及的愛。

華德露神父及靈醫會士於一九五四年間，在醫院發現一群人用簡便竹子擔架扛著一位山上的原住民婦女，從此刻開始，會士們立刻明白他們的未來目標。經會士們提供高超技術的醫療，而且是免費的，以至於該婦女痊癒後回到部落，親族們到處宣揚他們的美名，也開啟靈醫會山地巡迴醫療的美麗史詩。

❖最美麗的字樣

於是，早在六十多年前，就由華德露神父開始，篳路藍縷逐步進入大同鄉的各個村落，設立教堂及自助藥局，並由醫療人員進行不定時義診。對當時交通極為不便的山地鄉而言，靈醫會士的到來，就有如天主所派的天使，來到人間，為救助這群貧病無依的羊群，很快地，身心靈都得到拯救，成為天主順服的子民。此外，對於病重者，則轉送聖母醫院，由貧民施醫所或免費住院的義床，進行後續的醫療。

早期山地巡迴醫療，左為華德露神父。

當時原住民們常來找華神父，他通常會使用泰雅母語和他們親切地對話，然後手上接過住院批價單，在上面寫了義大利文，再轉請院長也在批價單上簽字，之後會看到原住民朋友笑嘻嘻地離開院長室。原來，只要遇到這些貧困的原住民住院，華神父與院長在批價單上面所簽的義大利文，就是「gratuito」（免費），人間最美麗的字樣！

❖山地偏遠社區醫療的理想

聖母醫院所從事的山地社區醫療積極整合計畫IDS（Integrated Delivery System），完全融入山地社區的所有健康醫療整合與營造計畫、社區健康問題調查與社區活動力的再生、老年安養、復健醫療、次專科醫師的介入、轉介會診、個案管理的提供，以及慢性病的建檔與追蹤，結合醫療資訊中心的運作與分享，使所有的山地社區醫療資源都能妥善地深度發揮。

聖母醫院的在思考山地社區醫療模式中，除了與衛生所緊密的搭配醫療合作事項外，更提供在人口較多、位置最偏遠的南山村設置二十四小時夜間急診醫療基地站，也每天固定與衛生所交叉巡迴醫療服務；另外次專科醫師能深入山地社區醫療、諮詢與個案管理、建檔治療服務更是創舉。同時由於大同鄉幅員遼闊，為了更深入了解山地社區的健康問題，聖母醫院與大同鄉衛生共同提供多位全科的家庭醫學科分成四個責任區域，擔起當地健康問題的守護者，就像大同鄉多了四家基層開業診所，同時也有許多的次專科醫師來支援解決疑難雜症。最可取之處，也有完整的後送轉介醫院治療或檢查服務，大同鄉也有了一家大規模的支援後送醫院。

IDS中個案管理、慢性病、地方性流行病疾病治療準則的建立是一大特色。其中擔任個案管理師的護理師協助建立個案健康檔與疾病檔，居中連絡追蹤、居家訪視、衛教與復健，結合志工、社工、營養師等紮根的功夫，共同解決原住民社區的健康問題。此外，個案管理護理師，同時具有居家護理師身分、居家安寧專長，更會定期深入重病或末期病患家庭，協助家庭來照顧病人，使其能安享尊嚴、有品質的餘年！

❖IDS 執行計畫二十五年

羅東聖母醫院從一九九七年至一九九九年開始試辦，初期以大同鄉復興、樂水、牛鬥及南澳鄉東岳為主，除進行基本健康篩檢、家戶及團體衛教之外，也提供晚間及假日巡迴醫療服務。自二〇〇〇年起，開始進行大同鄉十六個站點的完整巡迴醫療服務路線，並於南山村設立夜間急診站，直到清晨。自二〇〇二年起，開始加強次專科定點及定時駐診服務，以及增加兩鄉社區精神科巡迴醫療與送藥到府服務。二〇〇三年及二〇〇四年分別成立大同鄉四季村與南澳鄉南澳村復健站，提供物理治療特色服務；二〇〇五年也開始南澳鄉六村、十一個站點的完整巡迴醫療服務路線，並於南澳村設立夜間急診站；二〇〇六年加上澳花村的巡迴醫療。

自二〇一三年開始增加澳花村夜診急診，以及東岳復健站（由陽大附醫支援）之服務。二〇一八年，為使外出不便的病人獲致更妥適醫療照護，新增居家醫療及安寧居家療護服務；二〇一八年二月一日設立「四季部落文化健康站」。二〇一九年啟用「寒溪村復健站」；二〇二二年啟用「澳花村復健站」。

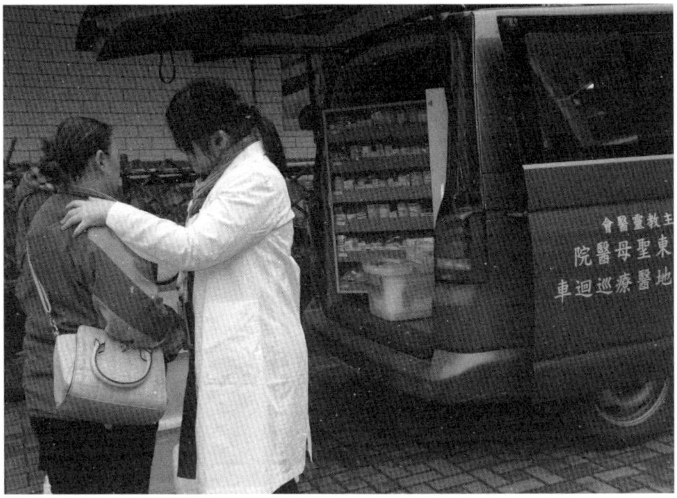

山地巡迴醫療何宜桑醫師、巡迴車、藥櫃與民眾。

此外，自二〇一六年也開始持續深入兩個山地鄉執行肺結核防治計畫，特別是南澳鄉，從衛教、篩檢、預防性投藥、實際案例治療到個管追蹤，提供完整的三段醫療服務，對山地鄉肺結核的防治成效卓著。

❖獲獎無數，辛苦而扎實的服務

健保關懷心，山地離島情，二〇〇六年及二〇一二年衛生福利部頒發感謝狀及獎座，以茲感謝羅東聖母醫院守護偏鄉醫療服務；二〇二〇年九月十九日財團法人慈月社會福利慈善基金會頒發「南丁格爾獎團隊金獎」，給IDS服務的護理團隊，以表彰團隊高品質、具奉獻精神的醫療服務；二〇二一年一月十三日榮獲一〇九年「SNQ國家品質標章認證」——醫療院所類／醫療社區服務組評鑑活動；二〇二一年十一月四日健保署，頒給IDS團隊協助全民健康保險山地離島地區醫療給付效益提升計畫——「醫療服務貢獻獎」。

IDS 護理團隊全員合影。

羅東聖母醫院賡續會士們六十多年來對原住民朋友的醫療傳道服務，二十五年來，結合政府的健保資源，全院組織 IDS 醫療團隊、投入大量的醫護人力、時間和資源，不懼風雨、全年無休地守護原民健康。榮獲這些獎項，可謂當之無愧！

大量傷患醫療——普悠瑪火車出軌事件

> 花卉不為自己散發芳香。為他者而活，乃自然法則。出生在世目的，是為了互助……當你能帶給別人幸福快樂，生命會更加美好。（教宗方濟各）

大量傷患是傷者眾多，也牽連到許多個傷心的家庭，至於醫院則必須發出大量傷患緊急動員召回令，啟動所有相關的醫療及行政團隊，到院前救護、急診室救護、加護病房照護、緊急手術，以及漫長的病房照護。連帶牽動的也有媒體、善心團體、商家及個人，是一段相當動人心弦的煎熬時光。以下摘要紀錄這一起在台灣會永遠銘刻在國人心裡的大量傷患事件。

❖即刻救援，最美的人心

二〇一八年十月二十一日星期日下午五點多，一封急診室大量傷患緊急召回的簡訊，震撼了所有的聖母同仁，當班的、休假的、宿舍的……，不分科別、職責，大家目標一致，以最快速度全力往急診室衝刺，在最短時間內集結兩百六十三位同仁協助救護工作，充分展現「大量傷患緊急醫療」的專業救難精神。

普悠瑪火車出軌事件當天，本院共收治三十九位傷患，二位到院無生命跡象、四位加護病房、七位普通病房、二十二位輕傷治療後出院、二位因地緣關係轉院、一位急診留觀、一位從博愛醫院轉來本院照顧重傷家屬的病人。

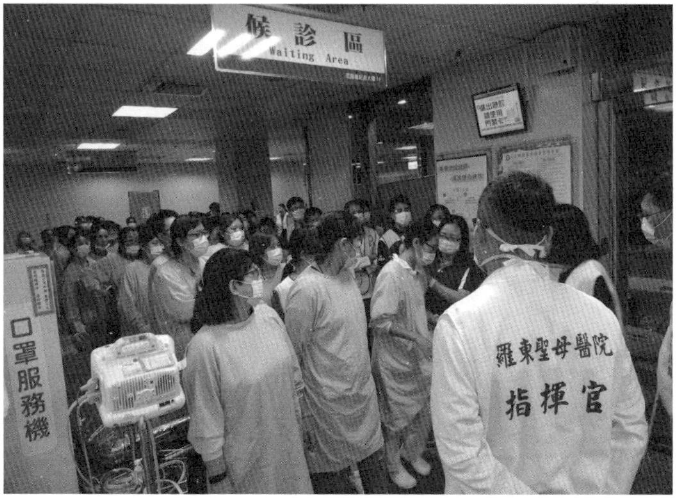

大量傷患的手機簡訊代碼「333」，成功緊急召回充足的醫療人員。

由於多位病人有多重器官嚴重損傷，因此本院同步成立「普悠瑪專案醫療小組」，由徐會棋院長及溫金成醫療副院長擔任召集人，總共涵蓋十四個專科醫師（神經內外科、胸腔內外科、影像醫學部、一般外科、骨科、整形外科、感染科、呼吸治療科、血液科、腎臟內科、新陳代謝科、精神科等）、護理及醫技人員，加上行政單位全力投入救護行動。

除了每天的手術、治療、照護與例行性關懷，每週也舉行三次的聯合診療會報，集合眾人的智慧，為病人及家屬做出最完整的診斷與醫療決策。此外，也組成「普悠瑪照護小組社群網絡」，提供全天候、最及時的病況資訊及意見交流，讓整體照護流程沒有死角。

由於意外創傷事件的病人們，普遍有急性壓力症狀，為有效預防與減緩日後創傷後壓力症候群之嚴重度，本院也立即啟動全面關懷機制，由社區醫療副院長郭約瑟醫師，領導治療師、社工師、牧靈人員團隊介入家屬及病人的心理輔導，協助連結政府民間資源，使傷者能安心休養。此外，透過專業的情緒安撫與心理輔導，順利讓普悠瑪司機及所有傷者慢慢走出人生的幽谷。甚至連對火車心懷創傷恐懼的受傷小學生，出院時也搭能勇敢地搭火車返回台東。

另外為祈禱所有遭受意外的亡者安息、傷者早日康復、家屬獲得心靈支持、整體社會百姓早日回歸平靜，天主教靈醫會神父們帶領本院同仁於十月二十六日上午十點假門診大樓外風雨長廊，舉行隆重的祈福禮，同時也邀請院內同仁及民眾在長廊，一起為所有的傷病的乘客們繫上祝福的黃絲帶，祈求病人早日康復，平安回家！

感謝許多宜蘭鄉親在十月二十一日當晚開始，自發性提供本院醫療團隊及病患家屬各種愛心餐點與飲料，除了為醫護同仁加油打氣，甚至旅宿業者為傷者家屬提供多日免費住宿，更為受傷的病人及憂傷焦慮的家屬們，送上暖暖的關懷與祝福。

常聽說臺灣最美的風景是「人」，在事件發生最危急的此時此刻，我們深深地感受到這樣人性的美好，也希望傷痛能趕快過去，還給受傷的病患、家屬及社會大眾一個平靜、平安、健康的生活步調，我們共同用心祈禱！（公關部俞芳苓主任）

❖到院前救護

一下車映入眼簾的W型倒臥鐵軌的車廂、待命的大型機具、人來人往的警消人員，天啊！電影中的災難片真實的在我人生中上演，震驚了數秒，我本能的尋找，看到躺臥在長背板極端痛苦的傷患數名，現場已有不具名穿著便服的醫護人員照護及安撫，這時我立即上前表示身分，並且詢問傷者情況，「這位阿姨胸部挫傷，呼吸急促，需要使用氧氣，這位傷者給妳們送往聖母醫院。」一位現場發號施令的人員說著。於是我們迅雷般的速度將病患抬上擔架，趕往醫院。數分後，抵達醫院，將傷者挪移到醫院推床，並簡單交班，之後就再度返回事故現場。（邱雅琪護理師）

❖急診室護理

一個又一個傷患漸漸塞滿了剛淨空的急診室，哀聲四起，無法行走的、沒有意識的、失去生命徵象的……一個又一個。打點滴、止痛針、傷口縫合、包紮、還有一項又一項多到我數不清的護理與醫療處置。全身是汗、還有患者的血漬，回頭一看卻還有許許多多的病人還未處理，心已涼了半截。正當心裡開始緊張慌亂之時，「我來了」、「這裡我來接手」一句句孰悉的聲音在耳畔響起。我發誓！這是我至今聽過最安心的話語。再一次抬頭，援軍由四面八方湧來，素未謀面的各單位護理人員、只知其名不知其人的醫師，在當下都成了同一雙手，一雙名為「聖母醫院溫暖的手」，撫慰著每一個病人與家屬的身心靈。

這是我此生見過最混亂的場面，但卻又無比的和諧。即便仍有許多來自家屬及病人的抱怨與哭喊，沒有任何一個醫護人員退怯、或顯現任何的不耐。那一瞬間我們都是一家人，不管是醫生、護理人員、病人亦或是家屬。我們正在共同承擔這一項所有人都不願樂見的意外災難。（李柏儀護理師）

❖加護病房護理師

四十五分鐘後，傷勢嚴重病患陸續送入加護病房，蜘蛛網膜下腔出血合併肋骨骨折、氣血胸及骨盆骨折且意識昏迷、頸椎第五至七節受傷且四肢癱瘓、第十二節胸椎壓迫性骨折且下半身癱瘓、肝臟撕裂傷且肋骨骨折及氣血胸、及氣血胸病患。加護病房內，上班及下班召回的同事，各專科醫師、護理師、醫技人員、勤務人員，全部集合在加護病房協助，每位同仁拚了命只想穩定病患的生命徵象。一連串的檢查、治療，圍繞著無怨無悔的醫護人員；加護病房外，社工人員伴著焦急的家屬，以及未確定姓名身分的病人。頓時加護病房內外瀰漫在焦急、恐慌、無助、疼痛、哭喊、哀痛的氛圍下，時間一分一秒的過去，陸續將病人安頓下來，也展開了後續治療照護療程，但病人及家屬對疾病變化及陌生環境的焦急、恐慌與哀痛依然持續迴盪著。（許雅靜護理師）

❖長達五十三天的細心照護

在團隊細心照顧下，重傷者陸續平安出院，經過五十三天的努力，最後一位病人也順利於十二月十二日出院了，都沒有什麼併發症產生。此次普悠瑪事件是一段聖母慈愛的長跑見證，不僅為聖母人上了一課，也讓我們學到了跨團隊合作的重要性，只要發揮團隊精神，我們都有堅強的實力去應對各種挑戰。每個員工都是醫院的小螺絲釘，但都是整體機器運作過程中缺一不可的重要角色。（溫金成醫療副院長，現任礁溪杏和醫院院長）

防疫醫療與地球村任務

❖二〇〇三年 SARS 疫情期間的服務回顧

我開始投入護理界服務時，內心深處默默地立下一個心願，如有戰亂、疫情時，我願意走向第一線。二〇〇三年，當台灣開始出現 SARS 疫情時，剛開始沒有人願意投入。自己心想如果有一天我的家人被感染，我會希望有人可以照顧他，就是這樣一個心願，當醫院徵召組織「疫勇天使」時，我是第一個加入照顧者，後來各病房陸續有護理同仁跟隨加入。剛開始加入照護的人數少，而先借用加護病房的負壓隔離病房，來收住疑似個案。聖母醫院也把當時的「班締妮月子中心」清空出來，讓第一線照顧者，在隔離期間有休息之處。

記得當時曾照顧過一位發燒個案，隔兩天我也發高燒，就默默地帶著行李到月子中心的隔離區居住。記憶猶新，當時是一個人住在月子中心，發燒、骨頭痠痛、頭痛等許多症狀出現，加上每天電視新聞都相當負面，感覺自己似乎染疫，身上症狀和電視上所報導的症狀很像，躺在床上就覺得自己即將走上死亡之路。幸好，最後證實只是碰巧感冒，過幾天之後就慢慢好轉。

隨著 SARS 疫情持續的發展，醫院把內科六樓單人房改建成負壓隔離病房，共十一間。內科六樓病房一整層調整為收治SARS之專責病房，設有負壓病房區、緩衝區、清潔區。醫院相關人員合作一起來支援負壓病房，備齊所有的隔離防疫物資，由感染管制團隊（主任及護理師）進行感控照護相關課程的教育訓練，讓義勇天使在實際作業中能正確且安全地照護病人。而負壓病房也經中研院的審核通過，給大家一個安全的照護環境，讓大家更懂得自我保護，不受感染的危險。

經過教育訓練，大家對SARS這疾病照護及防護觀念建立起來，來自院內各病房陸續加入的護理人員也越來越多，除了醫療、護理、醫技團隊，另還有清潔、洗滌、保全人員、在第一線及在第二線支持照護團隊的行政人員，整個團隊共同合作在各自的工作上全力對抗SARS疫情。

為長期對抗SARS疫情，院方在硬體設施建置上全力支持，感管團隊負責全院的感控教育訓練，護理部則負責「疫勇天使」的生活照顧。當時護理部各有一位督導負責硬體及防疫物資、教育、生活照顧等三方面的溝通及協調，我則負責照顧大家的生活、飲食（當時醫院提供三餐及生活必需品），大夥生活在一起、互相照應，不知不覺中建立起革命情感。

當時我們這一群疫勇天使曾被當成瘟神一般，許多人看見我們就躲遠遠的。如今，再回首那段緊張時光，我從不後悔，因為這是我的護理使命，如果我沒有去做，反而會後悔一輩子的。幸好，最後一切安然無恙，順利度過那段黑暗期。（聖嘉民安寧療護病房林春蘭護理長）

❖嚴重特殊傳染性肺炎（COVID-19）防治醫療與送愛到世界各國

卡繆在小說《瘟疫》當中，透過防疫醫師李厄的口說：「……對抗瘟疫唯一的方法，就是正直……我不知道一般的定義是什麼，但對我來說，它的定義就是做好我的工作本分。」

◎做好該盡的責任

李厄醫師這樣對正直的定義，或許就能用聖母醫院急診室郭恩悅醫師的例子來做最佳的註解：

郭恩悅醫師（左二）及鄭仰鈞主任（左一）接受優良防疫醫師表揚。

身為急診人，當大家都放假的時候，就是我們全副武裝備戰的時候，四月底桃園爆發華航機組員和飯店群聚事件，本土案例開始緩慢增加，母親節連上兩天假日班。週五晚上經過轉運站時的人流，是我一年來看過最多的一次，令人擔心……

而台灣這一年多來民眾防疫做的相當好，把一般感冒、上呼吸症狀大大的降低了不少。週日急診因診所休息，一般說來會有非常多年輕族群因發燒咳嗽來就診，尤其兒童特別多。但那天例外，連一個發燒的孩子都沒有，就只有在我交班前一小時，連來了兩位因發燒而就診的病人，在細問病人的TOCC（旅遊史、職業別、接觸史、是否群聚）後，想到前一天剛好有機會和醫院感控林聖一醫師討論到疫情狀況，他特別提醒我們：「懷疑就驗，擴大採檢！」，於是決定請病人在戶外篩檢站等候執行後續的採檢流程，很感謝那天小夜團隊的支持，當時因為台灣本土個案仍少，如果要採檢一位病人，需從忙碌的假日班中另外拉一組人力，全副武裝的到戶外執行篩檢，在大家都忙得很辛苦的假日班，同仁所展現的團隊合作，我很感謝！

沒錯，就是因為她盡到「工作本分」，即使在要休長假前上班的最後一個小時，基於這樣的思考背景：「懷疑就驗，擴大採檢」、「本土個案仍少」、「須從忙碌的假日班中另外拉一組人力」；當然她也可以找到很多不想這麼麻煩的理由：「要預備好休長假的心情」、「大家都這麼忙碌、緊繃」、「開開藥就解決了」。然而，正因為她的選擇：「盡工作本分」，或是她自己的話說：「我只是做好該盡的責任」，就在二〇二〇年母親節當天，在宜蘭打響防疫戰的第一槍，確診這兩位急診病人之後，讓全台各醫院因而更加提高警覺，並抓出一系列的群聚感染鏈，避免更大型的群聚感染。因而接受縣政府表揚，防疫功臣，當之無愧。

◎疫起加油

其實，不止醫護人員兢兢業業地投入，連公關室主任俞芳玲都深深涉入防疫的最前線，做好她的本分，讓人動容：

記憶深刻，那一天下班時，收到衛生局長官緊急求救電話，因南澳某社區有家庭染疫，再加上部落人情濃厚、街坊走動頻繁，難以匡列足跡，決定全村核酸檢測加快篩，但這需要龐大的醫護人力。羅東聖母醫院「義勇軍」一小時內快速成團，回報衛生局後，順口問：「需要我再幫忙什麼忙嗎？」、「您可以和我們一起去嗎？」於是全副武裝，跟著進入社區，體驗長時間戴N95是如此的低氧量、艷陽下全罩式防護衣如此悶熱、一整天只喝一次水及上一次廁所是如此難熬，那一天留下深刻的體驗。即使努力抗疫到有同仁暈倒，但我們依然敬業堅持到最後一刻……

在忙碌的防疫工作中曾沮喪的自問：「疫情啊！何時是盡頭？」但每次各界愛心物資到來時，又讓我感受到沒有被遺忘，還是有許多善心人士看得見我們的辛勞，於是脆弱的心又被溫暖的愛安撫而再次強壯，不論是抗熱冰飲、提神咖啡、各式各樣香噴噴的餐盒、可口的蛋糕……，數不清受贈多少愛心物資。真的很感動，謝謝大家的愛讓我們更有力量，我們會繼續堅守崗位，守護鄉親、守住宜蘭，此時我想高聲吶喊——我們「疫起加油」，Keep Going On!

可以看出，不僅醫院全力動員防疫，民眾也群起效尤，這就是社會讓愛轉動的良善力量。

◎地球村任務——在台募款送防疫物資到義大利及其他八個國家

早年台灣貧困，靈醫會士們經常從義大利或美歐募款來台建設醫院、護校及教堂，對會士們的醫療傳道提供充足的動能。如今，台灣經濟條件良好，靈醫會則透過在地募款，近一步擴建醫院，來服務台灣人。二〇二〇年初開始肆虐全球的新冠疫情，歐洲成了重災區，特別是義大利，靈醫會士們的家鄉，更是慘烈。於是，回過頭來，台灣人有機會透過在地募款，順利反哺、回饋義大利，感謝義大利過去近七十年來對台灣厚重的恩惠。

感謝台灣社會各界的愛心，二〇二〇年四月初「送愛義大利」募款活動在六天之內即募得一億兩千萬，呂若瑟神父緊急喊停，並發公開信說：「大家不用再捐了……再次謝謝台灣，此時我更堅信，這就是我一生都想留在這裡的原因。」

這就是靈醫會令人感佩的地方，當募款達到設定目標之後，就趕快請大家停止捐款，並立即開始規劃防疫物資的採購及將各界捐贈的物資裝箱整備，希望在最短時間內送達義大利。為了更快速送出愛心，首先透過國外採購近六千萬元的防疫物資、呼吸器、醫療衛材及器材設備等，四月十日安全抵達義大利，其餘梯次防疫物資也陸續寄達。

當第一批防疫物資送抵義大利時，當地的神父修女們無不感動萬分，台灣與義大利雖然千里之遙，但因為「愛」把我們的距離拉近了，他們說：「感謝台灣、我愛台灣」；台灣的我們說；「愛無距，愛連結了我們的心；愛無懼，愛讓我們勇敢共同抗疫。」

除愛心款項，也有許多來自台灣各界的愛心物資，醫院同仁及志工忙碌地清點、造冊、裝箱、聯繫貨運，準備好的第一批物資總計兩百七十四箱、重達一千七百多公斤，包括：口罩、防護面罩、護目鏡、防護衣、額溫槍、醫療手套、消毒錠……等。四月二十二日，我們帶著滿滿的祝福，準備好將第一批國內愛心物資運送義大利，並由義大利在台經濟貿易文化辦事處代表受贈。看著一箱箱打包好印有「Love from Taiwan」標章的物資運送上車，載滿愛的專車在眾人的見證下，準備出發啟航！

清晨早已起床的神父，手機 line 叮咚地響，因收到義大特倫托省 Ospedale 聖嘉民綜合醫院修女傳來的照片，是早晨最美的祈禱與最大的平安喜樂。看著修女傳來的訊息：「GRAZIE MILLE . THANK YOU VERY MUCH  」怎能讓人不感動……。

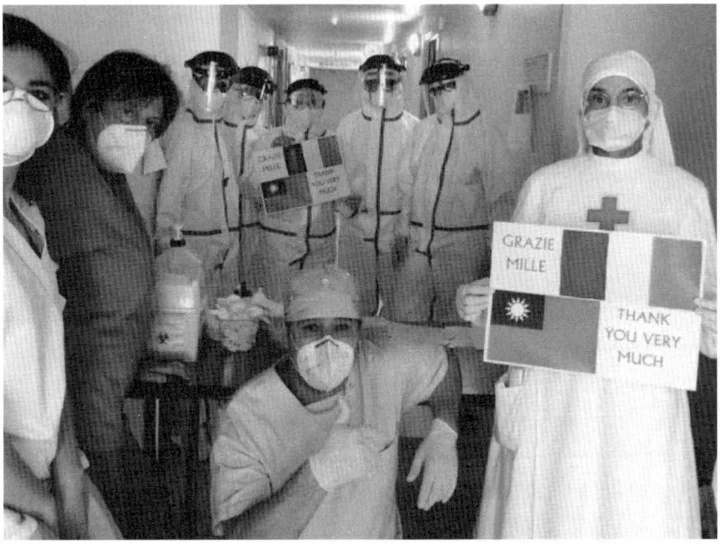

來自義大利的感謝。

接著陸續第二至第五批國內捐贈、採購及國外採購物資計兩萬五千公斤的防疫物資寄抵義大利二十家醫院、診所、安養機構及教會機構。隨著世界各地疫情的擴大，我們也協助其他疫情嚴重且資源缺乏的靈醫會神父修女所在八個國家（西班牙、教廷、阿根廷、菲律賓、馬來西亞、馬拉威、印度、多哥）、三十五間醫院、安養機構及教會機構。

神父們和全體工作同仁內心滿是感動，感謝每一位捐助者，不論是個人或是團體，沒有宗教的分別，懷著「愛人」、「助人」的心，協助我們完成這次「送愛義大利」的艱難任務，沒有大家的幫忙，我們無法獨力完成。期間神父們不斷感念臺灣各界的愛心，呂若瑟神父說：「我時常祈禱，祈求天主降福臺灣，恩寵所有的臺灣鄉親，更要祝福大家的每一天都平安喜樂！」

國際醫療傳愛無國界

我是葡萄樹，你們是枝條；那住在我內，我也住在他內的，他就結許多的果實，因為離了我，你們什麼也不能作。（若望／約翰福音 15:5）

說起蘭陽醫療史，羅東聖母醫院必定舉足輕重。在醫院草創期，靈醫會士及醫療團隊藉先進醫療專長服務鄉親之外，許多藥品、醫療器材及民生資源多從歐美等國善心人士籌募而來，對當時經濟和醫療貧乏的宜蘭而言，有如及時雨。

因著靈醫會的全球服務事工，體認到全球需要援助的事件或民眾從未間斷，於二〇一一年時，羅東聖母醫院也已發展到自給自足之外，尚有餘力助人的經營規模，因而開啟相關國際醫療服務事工。

❖菲律賓的國際醫療服務事工

於二〇一一年造訪天主教靈醫會菲律賓省會的偏鄉教區後，發覺普遍存在貧富懸殊的現象，多數民眾的生活條件及環境仍像台灣三、四十年前的社會，住木板屋或鐵皮屋、缺乏醫療保險、就醫費用昂貴、公共衛生教育普遍缺乏……等，更加堅定該是由羅東聖母醫院回饋的重要時機。從二〇一一年九月開始，便著手隔年的國際醫療服務事工，包括藥品及物資的籌募，為了鼓勵醫院同仁投入，讓投入醫療服務的初衷復甦或深化，決定募資不足的部分也由董事會及院方出資支付。

第一次的菲律賓國際義診於二〇一二年二月七日正式出發，規劃五天行程，原本規劃的模式是衛教及診療（以內科疾病為主），到了現場才發現外科的需求頗大，大到尿酸石腫塊或腫瘤的切除，小到小男孩的包皮環割，都是上工後就絡繹不絕。對民眾而言，如果在當地就醫，這些處置在經濟上都是額外沉重的負擔，也讓我們確認未來的成員最好要包括內、外、婦、兒科的專家。首次服務的地點包括安蒂波洛（Antipolo）、梨剎（Rizal）的 Boso Boso、Upper kilingan 及 Kalawis……等。之後每年二、三月間至少出團一次，服務地點及內容都會與當地靈醫會相關組織溝通。

二〇一四年十二月在財團法人執行長黃浩然神父召集下，也正式成立「國際醫療委員會」，並初定組織章程；二〇一六年十一月正式成立「台灣靈醫會國際醫療暨災難服務委員會（CADIS Taiwan）」。二〇一七年羅東聖母醫院與 Calbayog 聖嘉民醫院與 Mati 聖嘉民醫院簽立合作備忘錄。

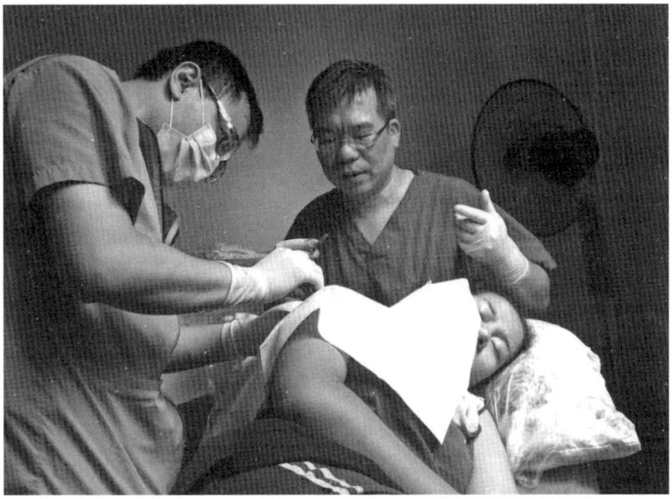

實際執行國際醫療業務之後，才確認民眾對外科手術的需求頗大。

二〇一五年起，菲律賓國際醫療的地點由呂宋島改到二〇一三年十一月強烈颱風海燕橫掃的中部島嶼——薩瑪島（Samar），連同 Calbayog 的聖嘉民醫院，也到車程四至五小時的薩瑪島南部的其他更偏僻的村落行醫，如曾受海燕颱風重創的 Tinaogan、Cambayam 及 Tacloban（獨魯萬）……等地區。即使當地政府的重建已一年多了，仍可見當時重創的痕跡，令人不捨，也令參與此次義診的同行團員不勝唏噓，更珍惜台灣的生活。

薩瑪島的服務一直到二〇一八年從未間斷，地點也在靈醫會當地的神父 Renato 的安排下，從南部逐漸往北部地區轉移，服務的項目也更加全面，甚至也會結合當地醫療團體的義診一起合作，設備也慢慢齊全，包括超音波及手術用的電燒刀，對於當地民眾的需求及醫療的安全性也進一步提升。二〇一八年開始，菲律賓的義診服務增加一場，除原本的薩瑪島，增加到民答那峨島的 Mati 及鄰近村落，即三月及七月各一場，服務內容差不多。

除了進行義診之外，自二〇一七年起，醫療團也開始記錄義診當下無法解決或治療的個案，作為隔年義診的募資或攜帶醫療儀器或器材種類的參考，然而也發現多數病人主要還是因為負擔不起昂貴的醫療費而放棄就醫，這也讓我們思考是否與當地的醫院有更多合作模式，例如轉介來台就醫（困難個案），或是徵求有經驗的醫師至菲律賓當地利用當地的設備（無償或優惠使用）協助治療事宜。

❖跨院合作，達成使命

二〇一八年是羅東聖母醫院國際醫療重要的一年，二〇一七年的追蹤名單中，有一位名叫 Francis 的病童，出生即罹患鼻額部腦膨出，合併水腦症及顱底骨頭缺損，腦膨出越來越大，同時造成腦部發展遲緩、眼震及溢淚……等症狀。當二〇一八年醫療團再度至 Calbayog 義診時，他們又來請求醫治，靈醫會國際救助 CADIS 執行長黃浩然神父得知後慨然允諾，並全力協助爭取經費，黃神父認為轉介 Francis 可以促進及建立本院外科跨團隊合作治療的模式，唯 Francis 病況複雜，經本院外科團隊評估若能到醫學中心接受手術是最恰當。

後來由臺北榮總的醫療團隊先治療好 Francis 的肝功能異常問題，再以先進的術前 3D 列印模組及腦內視鏡手術，歷時十小時，終於成功完成顱顏整形修補及先天性水腦症治療。為了術後的復健，羅東聖母醫院的治療師（物理及職能）也特地客製化地以英文幫 Francis 擬定後續的復健（教導來台學習後續照護的 Calbayog 專業人員），所有曾參與此轉介的同仁也都持續關懷他的進步情形，而我們也認為這是我們所得到的最大回饋。

在這過程，發現本院因為未通過國際醫療機構認證，故無法代 Francis 申請醫療簽證。二〇一九年馬漢光醫師接任院長後，便致力推動羅東聖母醫院通過「國際醫療機構認證」，並於當年九月順利通過，為未來轉介國際醫療任務的病人至本院治療取得入場資格。

❖馬漢光院長領軍，並帶領友院開啟國際醫療事工

二〇一九年七月國際醫療服務區域又拉回呂宋島 Boso Boso 及鄰近村莊，這次的服務由馬漢光院長領軍，而且首次有友院志工參與，包括永和耕莘醫院及輔仁大大學附設醫院的夥伴熱情地付出，讓我們體會到即使是不十分熟識的一群人，在耶穌愛人如己的教誨下，能緊密協同合作地服務他人。值得一提的是，這次的醫療服務在超音波及電燒刀的幫助下手術的時間更短，所以接受到手術服務的病人數也更多，更重要的是出血的風險更小，接受治療的病人受的苦更少，預後更好。

馬漢光院長（後排站立者左六）領軍的國際醫療團隊，納入友院熱血的醫療人員。

菲律賓炎熱的氣候也磨練著團員們的耐心，即使汗如雨下，夥伴們也絲毫沒有不耐煩，且不分專業別都相互支援與分擔，大夥默契般的角色輪替、互相幫忙；如同看見基督的肢體合力，為顯示我們同屬同一基督：「身體只是一個，卻有許多肢體；身體所有的肢體雖多，仍是一個身體：基督也是這樣。」（格林多／哥林多前書 12:12）

二〇二〇年原定三月出團，在所有準備事項完成後，卻在一月底爆發 COVID -19 疫情，使得國際醫療的服務事工被迫暫停，截至二〇二二年初似乎沒有停止的跡象。但 CADIS Taiwan 不只對於需要服務的國際病人的關注從未停歇，持續用具體的行動關注需要幫助的人們，包括台灣的偏鄉。（國際醫療撰文者：林子舜副主任）

監獄醫療與福傳——高牆現福音，醫病也耕心

我患病，你們看顧了我；我在監裡，你們來探望了我。（瑪竇／馬太福音 25:36）

靈醫會士們不會錯過耶穌命令中的每一項任務，其中一項「我在監裡」，就是要將耶穌的愛擴及監獄裡的兄弟姐妹。此外，耶穌也說：「我不是來召義人，而是召罪人悔改。」（路加福音 5:32）因此，醫療傳道的對象，不論在宜蘭或澎湖，自然不會忽略曾經有過犯行的人們！

❖矯正機關的醫療服務

受刑人（考量當事人的感受，之後將以「同學」稱呼）在一般人眼中總視為牛鬼蛇神，避之唯恐不及，然而在天主教靈醫會士的眼中就像是迷途的羊，徹底實踐耶穌的教導：「如果一個人有一百隻羊，其中一隻迷失了路，他豈不把那九十九隻留在山上，而去尋找那隻迷失了路的嗎？」（瑪竇／馬太福音 18:12）。

宜蘭監獄的醫療服務始於西元一九九六年；然而在此之前，靈醫會士就已進入監所開始監獄牧靈的工作。有組織性的投入始於一九八三年，創立「宜蘭監獄服務社」開始，但實際上在那之前已開始監獄牧靈的工作，也因為看到同學有醫療的需求，宜蘭監獄的醫療服務於焉展開。

二代健保醫療服務計畫於二〇一三年一月開始推動，為了落實照顧最小弟兄，羅東聖母醫院於二〇一二年底也義無反顧地提出相關計畫案，回應當時的中央健康保險局（後稱健保署）之政策。在那之前，從一九九六年起至二〇一二年十二月，聖母醫院則持續派遣醫師至監所提供公費門診。自二〇〇七年一月開始設置宜蘭地區唯一合乎獄方需求之「戒護病房」六床來服務須住院的同學，期間陸續擴床至九床，以符合宜蘭監獄的需求。

二〇一三年一月起矯正機關收容之同學的醫療正式納入健保局的醫療保險，基於教會醫院的使命，羅東聖母醫院毅然提出為期三年的第一期診療計畫，開始負責維護矯正機關同學的健康，除重新設置更符合監方需求的「專責戒護病房」十二床，並在二〇一四年七月增設中醫門診，於二〇一五年三月開設疥瘡隔離之特別診間及新增耳鼻喉科診。

二〇一六年一月聖母醫院繼續承接第二期二代健保醫療服務計畫，除了原本的專科診次之外，再增加女監婦產科（後更名為婦內科）、腸胃科腹超檢查診，並將心電圖報告電子化，且承作公醫門診（新收容人健檢）；次年將腸胃科診次增加為一．五診，並將皮膚科更名「皮膚暨整形外科」；二〇一八年再分別增加心臟科及外科診次為一．五診及二診。

二〇一九年起的第三期計畫除了將外科更名為骨科，同時新增眼科、泌尿科，為了改善診療及連線品質，開始規劃各診間設立對外連線之獨立網路。於二〇一九年四月完成光纖網路架設，提供監獄更穩定的連線服務品質。為了因應宜蘭監獄擴建後，收容人數將日益增多，基於監方的要求，院方也開始規劃擴充戒護病房，並於二〇二〇年正式啟用，擴充至總床數十四床。

二〇二一年羅東聖母醫院進一步配合衛生福利部疾病管制署潛伏結核感染、C型肝炎篩檢與治療計畫於宜蘭監獄辦理相關業務，每月增設結核感染治療專診及C肝專診，嘉惠無數收容人。

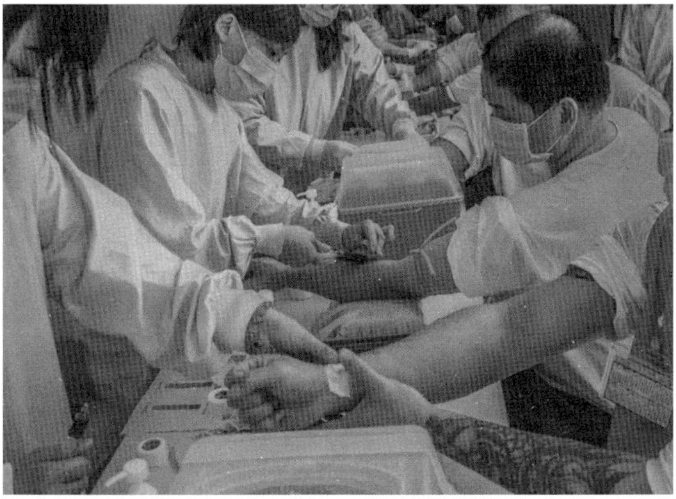

監獄篩檢業務。

❖矯正機關的牧靈事工

義人的正義在他犯罪之日不能救他；惡人的罪過在惡人悔改之日，也不會使他喪亡在他罪過中。（厄則克耳／以西結書 33:12）

如前所述，有關監獄的牧靈事工開始的時間，無法確認，只知至少超過三十年，相關的事工在靈醫會神父的帶領下從不間斷，且不侷限於單一的神父，比較常進監服務的靈醫會神父包括李智、楊家門及傅立吉神父。本著服務收容人如同服事主基督的情懷來關懷弱小兄弟，方式包括帶領天主教要理小團體班、工場佈道集體輔導、個別輔導……等，數十年如一日，結合醫療來提供每一位收容人身、心、靈全人最佳的關懷照護。

這些牧靈事工的進行方式也是多元的：每年聖誕節、復活節、母親節……等特別節慶，神父都會為收容人舉辦祈福彌撒，彌撒前神父為監所內的同學舉行和好聖事，並為教友收容人送聖體，也會不定時地舉辦大型福傳大會；每週三及週五，神父會帶領天主教的兄弟姊妹們在每個工場一起帶領同學們唱聖歌，聆聽神父傳授真理，在輕鬆的氛圍中，陪伴同學們生命成長與省思，曾經有數位同學因此領洗進入天主的大家庭。

出生於新竹天主教家庭，祖母與姑姑都是天主教友的賈同學，入監期間曾接觸基督教聖經，透過天主教在監所內的服務事工，想起自己過去曾經與天主的連結，開始積極尋找天主，主動寫信向天主教相關單位，強烈表達想領洗成為天主教友的渴望。雖然刑期超過二十年，他仍然如願於二〇一七年四月十二日由傅立吉神父在監所天主教聖堂為他付洗，非常喜樂的走入天主的大家庭，正式成為天主教友！

從關心收容人心靈的貧乏開始，進而體察到他們身心的需要，天主教靈醫會基於醫療傳道的使命，從不間斷且更不吝於投注資源來關懷迷途的羔羊，更希望這些同學能真切地體會耶穌的愛，如同耶穌的教導：「我告訴你們，一個罪人悔改，在天上也要這樣為他歡喜，較比為九十九個不用悔改的義人歡喜更大。」（路加福音 15:7）如此，藉著聖經讓「福音現高牆，醫病也耕心」。（監獄服務事工撰文者：林子舜副主任）

年輕醫師對醫院未來之期望——曾因觸動心弦，如今再續前緣

成功不在於贏過多少人，而是幫過多少人……不是賺了多少財富、寫了多少論文、生活品質多好，而是「我接觸並幫助過多少生命」。（台大醫院院長吳明賢）

❖第一次接觸

在十年前的一個活動，齒醫對鳥醫[1]說：「我報名了一個『迷走．建築』活動，聽說在宜蘭舉行，我們一起去參加好嗎？」拗不過每次想像都天馬行空的她，想起每次心中都會出現阻抗的聲音，只能勉為其難地順從著，但實際參與其中時，倒常發現頗為精彩、有趣，然後漸漸就跨出原本的舒適圈，徜徉在大自然之中。

依稀記得，我們住在羅東火車站前的一間非常破舊的飯店，在此和許多不同領域的朋友（賣酒的、空姐、家裡傳承當民代，當然也有本身是建築師的……）組隊討論行前活動。隔天騎著租來的機車，奔馳在冬山和羅東的田野間。

我們依序走過：冬山火車站、清溝國小、梅花湖、三清宮、冬山香格里拉、香和牛排、牛仔驛

1 編注：鳥醫意指泌尿科醫師，連醫師謙稱自己的名號；齒醫意指牙科醫師。

站、順安大榕樹下的柑仔店、利澤簡老街、利生醫院、冬山老街等地。其中最深受感動的地點，是「丸山聖嘉民啟智中心」，以及另一棟較大的建築體。偷偷探訪在丸山村山坡上的這兩棟建築之美[2]，外觀上雖已看不出昔日風華，但進入建築內，則發現裡頭格局都經過用心設計、建造，並未因當初是提供給啟智對象或肺結核病人而便宜行事。

在呂若瑟神父陳舊的辦公室附近，還遺落一幅病友鮮豔而狂野的畫作。突然間，腦海中持續映出神父和醫療人員正為病友們盡心盡力服務時的影像，心中為那過程所顯現出的偉大情操，感動不已。那時候的鳥醫，還不知道靈醫會的奉獻歷史是何種典故，但如此這般的感動，十年之間隨著投入台大醫院泌尿部訓練中每日的紮實繁忙，而逐漸埋藏心中。

❖決心來宜蘭服務

大學時期，最常拜訪宜蘭的原因，不是時下年輕人最常做的跨年民宿趴，而是去登山，從北宜公路到雪山隧道開通，見證宜蘭開發歷史的一部分。對宜蘭有些好感，部分也是來自上山之前、下山之後，都會去到東門夜市找美食。畢業後，對於能否去到東部從事醫療服務的念頭，一直隱約掛心頭，但也沒拿定主意。進入台大泌尿部、擔任總醫師期間，負責安排部內所有病患開刀和住院事宜，發現宜蘭鄉親去台北求醫的比例甚高。常在他們住院時，多聊一些在宜蘭的生活情境，帶著濃濃的人情味，讓當時疲憊的心多了一份舒緩時刻。

當鳥醫學成之後，正準備下山（台大醫院另稱為寶山醫院）行醫，搜尋一番，正當無適當處所可去時，發現靈醫會所屬羅東聖母醫院在招主治醫師，心中突然崩出這個熟悉的念頭：「就是妳了！」。初踏入聖母醫院時，濃濃的教會醫院氛圍讓鳥醫頓時覺得溫暖，加上員工們的團結努力，讓鳥醫覺得這是可以長久安身之地，雖然不是很熟悉的體系，但願意踏出舒適圈，嘗試用自己的熱情和技術，深入發展看看。

❖宜蘭的土很親，也會黏人

第一個迎接烏醫的季節，是宜蘭的標準冬天（後來聽在地耆老說那年還不太潮濕，還不夠經典?!）烏醫心想，我是來到什麼樣的地方啊？所幸，遇到好多跟烏醫很有緣份的病人，聊了很多、變成朋友，在診間我們一起哭、一起笑，一起在人生那麼多不確定裡，一起抓住些自主的能力。連家裡生了孫子、或今年梨山田地裡面豐收長了許多果子，都能跟烏醫分享生活中、或生命中的喜悅。漸漸地，宜蘭冬雨的濕寒，被病友們的熱情和在地人情味給暖了起來，還帶著甜甜的感受。似乎也稍稍體驗到當年靈醫會從義大利遠渡來台服務偏鄉的理想，也在自己身上扎下了根、並實現了那麼一些。

當年在台大泌尿部看到眾多宜蘭癌症病人，立志為他們提供自己醫術的理想也漸漸達成。在短短三年之間，為癌症病人們，完成二十多台微創腹腔鏡腎臟輸尿管全切除手術、蘭陽第一台微創腹腔鏡部分膀胱切除手術、以及蘭陽第一台膀胱全切除併迴腸輸尿管重建手術。雖然過程漫長且疲憊，但感謝病友們信任，讓烏醫得以在宜蘭用鄉親能信賴的團隊、技術和真誠的服務而穩穩地立足。

❖對醫院未來的期望

靈醫會七十年來在宜蘭開枝散葉、建立良好的基礎，先後有眾多神父、修士和修女的奉獻服務，將醫療帶進偏鄉；而現今的醫療科技發展越來越快，不只先進微創手術能治療提供病人面對癌症治療的另外選擇，還有標靶與免疫治療藥物，也是精準醫療不可或缺的未來發展目標。

如何將此類先進醫療引進宜蘭地區，並做出卓越品質，能讓鄉親信賴，的確是一項不小的挑戰。但是，烏醫相信，將此類進步的醫療任務建立起來、並努力執行，對目前宜蘭泌尿界而言，就

---

2 編注：此棟丸山村身坡頂上的「聖嘉民啟智中心」建築物，原為靈醫會修道院；旁邊較大的建築體為丸山療養院，或稱聖母醫院丸山分院。

（左）談笑用兵的馬漢光院長。（右）頗有衝勁的年輕醫師連繼志。

和當年靈醫會會士服務的精神一樣，雖然辛苦，但只要是病人有需要，就該全力以赴。反觀這三年來認識靈醫會的過程和相處經驗，烏醫給妳如下深深的祝福：靈醫會第一個七十年走的是「廣」：廣泛的愛與服務；而接下來的另一個七十年，願妳走的是「深」，能更深入疾病與生命的本質。（泌尿科連繼志醫師）

❖羅東聖母醫院之未來展望——馬漢光院長

因為人子，不是來受服事，而是來服事人，並交出自己的性命，為大眾作贖價。（馬爾谷／馬可福音10:45）

想像一條原本浪濤滾滾的江河，順暢地蜿蜒流過大地，直奔大海而去，交織成一幅生生不息的美麗圖騰。有一天，因嚴重旱象，山上源泉耗竭，大地乾涸、塵土飛揚，原本身處其中的生物奄奄一息。許久之後，天主垂憐，普降甘霖，源泉再度豐沛，江河再度浪濤起，大地生命重新熱鬧非凡。

七十年前，天主教靈醫會以一個完整醫療團空降台灣宜蘭、澎湖，猶如從天降下一道豐沛的源泉，完全滋潤當時正處醫療資源匱乏、經濟貧窮、心靈空泛和人命脆弱的乾涸大地。七十年來，他們學習耶穌的樣式，在台灣不是來受服事，而是來服事人，甚至交出自己一生的性命，完全投入耶穌所交代的使命：「醫治病人，傳揚福音」。

靈醫會所創立的羅東聖母醫院、澎湖惠民醫院、礁溪杏和醫院及各式樣的長照機構，秉持使命，除了傾全力提供急重症醫療、社區醫療、偏鄉和離島醫療、長期照護與國際醫療等高質量的服務，同時於平地、山區和離島普傳福音，豐富人民的心靈資源，甚至給予救濟物資、造屋、修路、建港，改善貧民的生活水準。

除了高舉靈醫會之光，持續照耀宜蘭、澎湖、離島偏鄉之外，我們期待能在羅東聖母醫院添加更多現代化元素，來增艷靈醫會未來七十年的圖騰。

一、資訊現代化：是未來必須要發展的重要方向。我們於二〇二二年一月一日轉換為新的醫療資訊系統，這是聖母醫院資訊現代化的第一步，透過長庚醫院體系的協助，希望能踏入AI領域，加速醫院和各機構的發展步伐。

二、提升硬體設備：本院共四棟醫療大樓的功能定位，分別為內科暨防疫醫療大樓、外科醫療大樓、急重症醫療大樓和老人長照醫療大樓。我們也希望加速醫療設備及病房現代化，與資訊化同步更新，讓醫療團隊有更先進、高效能的軟硬體設施和設備，期待近期內就能讓民眾對聖母醫院所提升的服務質量刮目相看。

三、管理制度資訊化及制度化：董事會已有很清晰的方向，希望靈醫會在台的所有組織，包括醫療、教育、社會福利、長期照護等，能在一個法人制度下，透過資訊化的協助，互相串聯、互相分享、共同合作，發揮更強的綜效來服務民眾，雖是一項艱鉅的任務，但我們承諾使命必達。透過羅東聖母、礁溪杏和及澎湖惠民三院整合，成為靈醫會開啟整合的首塊奠基石，並為光明的未來鋪路。

四、人才培養：此為教會的強項，未來整合聖母專校和三家醫院的共同發展，也是重要契機，醫院具體提出人力需求的質和量，學校也能此為發展科系和招生的依據，其他包括教學、研究、創新，都是彼此合作的重要方向。唯有穩固強力的合作，才能共創雙贏局勢。

五、創新服務：聖母醫院在醫療服務已有亮麗成就，偏鄉服務也是全國知名的強項，未來偏鄉醫療會完全整合遠距醫療，走向更優質的整合式服務。過去注重疾病治療，未來更應以健康服務為優先考量，定期為民眾偏鄉進行衛生教育、健康檢查、建立轉診綠色通道，甚至提供 Uber 級配藥系統。當然離島醫療的提升，尤其澎湖地區，更是靈醫會責無旁貸的工作，在合理的薪資與待遇下，我們會繼續培養有熱忱的醫療團隊，支援惠民醫院的醫療與長期照護服務，落實全力支持前線作業的理念。

眾多靈醫會外籍神父來到台灣，篳路藍縷、無盡奉獻，七十週年回顧起來，功績斐然，實在感人肺腑。未來七十年，我們必定會學習神父們愛人如主、犧牲奉獻的精神，服務眾人，更應傳愛給更多需要我們幫助的最小兄弟姐妹們。

至於當我們更加壯大時，是否也能飄洋過海、同樣用一生無私地奉獻？看著靈醫會士們一生的表現，我們可以很肯定地說：「在人所不能的事，在天主卻能。」（路加福音 18:27）

第18章

澎湖惠民醫院歷史與重建計劃

偉大的模式永遠不變。不是恐懼，而是愛；不是幻覺，而是愛；不是自我保護，而是愛。健康的信仰，永遠是關於愛。

——理查．羅爾神父

馬仁光修士於一九五三年，被派往落後的「菊島」澎湖，提供醫療服務。當年澎湖縣人口近五萬人，馬公市即占三萬四千人，居民以捕魚及務農為主。六十多年前漁村農務的生活困苦，加上各式傳染疾病甚多，如霍亂、肺病、痲瘋病、小兒麻痺等。一九五一年，聖母聖心會王雅哲及劉蔭民修女在馬公創立瑪利診所；一九五三年至一九五六年期間，則由靈醫會馬仁光修士接手經營，並開展澎湖的醫療傳道服務。

瑪利診所——貧民施醫所

馬修士在澎湖的披荊斬棘，加上羅德信神父在隔年八月的加入，定期在窮鄉僻壤進行巡迴醫療，為貧病者設置「貧民施醫所」之外，並與當地居民共同修建碼頭及翻修村落數十條的聯外道路，甚至協助修建住屋，深刻地融入當地的生活。因此，當年的「瑪利診所」，不僅是看病求診，更是與居民博感情的所在，深獲居民信賴。

澎湖惠民醫院正式成立

隨後因應居民及病患愈來愈多的醫療所需，一九五七年將「瑪利診所」擴建為一棟二層樓大廈，改名為「天主教靈醫會惠民醫院」，並由羅德信神父擔任第一任院長，直到一九七一年。馬仁光修士於一九五九年返回羅東聖母醫院，在澎湖的醫療服務，總計六年。一九七二－一九七三年由達神家神父擔任第二任院長。一九七四年至一九八三年則由王理智神父接任第三任院長。

夏明智修士出生於義大利米蘭附近的克雷蒙納，專長護理，是一九四六年第一批抵達中國雲南的會士之一。於一九五三年，和羅德信神父一起奉派到澎湖，早期先協助馬仁光修士看病人，配藥、傷口換藥。之後，則在開刀房及病房服務。於一九六六年，被調派至泰國照護痲瘋病人，在澎湖工作長達十三年；於一九九三年過世。

目前的澎湖惠民醫院。

鮑志修士出生於義大利米蘭附近的布里安，專長護理，於一九五四年和李智神父一起來台，隨即抵達澎湖，和馬仁光修士共事；兩年後因病返回義大利療養。一九六四年再度和謝樂庭神父來台，於聖母醫院工作兩年後，一九六六年轉到澎湖馬公醫院服務，接任夏明智修士職位，長期和王理智神父共事。鮑修士在惠民醫院身兼數職，除了是王理智神父開刀房得力助手之外，還兼做麻醉師、總務、廚房監工、消毒器械。一九八四年之後，則跟隨何義士修士進行醫療業務。直到一九八七年，因病返回義大利，在澎湖工作長達二十一年；一九八八年病逝。

一九八〇年為配合政府醫療政策及因應人口老化、慢性復健醫療的需要，經各神父、會士積極奔走國內外募款，將院區擴建至五層醫療大樓，病床數由六十五床增至一百二十床，成為澎湖地區不可或缺之醫療、養護及復健中心（有物理、職能、語言等完整復健團隊等），有別兩家公立醫院，發展出自有特色之地區醫院，提供縣民另一種醫療服務。

一九五八年何義士修士選擇遠赴澎湖服務，並擔任副院長兼醫師。一九七三年至一九八三年前往三重聖母診所服務；一九八四年何義士修士再度回到澎湖惠民醫院，擔任第四任院長，直到一九九九年八月十五日逝世為止。

惠民醫院收容不少痲瘋病患、小兒麻痺、肺癆病患。除了醫院固定的診療業務之外，經常派一位醫師與護士到鄉下巡迴施診，之後則固定在白沙鄉通樑村設立醫療站，以嘉惠鄉民。醫院全體員工本著基督仁愛精神，聖嘉民服務態度，發揮個人愛心、耐心，為求醫的病人服務，頗受地方長官及縣民讚賞。

一九九五年至一九九八年期間，由高國卿神父接手惠民醫院的行政管理；適逢全民健康保險於一九九五年實施，為因應澎湖地區人口高齡化以及老人養護之需要，遂於一九九六年七月在醫院二樓開設護理之家五十床。一九九七年，三樓則受社會處及台南教區委託，設置重殘養護中心三十床，以照護重症老年病人，以多元化之經營持續服務澎湖鄉親。

委外經營期

一九九九年至二〇〇二年委由台北教區耕莘醫院經營，借由耕莘醫院社區服務的經驗，朝向長期照護的方向努力。二〇〇三年與中山醫學大學附設醫院訂定醫療合作策略聯盟，以提昇醫療品質，之後並轉型為慢性病醫院。二〇〇三年至二〇〇五年由陳振宇醫師擔任院長；二〇〇五年至二〇一〇年則由蕭天源醫師擔任院長。二〇一〇年九月重殘養護中心改設為護理之家由五十床增為九十床。

回歸靈醫會

於二〇一一年回歸靈醫會羅東聖母醫院經營管理，由聖母醫院蘇發祿當負責醫師。二〇一三年至二〇一五年由復建科鄭光志醫師擔任院長，並率領復健科團隊共同經營，擴展醫院及開發社區復健中心，經營得有聲有色。之後，再由神經內科陳仁勇醫師於二〇一六年至二〇二一年擔任院長，不僅將惠民醫院的經營轉虧為盈，還增設居家護理的業務。並且以他親民的作風，帶領惠民醫院進一步建立地方聲名。

由於澎湖已經有兩家大型醫院（部立澎湖醫院、三總澎湖分院），教會醫院的任務著要在於慢性病的處理、術後復健及照護、護理之家的長期照護等。此外，兒童早期療育則是惠民醫院長期的強項。

近兩年，陳院長忙於主導惠民醫院異地重建的企劃、募款事宜，目標是要募集五．五億元，完成醫療暨長照園區的興建，希望給澎湖生病的老人一個未來的幸福居所。陳院長也建議未來院務應朝亞急性、社區及長照等方向發展。由於年事漸長（六十三歲）、接近退休年齡，且已經在澎湖奉獻超過八年，雖然陳院長的夫人王怡靜醫師，也定期前往澎湖從事兒童精神科及早期療育服務，但與孩子們聚少離多，犧牲許多全家人團聚的幸福。因此，計畫卸任院長職務，並許諾再待一年，順利完成所有醫療及行政業務交接之後，再回台灣。他們犧牲奉獻的精神，為靈醫會再添美事一樁。

此外，陳院長在默默的努力之下，對靈醫會足跡的紀錄，也頗有出色的成績，特別是編著《大醫師 Oki 范鳳龍》、《聖嘉民與媽祖的巧遇：靈醫會在澎湖一甲子的故事》兩本書，並共同翻譯羅德信神父著作《台灣海峽中的澎湖：風和沙之島》。

這些維護澎湖鄉親健康的努力典範，除了會士、羅東聖母醫院來的醫師之外，也有許多其他醫院支援的醫師，共譜風沙之愛，包括陳振宇、蕭天源、鄭武宏、曹傑漢、阮義賢、侯武忠、林永哲、杜元坤、王永文等醫師。此外，還有許多其他在地的醫護人員，如下所詳細介紹的典範人物——鄭明滿女士之外，也有許許多多的護理師、復健師、志工朋友們。

誠如正在護理之家服務的護理師林姿妤，她對自己說：「我沒有怨言，我甘願。」也對著丈夫說：「只有犧牲你，我才能成就護理之家。謝謝你原諒我，也謝謝你成就我做該做的事情，一個人來到這世上，肯定有他的使命，我必須做……看見老人家的笑容，同仁志工們的微笑，就是我最大的成就感。」

這些都是聖嘉民精神！

重建計畫：一起去澎湖，那裡很需要我們

何義士修士生前曾說：「台灣社會已經成長、茁壯了，但還有須多角落需要大家關心……我老了，但願有更多台灣本土醫師能到澎湖服務，照顧那些孩子赴台打拚、無人承歡膝下的老阿公、老阿嬤們。」

如今離島的人口老化速度加快，衍生的醫療照護問題也因此愈顯嚴峻。澎湖的失智失能者，預計在六年之內達到四千多人，然而，現有的長照機構，僅能提供不到三百張床位。惠民醫院是目前澎湖最大量能的長照機構，但六十三歲的它，建築主體已經老舊到必須覓地重建的程度。以澎湖縣老年失能失智人口的成長及澎湖長照暨醫療資源的不足，再加上惠民是澎湖目前最大量能的住型長照機構，唯有重建惠民醫院，才能繼續妥善照顧澎湖鄉親。

澎湖惠民醫院遷建新院立體設計圖。

靈醫會希望打造一座可以服務澎湖近一百六十位（住宿九十九位、日照六十位）長輩的長照家園，以及提供居家長照每年兩千四百人次的服務；打造一個長照、門診、住院、透析、復健及居家護理等醫療長照兼顧的園區，希望屆時醫療照護涵蓋層面能較現在更為充足。

❖五．五億重建經費，呼籲社會各界一起幫忙

澎湖惠民醫院新的醫療暨長照園區，規劃有一棟四層樓長照專區，以及一棟五層樓的醫療專區，總樓地板面積為三千五百八十三坪（一萬一千八百四十二平方公尺），總興建經費為新台幣五億五千萬元。這個建築費經費其實遠高於本島同水準建築、基地的興建費用，原因是建材、運費以及工程人員都需要從本島支援所致。

澎湖惠民醫院重建計畫關係著離島失能、失智長輩的醫療與照顧，是歷年來澎湖非營利機構最高的勸募金額。因為嚴重特殊傳染性肺炎（COVID-19）疫情影響景氣，使得募款更形困難，於是天主教靈醫會大家長呂若瑟神父特別邀請鍾安住總主教及陳建仁前副總統，一起公開向社會請託，希望大家一起來關心離島長輩、一起幫忙澎湖重建惠民醫院，共同完成這個照護園區的夢想。

將近七十年來，神父和醫療人員們在澎湖除了貢獻醫療

知識，更陪伴居民走過戰後的艱辛歲月，協助完成港口、醫院等基礎建設；從幼稚園的學前教育，到惠民啟智中心的身障服務及目前惠民護理之家的長照服務。所有人的努力，都只是為了提供澎湖更全方位的醫療與長期照護環境。重建之後的未來，也將日日守護著菊島土地的居民，讓這個社會變得更美好。

二〇二一年十二月二十八日，澎湖惠民醫院舉行遷建動土典禮，當天在場的嘉賓都領受天主所顯神蹟，因為就在典禮那兩小時，是澎湖八天以來首見「雨停、風止、藍天白雲」。典禮之後，天空又是烏雲密佈，狂風再起、雨勢不止。

未來展望——張明哲院長

故人不獨親其親，不獨子其子，使老有所終，壯有所用，幼有所長，矜寡孤獨，廢疾者，皆有所養。（孔子．禮運大同篇）

二〇二二年，由胸腔內科張明哲醫師接任院長，任重道遠，攸關惠民醫院的重建、醫療與長照服務遠景的規劃與執行。

❖重建計劃的願景

建構一個完整的健康醫療暨長期照護園區，充實惠民醫院之醫療服務人才及軟硬體設施，並整合長期照顧服務體系，永續提供病人醫療和長期照顧服務。

❖醫院經營策略與計畫

一、積極招募醫師、護理師及長照人才，提供更完善的醫療和長照服務。

張明哲院長（左）與前任陳仁勇院長。

二、與衛生福利部澎湖醫院及三軍總醫院澎湖分院建立更密切的醫療交流，讓病人能得到更完整的醫療服務。

三、和基層診所密切聯繫，提供需要住院的病人最妥善的治療。

四、附設惠民綜合長照機構可提供住宿式、社區式和居家式等長照服務，以充實澎湖縣所缺乏之長照設施與服務，達到「安養在地化」之全方位長照服務目標。

五、醫療大樓新建工程竣工啟用之後，充實醫療人力，以增加急診服務、開刀房和透析中心，擴充惠民醫院之醫療服務能量，改善偏鄉地區就醫之方便性。

六、針對惠民醫院之復健醫療專長，提供急性後期照護服務，讓中風復健的病人，都能得到良好的醫療照護。

藉由長照團隊的協助，賡續靈醫會會祖聖嘉民「以病人為中心」的照護模式，使「老有所終、幼有所長、廢疾者皆有所養」，意即發展「以家庭為中心」的照護模式，讓澎湖老人多能安順地在家老化，並協助發展遲緩兒童能發揮所長，融入學校及社區生活當中。必要時，廢疾者也能在機構中獲得妥善照護。

典範人物

❖王理智神父

王理智神父（一九三四－二〇二〇）於一九三四年出生於義大利特倫托省的巴榭卡，十六歲加入靈醫會，二十五歲晉鐸神父。他在巴杜亞（Padova）醫學院學習外科醫學，於一九六八年來台到羅東聖母醫院服務，與范鳳龍大夫共同從事外科手術業務達三年。之後來到澎湖惠民醫院擔任院長長達十年（一九七四－一九八三），後因非洲醫療傳道需求，而奉派到非洲肯亞，在當地擔任靈醫會附設醫院院長職務。

王神父外科技術精湛，什麼刀都能開，除了骨折、胃穿孔、盲腸炎、腸阻塞，連婦科腫瘤或難產手術也行。惠民醫院女員工就有幾十個小孩是王神父親自接生。王神父對病人慷慨，家境有困難，就減免醫藥費，對自己卻超級節省，充分展現所謂「神貧」的境界——襯衫領口磨破了，就自行縫好、繼續穿；毛衣手肘磨破了，就做了補丁，自稱義大利最新流行；鞋底掉了，竟用外科針線縫合、續穿；皮箱帶子斷了，就用繩子綁起來、繼續使用。

王理智神父（右一）。

王神父曾於二〇〇五年回來澎湖探望老同事，他表示自己已經七十多歲了，仍得繼續在肯亞為病人開刀，並感嘆地說：「非洲更缺少醫師，肯亞自己的醫師都出走到美國去為美國人看病，很少人願意長期留下來。

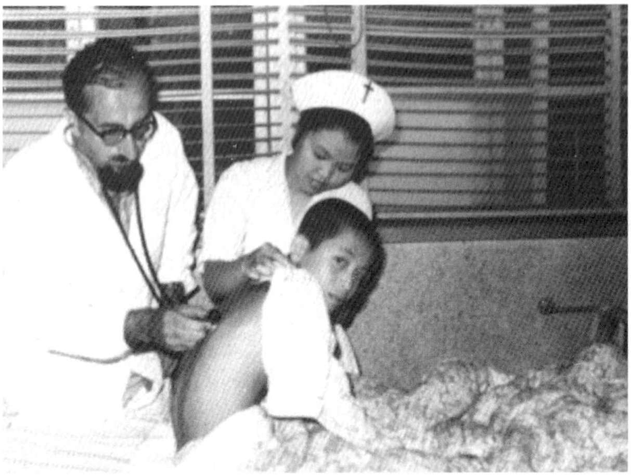

（左）年輕的何義士修士診治病人。（右）何義士修士（右一）與父母合影。

沒辦法，哪裡有需要，我就到那裡去！」

❖何義士修士

何義士修士（一九二四－一九九九）出生於義大利維內托省維琴察，從小就立志要到國外為需要幫助的人服務。十二歲就加入靈醫會、二十歲正成為會士，畢業於羅馬馬爾大醫專，並正式成為醫師，一九四七年發永願、並奉派前往中國雲南服務。一九五三年擔任丸山療養院院長，一九五八年前往澎湖服務。

何修士為台灣奉獻的四十六年歲月當中，有三十一年是在澎湖度過。可分成兩期，第一期是從一九五八年至一九七三年，為惠民醫院的成長期；第二期是從一九八三年至一九九九年過世為止，為惠民醫院的轉型期。中間的十年（一九七三年至一九八三年）則由王理智神父接任院長。一九七四年至一九八二年，何修士轉赴三重聖母診所服務民眾。無論多冷的天氣，只穿一襲花襯衫、騎著腳踏車、整天笑容可掬的態度，獲得大家的愛戴。

如果歌手潘安邦對澎湖灣留下的印象是：「陽光、沙灘、海浪、仙人掌，還有一位老船長。」那何修士給澎湖人留下的深刻印象，就是：「大鬍子、幽默感、腳踏車。」這大鬍子的來由，源自於母親的叮嚀：「維護神職人員最好的方法，就要像個有愛心的老者。」於是，何修士從年輕時期就開始留鬍鬚，因為他自幼即立志做個有愛心的人，也真正成為形象良好的神職人員。

一九八三年，何義士修士再度回到澎湖惠民醫院，接任院長的繁重職務。遇到貧苦鄉民罹患重病，何義士修士不僅醫治、照顧到底，在危急、需要輸血的時候，也總是帶頭輸血給病人，醫療費用更是酌情減收或是分文不取。他的愛與真誠，獲得澎湖人民的尊敬與認同，於一九八五年成為澎湖縣的榮譽縣民。

在惠民醫院服務的幾十年來，何修士體貼醫護人員的辛苦，但又不放心病人的疾苦，總是堅持親自值夜班，讓醫護人員回家休息，他自己卻一天廿四小時，不限時、地為病人看診。不論多晚，只要有病人求診，他都能在極短的時間內，一改疲憊為煥發的容顏，以笑臉面對病人和家屬。因為他堅信，醫師給病人的信任具有最佳的療效。

他在人生的最後七年，則馬不停蹄地奔波於大陸、台灣和義大利三地之間，以便募款籌建雲南省的康復村（即痲瘋病醫療康復中心），其愛心與毅力令人折服。一九九九年八月十五日，何修士突然與世長辭，讓人扼腕不已。統計何修士一生在羅東及馬公所捐的血超過三萬七千五百西西，這些血永遠都摻和在台灣人的體內，也永遠烙印在台灣人的心中。

❖鄭明滿女士

> 我們所得到的愉悅通常經由感官而來，屬身體層次；而幸福是一種正向情緒，屬心理層次；福佑則比愉悅及幸福來的更高階，屬靈性層次。（馬克．法瑪多）

鄭明滿女士剛滿二十歲就進入澎湖惠民醫院服務，前後總共待了四十二年，是最資深的護理人員，經歷會士們的來來去去，可謂惠民醫院的活字典，對所有惠民醫院的大小事都瞭若指掌。她學習

被暱稱為咪咪姐的鄭明滿女士（左）。

會士們的服務精神，長期秉持「天使心、聖母手」的信念，無怨無悔地照顧重殘和失能的病人。是全院公認的「護理楷模」：「有咪咪姊（鄭明滿的暱稱）在，惠民就像是老殘病人的天堂。」隱約讓人看見丸山療養院柏德琳修士的鏡影。

幼年時期，就看見義大利傳教士們總會帶著許多餅乾、牛奶，挨家挨戶分送、並傳揚福音，小朋友則好奇地跟在他們後頭，對他們的愛心舉止留下深刻印象。成年之後，因家庭變故，父親驟逝，頓失家庭支柱，為分擔家計及供手足繼續升學，因而進入惠民醫院擔任護佐。

由於僅有小學畢業，對護理工作全然陌生，只能謹記母親叮嚀：「病人住院，並非像住旅館，做護理工作就要解決病人的痛苦。」相當精準的期許。於是努力在白天做著照護病人的工作，晚上則勤奮閱讀護理及醫藥相關書籍，為自己的學識自主充電。之後，又曾去到婦產科病房、外科手術室擔任流動護士，經年累月之下，竟然成為相當稱職的得力助手，為外籍醫師讚嘆不已。

此外，她也會隨著會士醫師出訪，下鄉或前往離島義診及探望貧病患者。實況如下：會士醫師走在前面，咪咪姊手提醫師的往診公事包和藥品跟在後面；到病人家時，如果遇到獨居或行動不便的獨居老人，除例行看病、包藥、處置之外，全體人員還會捲起袖子，幫忙打掃居住環境，幫老人洗澡和洗頭，甚至還會幫老人四肢做簡單復健，可謂「居家醫療、居家護理、居家復健、居家服務、到宅沐浴」全方位服務，領先台灣長照服務數十年。

問她為何能在惠民醫院待這麼久？她的回答如下：

主要還是歷任院長的精神感召，在早年澎湖醫療匱乏時代，居民健康照護完全靠著惠民醫院的外籍醫師們，特別是創院的羅德信神父、馬仁光修士，之後的呂道南神父、何義士修士及王理智神父。他們基於對天主的信仰，盡心盡力照顧天主的子民。病人開刀需要輸血，就立刻挽袖捐血；沒錢買營養品，就偷偷塞錢給他們。看到外籍人士如此真誠的奉獻一切給澎湖居民，我身為澎湖人，哪能不多盡本分，一起來照顧自己的鄉親？

就一般護理人員對病人的照護，身心上多少會保持適當距離，但咪咪姊卻常彎著身、抱著病人聊天，既像個呵護孩子的母親；另一方面也常會在老人家耳邊噓寒問暖，又像病人的女兒一般親切。從她身上所看到的，就是聖嘉民的服務精髓，全人身心靈的照護，令人感動。

從病人的口中，是這麼形容咪咪姊：

我住過的護理之家不下五間，從未遇過像惠民這樣的病房，乾淨到看不見一隻老鼠、蟑螂的蹤影，甚至聞不到尿騷味。咪咪姊就像惠民醫院的大股東一般，否則怎會對一願的工作如此地投入。有她在的地方，病人就如同住在天堂，如果哪一天醫院沒有她，大家可能要去跳海了。

從家屬的口中，是這麼形容她：

正因為鄭明滿非常有愛心及耐心，許多被照顧的病人和家屬覺得自己是上輩子燒好香，才能獲得如此比親人照顧還更無怨無悔的照顧。

如此高度一致的讚譽，咪咪姊當之無愧。事實上，咪咪姊一直保持單身，四十多年幾乎以院為家，此種犧牲奉獻的精神，如同神父及修女，也可稱為沒有帶神職的全職奉獻。當被問到為何不結婚？她只是簡單地說著：「如果結婚，就會一直想著早點下班照顧丈夫及兒女，但是在醫院，卻有更多人陪著我一起分享、一起成長。」完全復刻著靈醫會士及修女們的精神無誤。

晚年的鄭明滿這麼說著：「人都有生老病死，總有一天我也一樣需要別人的照料，現在我還有能力照顧別人，就要懂得珍惜。」同理心不只是用說的，她就是用行動說明了一切。她於二〇〇六年獲頒第十六屆醫療奉獻獎，實至名歸！

從她的身上，也讓我們看得到台灣的未來與希望，畢竟真有不帶神職的台灣人，願意穩健踩著外籍會士們的足跡，一步一步地走入受苦者的內心，成為走動的福音書。

第19章

礁溪杏和醫院與大溪聖母診所

病人之僕修會，教會活的一部分，藉著會祖聖嘉民，從天主領受恩寵，在世界上為基督對病人無窮愛德的臨在作證。

——靈醫會一九八三年新會憲

靈醫會接手礁溪杏和醫院的緣由，除了蔣政德院長年邁、萌生退意之外，主要還是考量蘭陽溪北民眾的醫療照護，特別是偏遠地區的貧病者的關顧，後者是靈醫會主要的考量。因此，頭城大溪的無醫村提出設立診所的邀請時，靈醫會同樣義無反顧地勇於承擔。

這些決定背後，絕無一般財團醫院的擴張野心，也無所謂的成本考量，有的都只是「如何能照顧到最小兄弟」的傳承目標。

歷史沿革

礁溪杏和醫院前身為杏和診所，由骨科醫師蔣政德醫師於一九八七年創立，一九九五年正式升格為地區醫院。二〇一一年八月，由天主教靈醫會接手經營，並任命胸腔外科胡茂華醫師為首任院長，經營得四平八穩。於二〇二〇年完成法人化，正式納入「天主教靈醫會醫療財團法人」的大家庭，為了營造新氣象，指定身材高大、個性沉穩的神經內科溫金成醫師，於二〇二二年接任第二任院長的職務。

（左）溫金成院長。（右）礁溪杏和醫院位於宜蘭的溫泉鄉礁溪。

傳揚天主是愛

杏和醫院的使命為「醫治病人，傳揚福音」；願景為打造溫馨、慈愛與信賴的社區醫院；目標是成為宜蘭溪北社區民眾健康的守護者。

杏和醫院由聖母醫療團隊進駐服務之後，至今無論在醫療及社區服務相關活動，均得到地區民眾與政府機關的肯定；除提供專業醫療服務，滿足民眾就醫需求外，更以實際照護行動回饋礁溪及頭城的鄉親，盡力成為民眾信賴的社區醫院，成為蘭陽溪以北社區民眾健康的守護者，以提供溪北地區居民身心靈更妥善的守護。

自二〇二〇年八月一日起正式更名為「天主教靈醫會醫療財團法人礁溪杏和醫院」，而羅東聖母醫院長期與杏和醫院有著數年互相支援之合作經驗，雙方的醫護人員亦已建立深厚的合作互動關係，在醫療照護業務各科門診醫師支援、急診醫師支援、提供專業醫護、醫事人員教育訓練，提升醫院醫療品質、檢驗及檢體委託代檢合作、醫材及衛材聯採，提升採購品質或行政管理業務，雙方彼此經常互有交流及經驗分享。在聖母醫院團隊擴大駐診下，提供更優質的服務，繼續傳唱更多愛的故事，一起努力與祝福。

❖醫療特色

杏和醫院提供多元化的專科服務，包括復健部醫療照護的診治，也於二〇一二年成立血液透析中心，並提供社區醫療服務，以疾病「三段五級」的觀點出發，走入社區進行社區宣導健康教育、提供社區篩檢活動、社區醫療服務、社區持續的追蹤，早期篩檢、早期發現潛在疾病，加上後續追蹤、轉介到醫療院所，協助良好的健康維護。結合政府、民間相關單位現有資源、基層診所、社區養護院等，共同參與宣導工作，營造健康生活。

自二〇〇六年十月起，即長期提供雪山隧道緊急醫療及建立傷病患後送機制。除了擔負著雪山隧道緊急醫療事故第一線救護的重責大任，也肩負宜蘭縣礁溪、頭城兩個鄉鎮的醫療重任，但其急診病床數只有四床，卻需要應付每月一千兩百名的急診病患，人力資源非常吃緊。在宜蘭縣政府衛生局督導下，委由羅東聖母醫院執行衛生福利部之「緊急醫療資源不足地區改善計畫」，並和國立陽明大學附設醫院，輪流派遣醫師與護理人員支援其夜間及假日急診業務，此計劃確實大幅改善原杏和醫院的急診量能。尤其羅東聖母醫院的全力支援，使得急診量大幅提升，醫療業務及品質上均有顯著成長。

大溪聖母診所

天主教靈醫會始終堅持「照顧最弱小弟兄」，醫療傳愛的足跡踏遍蘭陽平原及偏鄉的每一個角落，醫療服務的範圍從宜蘭南端的南澳鄉山區部落，現將擴展至宜蘭最北端的頭城鎮濱海村落。北

大溪診所啟用典禮，左二為診所院長周桔源醫師。

頭城沿海之石城、大里、大溪、龜山、合興、更新等六個里，因醫療資源及人力缺乏，被稱為「無醫村」。

在宜蘭縣政府衛生局的徵求下，靈醫會神父們秉持著「哪裡有需要，就往那裡去」的使命，慨然接下重責大任，成立「大溪聖母診所」。即便有著虧損的可能，醫院團隊依然用最快速度於大溪找到一幢臨向太平洋、遠眺龜山島的老房，用短短兩週翻修成為這間最靠近太平洋的診所，並於二〇二〇年第一個工作天舉辦開幕祈福禮，開始為當地居民看診服務。

主責診療的周桔源醫師，診治科別有家醫科，更專長於乳房外科、一般外科、消化道外科等等，診所內設有超音波儀器，診療後可立即為病人於當地做檢查，減少至市區就醫之舟車勞頓。落實健保署推動分級醫療及雙向轉診政策，視病情將診所病人轉診至大型醫院接受進一步治療，以得到更完整的醫療照顧服務。

「大溪聖母診所」醫療團隊將共同努力，成為當地鄉親健康的守護者，無疑是改善頭城北端沿海居民醫療資源缺乏的一大福音。

未來展望——溫金成院長

杏和醫院建造至今近三十年，外觀已逐漸老舊與斑駁，內部設施設備及就醫空間與動線尚有諸多改善空間，需要努力提升優質就醫環境，營造溫馨的就醫環境及更完善的就醫動線，並透過積極規畫讓前來就醫的民眾，有著更良好的就診體驗。繼羅東聖母醫院資訊改良後，同步導入新的醫療資訊系統，預計二〇二二年中旬全面使用新系統，以促進提升醫療品質，為蘭陽鄉親打造友善的數位環境。

此外，會加強與羅東聖母醫院密切合作、增加醫師人力，並繼續尋求有意願到礁溪杏和醫院服務的醫師，期待招募足夠且穩定的醫師，提高照顧病患的人次。配合羅東聖母醫院人才培育政策，藉由線上訓練學習及到標竿醫院見習參訪，提升醫療從業人員及服務人員照顧技術訓練，醫療水準及服務品質必能更上一層樓。

在精進醫療服務方面，有以下四點的推動方向：一、推展職場醫療照護，並兼顧勞工健康、勞工家庭及公司機構團隊的健康照顧及醫療諮詢，成為礁溪、頭城地區職場的醫療支柱；二、提升醫療服務品質，積極開發老人醫療及居家醫療之範疇；三、結合區域養護院及相關醫療院所，提供老人（巡診、駐診、轉診）照顧服務、並整合復健治療及居家復健和生活輔具等服務；四、建立社區據點，結合政府計畫，提供社區老人照顧及居家環境改善和居家醫療服務。

以愛為核心的醫學傳承

羅馬神話中的醫神埃斯丘拉庇俄斯（Aesculapius）神廟，是世界上第一所醫學傳授學校，位於小山丘上，當時有來自世界的各國人到此習醫，以揭開治療人體疾病的奧秘，因此人們從而得著醫治。此神廟的核心位置，矗立著一座愛神維納斯的雕像，明示著雖然醫學發達，雖然一日千里，但並非一直都能由科技掛帥的行業，因為只聚焦「身體」，並無法有效觸及心靈的層面，難以得到完全的醫治。因此，必須不能偏離「愛」這個核心理念。唯有如此，醫學的傳承才會展現真正的力量，身心靈合一的治療，才會真正有效。

天主教靈醫會正是來自羅馬，透過耶穌、聖嘉民的啟示，傳承的就是這份「愛」的力量，透過身心靈合一的整體療癒力量，才能達成真正的醫治效果。

第五部

靈醫會所屬的教育及社會服務機構

秘克琳神父與蘭陽舞蹈團。

請眾吹起號角讚美他，請眾彈琴奏瑟讚美他！請眾敲鼓舞蹈讚美他，請眾拉絃吹笛讚美他！請眾以聲洪的鐃鈸讚美他，請眾以響亮的鐃鈸讚美他！

——聖詠（詩篇）150:3-5

第20章

聖母醫護管理專科學校

我的一生是位護士，我的一生也是一趟學習旅程，我每天做著該做的事……護理是單純的，不為更高的薪水，不淪為一場商業交易，只是在工作中愛人如己、服事神與服事別人。

——南丁格爾

靈醫會於一九五二年來台，並積極進行醫療傳道，成果豐碩。有感於醫療業務日益繁忙，護理人力嚴重不足之下，於一九六四年創立東台灣第一所的「聖母護理職業學校」，至於創校基金則來自「西德公教慈善基金會和羅馬靈醫會總會」。首任校長為來自台大護理系畢業的郭玉貞，引進優良師資，分別來自台大醫院、三軍總醫院、宜蘭醫院、馬偕醫院、台北醫學院及中山醫學院。初期只招一班五十人，學生包括天主教友、修女和其他來自全國各地年輕人，第五屆畢業生有十四位為男護生，主要是靈醫會修道院學生。一九六七年，由陳成陽接任第二任校長。

創校初期的溫馨場景

校友們回憶起當時的學校是全宜蘭最高的五層樓建築物，總喜歡爬上頂樓享受微風輕拂鮮嫩臉龐、遠眺一望無際的金黃稻田和蓊鬱山嵐，多麼愜意！神父們對學生的生活教育也極為重視，像是梅崇德神父總會精心策劃許多晚會和表演節目，舉凡迎新、送舊、聖誕、除夕晚會或話劇表演等，梅神父不僅擔任導演、編劇，連燈光、舞蹈、服裝、道具等，沒一樣難得倒他，透過這些活動，除了帶領學生進入藝術殿堂之外，更能讓學生們感受到梅神父的愛心。

此外，達神家神父、安惠民神父也總會在逢年過節，甚至尋常時候，準備紅包或禮物來鼓勵學生努力向學，讓同學們備感溫馨，使得愛的種子得以散播。校友們滿懷感激地說著：「因為被神父、修女和師長們疼愛過，曾經被愛，所以更懂得去愛。」

在創校之初，神父修女們平時除了在醫院照護病人，還得在學校授課、並照顧學生生活起居，幾乎天天以校為家，卻從不喊累。為了鼓勵從事護理工作的年輕人到校就讀，經常只收取些許註冊費，至於棉被、枕頭和每日餐食均免費供應。此外，原住民學生和家逢變故的孩子，會更受到神父修女們的悉心關照。至於神父修女們的智慧風趣，使得校園充滿著琅琅的讀書聲和歡笑聲，也是幸福學園的美好景象。

遷校於醫院旁的聖母護校。

聞名全國的泱泱大校

隨著學生人數日益增多，遂於一九七五年遷校於醫院旁的獨立空間。一九九三年，由陳明惠獲聘為第三任校長。此時，護理科已經增加到五班，還有其他科系共十班，學生人數達七百多人。二〇〇三年借調宜蘭大學吳銘達博士為第四任校長，並由靈醫會及學校董事會購買三星鄉土地、無償捐贈給學校作為新校地使用。

二〇〇五年，完成新校區建設，並正式改名為「聖母醫護管理專科學校」，禮聘李建興博士為改制後的第一任校長，並招

遷址到三星的聖母醫護管理專科學校（空照圖）。

收護理科五專、二專及在職專班共七班；此外還設有資訊管理科、餐旅管理科、化妝品應用與管理科及健康與休閒管理科各兩班，幼兒保育科一班，全校學生高達三千五百人。

獨樹一格的辦學理念、目標與具體措施

董事會先後聘請臺北醫學大學陳建志教授（二〇〇八年、第二任）、宜蘭大學吳柏青教授（二〇〇九年、第三任）、台北教育大學陳友倫教授（二〇一〇、第四任）、國立台灣體育學院許壬榮教授（二〇一四年至今、第五任）擔任本校校長。

學校以「聖母」為名，希望學生效法聖母瑪利亞「慈悲為懷」的美德、發揮基督「博愛」及靈醫會會祖聖嘉民「視病猶親」的服務精神，培養學生具備專業知識及人文素養、落實全人教育、陶冶學生樂觀進取及敬業樂群之態度，以服務社會、促進全民健康、造福人群為宗旨。

以「真善美聖」為校訓，「真」是誠懇踏實、真心關懷；「善」是祥和友好、善意待人；「美」是成長茁壯、美麗人生；「聖」是自我實現、聖化心靈。辦學目標強調 SERVICE（服務），培養學生畢業時具有 Skill（技術）、Ethics（倫理）、Responsibility（責任）、Vitality（活力）、Intelligence（才智）、Cooperation（合作）和 Excellence（卓越）的特質。

此外，在辦學理念與人才培育理念下規劃、並擬訂具體措施，以培育「服務（SERVE）有夠力（五構力——專業力、學習力、創思力、教學力、就業力）的橘色科技人才（健康、幸福、人文

關懷）」，並透過整合各科的師資、設備及課程等資源，以強化學生在校提升技術專業（Skill value-added）、規劃多元學習（Variety learning）、激發人文創思（Re-innovation of humanity）、規劃教學升能（Enhancement of teaching）、積極任事及幸福就業（Employment of happiness）等方式，進行科際整合以突顯本校致力於「醫護健康」的特色發展目標。

學校整體的辦校理念，確實服膺聖嘉民所創靈醫會之第四聖願「服務病人」，以及所定下「病人之僕人十誡」中所呈現的慈愛、真誠、廉潔、敬業與效能等價值觀。在創校初期，醫院與學校、醫護教師（神父修女）與學生一片和樂融融的歡愉景象，特別令人感動。

近十年蓬勃發展

二〇一八年，為校務發展所需，考量學校發展特色及現有校園校舍之軟硬體設施，配合宜蘭縣之縣政藍圖主軸，規劃完成「聖母生態休閒園區」，包括水域部份規劃有生態池（兼水上運動訓練中心），以及陸域部份規劃有露營區、停車場（兼陸域活動體驗場）及農事實習區等。

學校幼保科自二〇一六年至二〇一九年接受宜蘭縣政府委託辦理大隱社區「非營利幼兒園」、「壯圍親子館」、「三星親子館」，協助偏鄉幼兒照顧，提供學生實習機會。辦理各項社會關切教育活動，積極推動服務教育，運用所學投入社區服務，提升學生自信心，並學習應對進退的禮儀及激發關懷社區的熱忱，從做中學，踐履學校之社會責任。

「呂道南紀念大樓」（羅東校區）於二〇一八年三月完工，為五層RC結構，一樓設置停車場及美容美髮產學合作店；二樓為本校餐旅科自營實習餐廳、推廣教育中心、資管科電腦專業教室；三、四樓為護理科學生實習宿舍、五樓醫護人員宿舍（租賃給聖母醫院員工），以達到資產活用之目的。

學校除積極推動國際學術交流與產學合作外，二〇一五年起辦理國際實習說明會，繼之有餐旅科學生前往新加坡進行為期一年實習，其中二〇一八年餐旅科與妝管科學生、二〇一九年餐旅科學生至新加坡進行國際實習；教師並前往訪視了解學生在國際實習的狀況，藉此進行學術交流，拓展教師的國際視野，提升自我成長。

學校與「日本社會福祉法人元氣村關東福祉專門學校」、「日本學校法人明星學院浦和學院專門學校」二所姊妹校於二〇一七年至二〇一九年間皆有辦理參訪交流，二〇二〇年度之後則因疫情關係，僅採視訊方式交流。

未來展望

❖持續對外行銷「聖母生態休閒園區」之營運規劃

結合本校各科之專業師資與設備進行食農教育，跨領域辦理相關活動，提供學生理論與實務之操作，縮短學用之落差。未來將規劃結合鄰近之聖嘉民啟智中心、老人長照中心合作開發「銀髮族健康療癒」之休閒活動，彰顯醫護特色，持續推廣「聖母生態休閒園區」。

❖申請增設新科系

臺灣東、西部地區醫療資源分配不均、人口嚴重老化，東台灣民眾口腔醫療需求長期未能被滿足。本校位居宜蘭偏鄉，長期積極培育許多醫護人才，為服務鄉民以提升偏鄉醫療水平，因此，積極規劃於二〇一一年度提出「牙體技術暨數位應用科」申請；另因應未來AI人工智慧應用服務產業人才的大量需求，本校將積極規劃於二〇一一年度提出「人工智慧暨醫療應用科」申請。

典範人物

❖張文友神父

靈醫會士張文友神父（一九四七—二〇〇一）是宜蘭羅東人，少年時，受靈醫會士華德露神父言行舉止的影響而加入靈醫會，追隨會祖聖嘉民的精神，立志為病人服務。先後於天主教輔仁大學完成神學、哲學的養成教育，於一九七六年晉鐸神父，隨後前往義大利學醫，返國後服務於聖母護校。

張神父在學校期間，擔任總務職，與胞弟張文功一同努力於校務工作，兄弟倆每逢寒、暑假學生放假時，親自為修學生課桌椅、安裝設備（電扇、冷氣）等，親自爬上梯子修剪校園樹木花草，為學校修建圍牆，貼磁磚，焊接製造學校不鏽鋼鐵門並安裝，為所有教室粉刷油漆。凡此種種，皆替聖母護校省下了可觀的修繕費，學校主管機關來查訪，看到學校維修費用花費甚低，大感驚訝，這或許也是後來學校升格聖母醫護管理專科學校的時候，初期建校經費中，能籌出八千多萬經費的緣由之一。

張神父也很照顧原住民學生，有些課業落後的原住民學生，張神父都會在學生下課後，親自為這些學生作免費的課業輔導，以期能趕上課業進度，學生若有困難，找到張神父，他都會儘力的協助解決。

張文友神父（左二）。

張神父知道山地教友的辛勞，天不亮四點多，就必須在天裡工作，種植高麗菜、白菜……，冬天尤其寒冷，清晨田裡的高麗菜葉子裡，往往可以找到冰塊，山地田園裡工作的辛苦，可見一般。山地教友農民，所種的農產品，有時會遇到市場價格低落，而放棄採收，張神父就會戴著斗笠，下到田裡去採收一些，載到山下來或是協助銷售，或是送給安養院、學校的同事等，避免浪費。

張神父平日行事低調，常帶著帽子或斗笠，騎一輛普通的腳踏車，作為近途的交通工具。有一次醫院守衛因為不認識他，看他騎腳踏車進入醫院的修院，盡職的加以攔阻，經表明身分後，誤會冰釋。

張神父也沒有忘記他神父的本分，以華德露神父為榜樣，甘願奉獻一生承接南山、四季、茂安等地的牧靈工作。主日時，他會從羅東出發，到大同鄉四季及南山天主堂主持彌撒，大約要一個半小時的車程，遇有教會慶典、教友婚、喪等，也不辭辛勞的前往主禮，毫無怨尤。

第21章

蘭陽青年會

一個理念的誕生，無比強大。

——雨果（Victor Hugo）

秘克琳（Michelini Giancarlo）神父於一九三五年出生在義大利北部的波隆納。家人四兄弟排行老三，小時候經歷爸爸生病康復奇蹟、媽媽為虔誠天主教徒，以及有一位叔叔是在中國傳教的靈醫會士，都深刻地影響著他，於是從少年時就到神學院唸書，後來接著唸哲學、心理學，並接受進階的神職教育，成為天主教靈醫會的一員。於一九六三年（二十八歲）晉鐸神父，隔年就來到臺灣服務。

秘神父個性獨特爽朗，固執中又帶些純真、勇敢；自小在豐富藝術環境中，觸目所及，無不是人類藝術天才的心血結晶，在如此優美環境薰陶下，自然養成他對各種藝術的愛好，歌唱、戲劇、音樂、繪畫都是他生活不可或缺的。

一九六四年八月抵達羅東，秘神父便深深為醇美的風土民情所吸引，那迎風稻浪，那樸拙佇立的茅屋，勤勞的人民，由其是興盛的民俗活動廟宇慶典，都令他感到新奇與驚艷，雖然這一切與義大利的精緻風情大異其趣，但卻另有一份貼近人心的純樸之美，獨特且無法取代。

初期被分派到羅東北成天主堂服務，除了傳教之外，還要協助改善居民的生活條件，包括協助農民示範操作耕耘機的方法，並下鄉進行家戶拜訪，發放救濟物資。當時他曾如此深思關於自己未來的走向：

剛從義大利到臺灣，本來有機會可再回義大利學醫，希望能從事外科開刀工作，但經過深思考慮之後，感覺那不是我應該走的路；當時就一直在想，如果不能在醫院服務，那我到底該做什麼？在宜蘭，醫院、教堂都有了，當時看到很多小孩和青少年，於是心想能否為他們開辦一些文化和藝術活動，鼓勵孩子們追求生活中的美感。

一九六六年從羅東鎮北成天主堂的小教室開始，秘神父創立「天主教羅東青年育樂中心」，陸續開辦舞蹈、國樂、美術、跆拳道、游泳等課程，並辦理籃球比賽等運動項目。同年不久，正式創辦「蘭陽舞蹈團」，招收九到二十二歲青少年為主，利用課餘時間練舞，草創期就代表宜蘭縣，獲得當時臺灣省舞蹈比賽總冠軍；第三年就拿到臺灣的舞蹈總冠軍，這帶給秘克琳神父莫大的鼓舞。

為鼓勵當時小朋友學舞，除了不必繳交學費，秘神父還騎腳踏車或三輪車，親自接送小朋友，遇到對學舞不熱衷的家長，秘神父更是登門拜訪，以他生硬的國語以及比手畫腳的工夫說服家長，就這樣一點一滴地，蘭陽舞蹈團的雛形慢慢浮現。

一九七二年時，財團法人天主教蘭陽青年會正式成立，秘神父在園區內蓋了一座小型動物園，並花相當多時間投入園區綠化與美化工作，他說：「教育不只要培養小孩的技能，還要為他們創造美好的學習環境。求學只是一時的，追求美好生活才是一輩子的事。」可見不只學習舞蹈，還要讓藝術、環境與生活之美，能進入孩子們的心中。

舞蹈教育，從小開始系統化培植藝術人才

「舞蹈」是蘭陽舞蹈團推動藝術教育的主軸，因為「舞蹈」具有極完整的藝術表現形式，舞蹈中搭配音樂、襯托美術、結合戲劇，透過肢體的表現傳達藝術中美的訊息。在蘭陽舞蹈班，孩童從兩歲

開始透過肢體律動，培養感受、學習表現、探索自己、進而認識自己。從兒童發展心理學來看，二至六歲對孩子身心未來的發展是非常關鍵的基礎時期。因此，如何引導孩子進入肢體與感受的探索是非常重要的一件事。

蘭陽舞蹈團累積多年的教學經驗，發展出遊戲舞蹈教學法（Play Dance）及創意舞蹈教學法（Creative Dance）。對於剛剛踏入舞蹈領域的孩子，我們在教學上特別注意孩子的興趣培養，運用遊戲的方式，讓孩子們體驗肢體律動的樂趣；等到孩子大一點或是接觸舞蹈有一定的基礎後，在教學過程中開始引導孩子運用創意，使用肢體語言來溝通、表達感受。如此循序漸進，由淺入深，有系統的讓孩子進入舞蹈藝術的殿堂。

孩童來到蘭陽舞蹈班，透過各種專業舞蹈訓練及舞台演出的經驗，不但可以擁有標準的身材及優美的儀態，更培養出對於音樂的感受力及自我表達能力。特別是進入舞團之後，大量的國內外表演旅行經驗，讓孩子們更為堅毅，更為獨立自主，對他們日後人格發展奠下重要的基礎。

舞蹈團的成員榮獲保祿六世召見。

國際巡迴演出、在國際比賽大放異彩

一九七四年，秘神父首度率領蘭陽舞蹈團到義大利巡迴演出，並榮獲梵蒂岡教廷教宗保祿六世召見勗勉的殊榮。三個月的巡迴表演，相當成功。不僅是蘭陽舞蹈團踏出國際舞台第一步，也為中華民國進行一次非常成功的文化外交。之後，秘神父甚至帶著團員回到家鄉，到他唱過聖歌的教堂表演，邀請家人和親友們前來欣賞。

一九七五年，第二度出國公演；一九七九年以歐洲各國為訪問演出重點，前後八十餘場，接著是美國及中南美洲，多次蒙教宗若望保祿二世召見；一九八七年代表參加美國行憲兩百週年各項慶典活動，並作為期一個月的巡迴公演；一九八八年首次在中華民國的國家劇院演出。

一九八九年前往西班牙馬洛卡市，參加第三屆世界民族舞蹈大賽，該年並以「江波舞影」獲大會特頒「最受大眾歡迎獎」；一九九一年再赴西班牙參加第四屆世界民族舞蹈大賽，在參賽三十一個國家、五十六支團隊勁旅中，以「敦煌綢舞」脫穎而出，榮獲世界第三名佳績；二〇一一年則再度參加西班牙第十四屆世界民族舞蹈大賽，以「竹」獲得最佳舞蹈獎第二名，同時比賽音樂「竹」也受到青睞，在音樂獎項獲得第一名的榮耀。

若望保祿二世與表演中的蘭陽舞蹈團。

來自台灣的舞蹈團隊實力不容小覷，在全世界閃閃發光。

「一顰一笑、一舉手一投足，小舞者們頗有大明星的架勢」、「舞動中色彩歡愉，充滿詩意的東方圖案」，這些都是各國媒體對舞蹈團的讚譽，可見團員們的表現在各國都留下美好的印象。這許多的經歷，讓秘克琳神父深刻感受到：「民族舞蹈是世界上最美的藝術之一。」也因此，讓團員們一代代都能拓展國際視野，並充分展現自信。

蘭陽舞蹈團——秘神父的藝術結晶

「蝴蝶」是大自然的舞者，也是古來文人歌詠美與自由的象徵。當蘭陽舞者在台上翩翩起舞，曼妙的舞影，宛如一隻隻彩蝶自在的飛舞。舞蹈，是人類最美的語言之一，用舞蹈說出來的故事，不僅讓人可以神遊故事曲折，在優美的肢體引領下更豐富人在視覺經驗的體驗與感受。

蘭陽舞蹈團創團迄今，大小舞蹈創作超過一百五十部，內容涵蓋傳統舞蹈的典雅到展現意境的現代風格，舞風豐富多元。近年作品更是保留傳統亦兼具創新，貼近時事，把減碳、愛地球概念融入提倡綠色環境生活，療癒及美化人心，為社會盡一份心力。

除了，一般小品舞碼外，蘭陽舞蹈團從千禧年代起，開始嘗試大型舞劇的創作。經典代表作品有《噶瑪蘭公主》、《聽花人》、《島嶼神話》……等，以舞蹈語言結合戲劇、音樂、服裝等藝術元素，來傳遞更完整更深刻的藝術人文精神。舞過五十餘年，蘭陽舞蹈團的汗水滴進台灣本土文化的土壤裡，再生文化，讓藝術大樹在台灣綠樹成蔭，成績卓然有成。

秘克琳神父用實際行動，讓人們看到藝術文化，除了美麗的一面外，更也讓人們看到藝術豐富多元的價值，神父深信只要有堅定意志，相信定能為開出更多美麗花朵與成果，期待未來能夠不斷傳承築愛的力量，打造秘神父心目中多元的藝術殿堂！

國際童玩藝術節的幕後推手

一九八九年秘克琳神父獲頒「國際傳播獎」，表揚他能將一個古老東方民族既有的舞蹈、樂聲呈現在世人面前，同時透過蘭陽舞蹈團一個個天真的小舞者曼妙身影、鮮亮服飾，巡迴世界各國、散播歡樂和愉悅，並傳達來自臺灣的熱情與純真訊息。

一九九四年，秘神父克服萬難，讓台灣順利加入國際民俗藝術節協會（CIOFF），並成立「中華民俗藝術節協會」，成為舉辦宜蘭國際童玩藝術節的美麗伏筆。一九九五年，秘神父榮獲「中華文化藝術薪傳獎」之「民族舞蹈獎」殊榮；二〇〇九年，秘神父獲頒「宜蘭文化獎」，以表彰其長年發揚藝術文化，推展蘭陽舞蹈藝術教育，促進國際文化交流的精神令人敬佩，足堪頒授來表揚其對台灣和文化藝術的貢獻。

宜蘭國際童玩藝術節在秘神父的積極策劃之下，終於在一九九六年、宜蘭縣開蘭二百年慶祝時首度舉辦，幾乎所有前來參與表演的外國團隊，都是透過秘神父的交情邀請而來。之後，除一九九八年因腸病毒、二〇〇三年因 SARS 疫情、二〇〇八—二〇〇九因政治因素、二〇二〇年之後因嚴重特殊傳染性肺炎（COVID-19）疫情而暫停辦理之外，每年都是台灣人、特別是兒童及青少年所熱愛的國際文化藝術活動，熱鬧非凡。

聖音幼兒園——自然藝術，創意多元的幼兒教育

每個孩子都是天生的探險家，對這個世界充滿無限的好奇。成長過程中，給孩子一個自然開放的空間盡情地去發現、探索、遊戲，比任何直接的教導都來得有趣。孩子需要空間來發展他們自然的自我。在自然情境中，想像力及創造力得到自由發展，孩子大方的性格自然流露。

秘克琳神父自一九七一年創辦聖音幼兒園，迄今已經超過五十年，秉持自然、童玩、藝術的治校理念，讓每個孩子都能利用上天賦予的能力，盡情地探索世界的美好，而擁有快樂的童年及學習經驗。

聖音幼兒園是宜蘭地區私立幼兒園中辦學與口碑上位的老招牌。因應在少子化與配合政府政策，聖音自二〇一九學年加入準公共幼兒園後，嘉惠更多家長，減輕家長在育兒費用上的負擔，讓聖音家長們繳交公幼學費，卻享有私幼優質的照顧與服務。園方仍然讓政府認定的六大弱勢家庭幼兒優先入園，

期能為社會略盡綿薄之力。

秉持幼兒園辦學精神與舞蹈教育的經驗，蘭陽青年會於二〇一二年底開始與宜蘭縣府合作，以公私協力的方式，承辦宜蘭縣內公共托嬰中心業務，陸續承接羅東、宜蘭、宜蘭第三、蘇澳等四家公共托嬰中心。肩負著與公部門一起攜手面對少子化議題的責任，透過提供優質平價托育支持系統，減輕弱勢與一般家庭之育兒負擔。營運托嬰中心不單只是托嬰，更是在嬰幼兒照護服務之外，連同育兒教養知能提升及弱勢家庭成長教育亦為服務重點。自承接以來，深受社會各界好評，並在歷次之評鑑中均獲佳績。

無怨無悔的一生

願他們以舞蹈讚美上主的名，願他們敲鼓彈琴向上主歌詠！（聖詠／詩篇149:3）

回顧這五十七年來，秘克琳神父展現迷人的笑容說：「如果人生能重來，還是會無怨無悔地選擇走同樣的一條路。」

當其他會士正忙於醫療傳道之際，秘神父默默地從醫院及教堂走出來，透過藝術文化教育方式，為台灣建造一座美麗的舞蹈藝術殿堂，播下美學種子。並且帶著對藝術的堅定意志，跨過大洋，讓臺灣藝術之美，發揚到歐、美、非各大洲，讓福爾摩沙不再只是世界地理上的美麗島嶼，而是世界城市廣場上、劇院舞台上，最生動優美的藝術表現。

一提到蘭陽舞蹈團，大家都會想到創辦人秘克琳神父，一位棄醫從舞的靈醫會神父，慧眼獨具地為台灣兒童及青少年開創無限希望的國際視野，為台灣舞蹈藝術歷史寫下珍貴的篇章，也為其個人立下輝煌的紀錄。

他是靈醫會在台灣的一個特例，除了讓世人明白會士們多才多藝的一面，也能讓人漸漸領悟到天主的福音也能透過舞蹈藝術來傳達。

舞蹈，是人類最美的語言之一，用舞蹈說出來的故事，不僅讓人可以神遊故事曲折，在優美的肢體引領下更豐富人在視覺經驗的體驗與感受。聖經中記載著許多舞蹈的片段，是一種敬拜天主的形式，由內心發出對天主的感恩與尊崇，進而衍生外顯的舞蹈。因此，若能同時使用音樂、頌歌與舞蹈來讚美天主，更能引領臨賞者透過身心靈合一來表達對天主的崇敬之心。相信，每當蘭陽舞蹈團隨著音樂翩翩起舞的美麗動人時刻，在秘神父澎湃的心中，必然是在對天主表達真誠的尊崇與讚美。

築愛蘭陽，讓愛傳下去

秘克琳神父一九六四年從家鄉義大利波隆那搭船來到臺灣，築愛蘭陽，選擇藝術文化教育作為他傳播天主福音的方式。投入藝術文化的領域，讓位處後山的宜蘭，與國際孤兒的台灣，藉由無數的藝術文化人才，以文化的軟實力，在國際舞台上翩翩漫舞閃閃發光，展現最美的文化國力，這是超乎台灣人所求所想的創意和成就。

即將邁入九十高齡的秘神父，用他人生最精華甲子歲月，篳路藍縷全心奉獻給福爾摩沙島與蘭陽平原，透過天主教蘭陽青年會及相關事業單位，用愛為他的第二故鄉築起美麗幸福的殿堂，讓全世界的人見證到天主福音的善及藝術文化的美。

展望未來，秘神父心心念念的是，這個美麗的志業未來要如何傳下去，讓這個善與美的聖殿，為這片土地與人們做更多有價值的貢獻。更期待下一棒，在這個大愛基礎上，為台灣、讓宜蘭寫出更多精彩動人、幸福美好的福音篇章。

（本章主要資料由廖草雲女士提供）

第22章

澎湖惠民啟智中心及宜蘭聖嘉民啟智中心

你們是那充滿希望、幸福，及生命的天國裡的驕子；你們是痛苦之基督的弟兄；若你們願意，即能同祂一起拯救世界。

——梵二大公會議：告貧困者、患病者及受苦者書

對呂若瑟神父來說，那些最卑微、最乏人關照的智能障礙兒童，始終是他心中最繫念的一群。因為耶穌是這麼說的：「我實在告訴你們：凡你們對我這些最小兄弟中的一個所做的，就是對我做的。」（瑪竇／馬太福音 25:40）

早年台灣的智能障礙兒童大多被關在家裡，父母常不知如何照顧，更談不上養育。甚至許多家庭把他們視為家醜，恥於讓他們出門見人。但是對呂神父而言，這些障礙兒童似乎是天主安排的（折翼）天使，要來宣揚福音，應該要好好地招待他們。

於是，呂神父分別於一九八一年在澎湖創立惠民啟智中心、一九八七年在宜蘭創立聖嘉民啟智中心，開啟當地的啟智教育，為這些患有殘疾的孩子們建構一個安全舒適的生活環境。

澎湖惠民啟智中心

一九七七年，呂若瑟神父遠赴澎湖白沙鄉從事牧靈工作，為了讓更多村民認識天主教靈醫會，經常挨家挨戶的進行家庭訪問，意外發現當地有許多身心障礙孩童，因父母外出謀生、忙於家計，根本

澎湖惠民啟智中心。

無暇也無力照顧，連最基本的受教權都被忽略。當時澎湖根本沒有任何身心障礙機構可以收容這些孩童，也無法提供基本的照顧和教育。

呂神父腦筋動得快，開始嘗試招募一群富有愛心與耐心的教師，對這群缺乏關懷的身心障礙兒童展開適當教育。首先成立「海星園」，專為小兒痲痹的兒童舉辦活動、夏令會，之後也成立「澎湖肢障協會」。於一九八一年立案，並使用惠民二村的閒置教堂，正式成立「天主教惠民啟智中心」，以擴大對身心障礙孩童的服務，成為當時、甚至現今澎湖地區唯一的身心障礙日間托育教養機構。

成立初期，由於學員家庭貧困，政府又完全沒有補助，多數付不出學費。為了維護家長尊嚴，呂神父則會在繳學費的前一天，以拜訪學員家庭的名義，偷偷塞給家長隔天所需繳納的學費。可見呂神父的愛心，足以照顧到學員全家。至於成立啟智中心的理念，不單只是同情，更是要尊重這些孩童，期望藉由專業教師的教育及訓練，讓他們盡可能學習獨立，甚至學得一技之長，或至少能具備日常生活獨立自主能力。

呂若瑟神父曾公開地說：「每個人的生命都是有價值的，不論財富、地位或身心健康狀態，只因為他是天主所創、出生為人，就值得被尊敬與愛護，這就是無條件的愛。希望啟智中心的老師們都能把這裡當成一個真正的家庭，並將這些身心障礙孩童，視為需要特別關愛的弟妹們。」

有了呂神父的勉勵，啟智中心老師們都能熱切地投入愛心，協助家長一起陪伴孩童們成長，分享他們的喜怒愛樂，並能共同感受生活樂趣。一九八七年，呂若瑟神父返回羅東，啟智中心的工作轉由仁愛會的修女和台南教區派來的神父接手經營。

惠民啟智中心主要業務為服務中重度及極重度智能障礙者與多重障礙者，服務項目包括啟智教育、職業訓練與就業輔導。近期更擴大服務的層面，承接縣府委託幼托園所巡迴輔導、在宅服務、時段療育服務、臨短托喘息服務、職業輔導評量等。服務的範圍還包括澎幾個離島地區，七美、鳥嶼、吉貝等地。

惠民是澎湖唯一的身心障礙日間教養機構，剛成立時僅有六名學生，近四十年來，惠民已服務澎湖地區達超過一千位身心障礙者。目前惠民有一百零二名學生（含時段在宅服務）。二〇〇五年、二〇〇八年、二〇一一年獲內政部評鑑（每三年評鑑一次）為甲等績優機構，二〇〇七年承辦澎湖縣早期療育服務中心，計畫服務能向下延伸，增加服務澎湖縣六歲以下的學生人數，以期達到早期療育之效果。目前由中心三名早療特教老師前往早療幼童家中上課，目前接受早療時段服務的幼童有十七名，每週服務一次；並提升主要照顧者的親職教養能力。

同時也將加強向上發展提供多元化成人組服務項目，包括成人日間托育、職業陶冶、職前訓練及就業輔導，且於二〇〇八年四月正式簽訂合約承接本縣的身心障礙者職業輔導評量業務，以期能朝更多元化的服務，真正落實照顧離島地區的身心障礙者，並期勉能有整合性、全面性的服務。

二〇一二年、二〇一六年、二〇一七年榮獲勞委會支持性就業服務評鑑甲等；二〇一六年榮獲身障職業輔導評量優等；二〇一二年榮獲發展遲緩兒童早期療育評鑑甲等。並於二〇一八年開啟社區生活住宅服務。

丸山村山坡上的聖嘉民啟智中心。

❖惠民啟智中心未來展望——翁秀媚主任

惠民啟智中心已經創立近三十九年，而在啟智中心服務超過三十年的翁秀媚主任表示，她目前最重要的工作就是募款，由於澎湖只有小型的公司行號，沒有大企業，募款相對困難。因此，除了請朋友介紹更多人來參觀中心，甚至也開始進行募款餐會，幸好二〇一九年來自台塑集團的大額捐款，才能讓中心持續順利運轉。

她期待孩子們來到惠民，不是進到水泥屋牆，而是來到另一個溫馨的家；也希望在此不只是接受封閉式的學習，而是希望他們都能有機會進到一般的幼稚園、小學，接受融合式的正向學習環境及資源，讓他們有更好的發展和未來。

此外，也希望積極提升中心學員的選擇與自決權，包括餐點或社團，畢竟只要學員們樂在其中，有笑容，就是同仁們最大的滿足。

聖嘉民啟智中心

一九八六年，呂若瑟神父調回羅東聖母醫院服務，並開始整修廢棄的「丸山修道院」房舍、招聘師資；有了之前澎湖惠民啟智中心的創院經驗，「聖嘉民啟智中心」很快於一九八七年正式籌創完成，起初只有日間照護；一九九〇年則開始成立重度殘障照護組，成為宜蘭縣智能障礙及多重障礙者專門全日收容及日間照護並行之處所。呂神父挨家挨戶拜訪身障兒的家屬，希望他們將孩子送進中心，並在半年後正式為孩子們上課。

呂神父因著充沛的愛心深耕社群，總是能及早體察民情，發現人民真正的需求。當呂若瑟神父看到智能障礙、自閉或多重障礙的孩童，不忍他們生活在黑暗角落裡，打算辦一所啟智中心照顧這群孩子時，他向當時的縣政府提出申請，好心的工作人員告訴他，縣政府就要建一所收容智能障礙者的教養院，神父不必如此辛勞。但呂若瑟神父認為要有「即知即行、先做再說」的精神，執意創辦了聖嘉民啟智中心。還好，當時神父並沒有輕易聽從縣府人員的建議。

三星鄉聖嘉民啟智中心。

從最初十六位身障兒，增加到一百三十一位之多；秉持著維護人權、有教無類及均等教育的原則，給予智能障礙者尊嚴、希望與平安，更指導及協助父母對智能障礙子女的在家教育。在聖嘉民啟智中心，呂神父所經手照顧過的孩子已達上千人，有智能障礙兒童、也有自閉症兒童。

每天下課，呂神父都會規定全體老師到大門口，向所有放學的孩子揮手道再見。這是充滿善良人性與真誠關心的環境，相信孩子們內心一定能體會這份出自善意的關懷與愛。神父說：「覺得他們都很可愛，可能有人認為他們是傻瓜，但他們都懂得別人對他們的好。」

經由各界踴躍捐款，遷建三星鄉的新家「聖嘉民啟智中心」，終於在二〇〇五年落成啟用，讓所有院童進入環境優美的新園區正式上課。

對所有人而言，呂神父就像是一位和藹的長輩，平易近人，又讓人感到安心。不管是對學員或是教保員都是疼愛有加，從前中心剛成立的時候，他就常常一大早六點就來中心探望，看看學員的生活狀況，晚餐時間也都會來和學員們說說話、握握手，和學員互動、並關心他們一天的生活狀況。

直到現在，神父對學員的照顧還是像當初那般無微不至，所以學員每次看到神父總是特別的高興，一群人在神父周圍跟前跟後的，就像是歡迎父親回家一樣，有好多話要對神父說，有好多事情要跟神父分享！

在員工眼中的呂神父是一個充滿良善、仁慈、寬恕、和藹的神父。凡事以學員的服務為最大考量，凡事都會是以鼓勵來帶動員工，而且常常有過人的先見之明。他是一位閒不住的人，有著一顆永遠不老的心境，他的年齡像是永遠停留在二十五歲（初到台灣的年齡），有著超人般的精力。他完全是一個行動派的人，只要他認為是「好」、「有意義」的事情，就會積極的去做，絲毫不曾遲疑。

❖十大服務信念

呂神父也把聖嘉民的精神，透過十大服務信念，希望全體中心的員工都能落實：

1. 我要照顧我們的服務對象，如同一位母親對待她生病的孩子一樣。
2. 我期許自己對人的服務，如同我服侍耶穌所用的精神一樣。
3. 我要把中心所有的人，當作我的主人一樣。
4. 我要培養自己對工作無私無我、犧牲奉獻的精神。
5. 我要把工作當作事業和志業，而不只是一份職業。
6. 我要放棄自己的私利，努力為中心的發展而努力。

7. 我要用堅強的肩膀，面對不當的壓力。
8. 我要愛中心所有的人，如同愛我自己一樣。
9. 我要把快樂和希望帶到我的身邊，並使其充滿整個中心。
10. 我要客氣對待我的同事和家長，支持他們、鼓勵他們。

或許透過些信念，每位員工都能因此遵照聖嘉民、呂神父愛人如己的精神，即使呂神父不在這些折翼天使的身邊，都能確保每個孩童都能受到如此貼心的感動服務。

❖未來展望——黃鈺雯院長

◎愛的家園再次蛻變

啟智中心從初創期，神父與老師挨家挨戶請求身障生來就讀，家屬把神父誤認為是詐騙集團，到因應各時期的社會需求，投入大量人力、物力、心靈支持及專業服務能力，建構出完善的服務機制，這三十四年當中，一路隨著神父的腳步，在不停地努力之下成長茁壯，實踐聖嘉民所追隨耶穌的服務理念：「凡你們對我這些最小兄弟中的一個所做的，就是對我做的」。

記得在閒聊中，神父跟我提起，以前在丸山舊家時，當時宜蘭交通非常不方便，但為了讓服務對象受到更專業的服務照顧，神父會親自開車載老師們開往濱海公路約三至四小時車程至北部機構受訓。

也聽資深老師提起早期學前班的身障生，在老師不放棄下，長大後考上大學。由這些例子中讓我感受到，神父常叮嚀我們的一句話：「沒有教不會的學生，只有不會教的老師。」這句話從中含意，也能體會當時在社會保守風氣下，必定面對著極大的挑戰，不論在財源、制度建立、專業人力培訓上的困難。神父也常常說：「對的事就去做。」、「不怕苦不怕難，勇敢往前走下去。」這就是神父帶給我們的精神，只要有決心必定能實踐。

中心以「機構式服務」奠定了良好的服務經驗與品質，但雖著時間的增長，走過三十四個年頭，一切的人、事、物皆面臨老化現象，如：設備老舊、服務對象健康、老化問題、課程再設計、活動作息的改變、雙老家庭問題、工作人員新血替換……等等，種種的變化讓中心需重新思考未來的服務定位模式。在醫療上，必須投入更多的資源、建立老化服務機制、倡導服務對象自主權、雙老家庭服務……等，必須重新因應需求。這些挑戰，我們必定勇敢以對，為身心障礙者提供愛的屏障，繼續守護這群天使寶貝。

◎布建「社區式服務」照顧網絡，創造身心障礙者就業機會

中心一直以來著重於「機構式服務」，機構可收容人數有限，等候安置名單有兩百多位。神父常常提醒我，我們必須想辦法服務更多的身心障礙者，我一直把這件事放在心上。根據衛福部統計：宜蘭縣身心障礙者約有三萬二千人，接受機構服務、就業、就學、長照服務只有六千多人，還有二萬多身心障礙者未受妥善地照顧。隨著時代改變，社會制度越來越重視身心障礙者之自主權，目前國家政策推動「去機構化」、「自立生活與社區融合」。

如何因應此時代趨勢，也是中心未來應努力的方向。我們計劃拓展「社區式服務」為首要任務，積極布建「社區式日間照顧服務」，讓更多的服務對象有更妥善的學習與休閒的園地。提供小型作業所、庇護工場，為身心障礙者帶來經濟獨立性，從工作中的成就增加自信心及增加社會的互動；從生活中可以自主安排自己想要過的生活。這使命趨使我們要不停地成長前進，永續成為提供身心障礙者完善照顧的後盾。

典範人物——呂若瑟神父

❖葡萄酒是苦的

呂若瑟神父於一九四〇年出生於義大利帕多瓦省的齊塔德拉，十歲時即加入維琴察的靈醫會修會、二十四歲晉鐸神父。家中有九個孩子（五男四女），排行第五、也是次男，五個兄弟中竟然出了三位神父，大哥就是聖母醫院在位長達二十四年的第五任院長呂道南神父、弟弟則是在菲律賓服務的馬里歐神父。

為何一個家庭五位壯丁中竟然有三位成為神父，原因除了孩子太多，在鐵路局上班的父親經濟上無法負荷之外，更重要的是虔誠母親的堅持。呂神父逗趣地說著：「很多人都說義大利葡萄酒是甜的，哪裡是甜的？是好苦才對！全家十一口，父親微薄的薪水哪夠吃，因此從小都得幫忙照顧葡萄樹、採摘及擠釀葡萄酒汁，相當辛苦。所以，葡萄酒對我而言，可說是甜中帶苦。」

呂若瑟神父（左一），五兄弟重逢，中間需扶持者為呂道南神父。

❖馬不停蹄地為主作工

一九六四年晉鐸神父之後，隔年即來到台灣服務，學習中文兩年之後，於一九六八年擔任丸山修道院院長，一九七七年遠赴澎湖白沙鄉從事牧靈工作，長達九年，並因此創立惠民啟智中心，也因此獲頒澎湖縣「好人好事代表」與「榮譽縣民」等榮耀，更與當地居民建立了親如家人般的情誼。

一九八六年返台擔任聖母醫院總務主任、之後則長期主理醫院會計業務，是相當稱職的帳房。此外，也兼任冬山鄉牧靈工作，也因此於冬山鄉創立聖嘉民啟智中心；一九九五年擔任羅東天主堂本堂神父，同時負責三星及冬山鄉牧靈工作，並分別於二〇〇五年、二〇〇七年順利遷建聖嘉民啟智中心及長照中心至三星鄉。呂若瑟神父於二〇〇六年獲教宗本篤十六世接見，以表彰他代表靈醫會在台灣的貢獻。

之後於二〇〇七年接任靈醫會台灣區會長暨靈醫會董事長至今，期間經歷范鳳龍紀念大樓竣工啟用、馬仁光紀念大樓募款與興建大業，除了牧靈、殘障照護，更充分展現他的行政管理與精算長才。甚至之後的羅東聖母醫院財團法人化、三家醫院共同納入「天主教靈醫會醫療財團法人」，也都在他的監管之下，順利完成。

要管理及完成這麼多繁複的多元業務，非得具有超乎常人的精力不可。呂神父是員工眼中的「壯牛」，平日就是靠馬不停蹄、快速行走地轉換工作場景——靈醫會及醫院行政、教會牧靈、啟智及長照中心的病患關顧、個別教友的探視，當成保健強身的方法，果然應驗「吃苦當做吃補」的格言。

事實上，呂神父對待員工與病人的態度，數十年如一日，老員工都這麼說著：「在這數十年漫長的歲月裡，呂神父行事風格及待人態度完全沒有改變。依舊追求完美及高效率，卻同樣對人和藹可親，充滿仁慈與寬恕，並以無私的大愛為人付出。」

教宗方濟各於二〇一八年四月十日接見全球五百五十位慈悲傳教士，其中六位來自台灣教區，在台五十多年的義大利裔神父呂若瑟，當面向教宗表達，非常期待教宗能夠訪問台灣。方濟各也表示天主的慈悲沒有疆界，他希望慈悲傳教士成為一個具體象徵，就是教會不能也不願製造任何障礙來阻止人們獲得天主的寬恕。

❖在淡定從容、幽默風趣中展露智慧

即使如此忙碌，無論私底下的談話、或彌撒中的講道，呂神父說起話來，還是不疾不徐、幽默風趣。有一次，員工因在工作上遇到極大困境，求助於他，他也是慢慢地用食指指向牆上釘在十字架的耶穌像，說著：「你也要背起自己的十字架，跟隨著耶穌，一切問題都會迎刃而解，不過，那都需要時間。」簡單一句話，卻是他數十年面對所有問題的智慧來源！

無論福傳、啟智中心的關顧、國際醫療的帶隊親臨、醫院的經營或靈醫會的治理過程中，面對多少艱苦與挑戰，呂神父的態度總是如此淡定、從容，並非內心沒有掙扎或憂慮，而是全心歸向天主，如同耶穌對聖嘉民所言：「這是我的工作，而不是你的。」

面對父母及大哥呂道南均已蒙主寵召，若：「問他可有鄉愁？或許如人飲水，冷暖自知。他說鄉愁像酒，像他兒時和兄弟姐妹合釀的那一桶桶葡萄酒，又苦又甜。至於鄉愁的滋味……微醺。」（出自某社工師文）

第23章

惠民殘障服務中心

門徒問耶穌說：「辣彼（拉比），誰犯了罪？是他，還是他的父母，竟使他生來瞎眼呢？」耶穌回答說：「也不是他犯了罪，也不是他的父母，而是為叫天主的工作，在他身上顯揚出來。」

——若望（約翰）福音9章2－3節

謝樂廷（Rizzi Celestino）神父於一九三七年出生在義大利近阿爾卑斯山的小村莊，十二歲就追隨兩位哥哥的腳步加入靈醫會。父親不僅同意，還親自送他去搭火車前往修道院，並對母親說：「如果不讓兒子們去當神父，未來我到天堂見了天主，天主會罵我。」父母如此單純的心智，背後卻是堅定的信仰。

謝神父二十六歲晉鐸神父，一九六四年就揮別義大利、坐船經過二十九天才來到台灣。一九六八年擔任三星天主堂神父、一九六九年則奉派前往澎湖，從事醫療傳道工作，包括義診、居家醫療，並於澎湖共同開創七間幼稚園。

一九七七年謝樂廷神父從澎湖返回台灣，被派任到惠民殘障服務中心，並擴展服務，做得更深更廣。一九五〇年至一九六〇年代正流行小兒痲痺症，病毒侵襲著整個台灣，有許多孩童因此變成終身肢體殘障。過了幾年之後，又一波大流行，有數千人受到感染而癱瘓。許多被感染的小孩，不是死亡就是變成重殘。上主垂憐這些殘障者，派遣這位守護天使前來，專門為這樣的小孩服務。當時有人懷疑地問他：「給服務要不要錢？」他回說：「聰明的會賺錢，但我不怎麼聰明，所以賺的是**仁義**。」

不畏艱難，只為初衷

雖然病患很多，起初惠民所服務的對象寥寥可數，當時醫學並不發達，民生蕭條普遍貧窮，社會福利少，殘障者連手冊都沒有，更別說關懷與扶持。台灣人很保守，通常不讓小孩隨便和人接觸，於是出現以下有趣的對話。

謝樂庭神父的天使任務手冊。

「阿督仔，你安呢行來行去，是底找啥？」有人問。

「我在找小兒麻痺的囡仔。」謝神父答。

「你找他們做什麼？」那人充滿好奇又問。

「我想幫他們。」謝神父回。

「你是不是金光黨？邁想要來這騙人喔！這是有法律的國家，會把歹人修理得金細細、擱關起來喔！不信你試看邁。」那人繼續狐疑地問邊說、邊比手畫腳的虛張聲勢。

「我是一個神父，您看我有像壞人嗎？」神父和氣笑著說。

「喔！對不起，失敬、失敬。」那人一聽是神父，馬上表示歉意。

這世上確實少有像他這樣憨直的人，不為己利，難

謝神父與快樂的孩子們。

怪會讓人起疑。由於當時民風保守，要進行家庭拜訪更是困難重重，常被誤以為是騙子，不過重要的是能讓他們了解他的誠意。每次拜訪小兒麻痺的家庭，映入眼簾的是一種悲涼的景況，不是縮成一團，便是在地上爬行，或臥床不能動彈。神父積極進行他的任務，不管人們如何排擠，他都會跨越重重難關，勇往直前、完成使命。

建立深厚的信任感之後，好事傳千里，大家互相呼應，認識他的人越來越多，受幫助的人也增加不少。在名冊上從剛開始十幾個，經過四十多年來，最終累積超過一千三百多位，神父都用一手漂亮的正楷字記錄在本子上，並附上活動相關的照片。

每次當他能看見又一位在地上爬行的小孩重新站起來時，他便會虔誠地向天主謝恩說：「謝謝上主，您又幫我拯救一個孩子。」因此他更賣力的帶這些孩子上振興醫院、榮總醫院接受手術或復健，去到北部醫療器材工廠尋找更好的復健工具，甚至帶著他們前往彰化的習藝中心，好讓他們在獲得救治之後，能再學習一技之長，自力更生。

義大利阿瑪菲海岸的翅膀山形（郭約瑟攝）。

不求名利、只為服務

謝神父拒絕所有的表揚活動，並意味深長地說著：「歲月如梭，想不到一眨眼數十年就這麼過去了，這一路以來陪伴他們走過多少滄桑歲月，陪伴他們哭泣、陪伴他們歡樂，眼看著他們一個個成長、自立，這才是我最想要的最佳獎賞。」

很少人能理解謝神父是什麼樣的人，出於什麼樣的心，竟然不為名利、無怨無悔地付出，在此現實社會中，真是令人敬佩的稀有人種。他謙遜地說：「做人只是盡本分而已，這是個群聚的社會，人是相互依存著，有能力幫助別人的時候就盡力而為，或許哪一天我也有須要被幫助的時候。」

也許冥冥之中有天主垂憐，讓這一整個世代的殘障者絕處逢生，才會出現像謝樂廷神父這樣的天使，肯為殘障者做出如此動人、無私無我的奉獻。

也是原住民部落的身心靈守護者

謝神父除了主要服務惠民的孩子們，也有許多時間是在平地及大同鄉的教堂服務，甚至與與潘志仁神父共同創立「樂仁幼稚園」，可見他是一位非常喜愛孩子的神父，只要慈善的事工，無役不與。

當時原民部落相當落後，神父曾感慨地說：「越往深山走，感受越深，部落居民因經濟能力貧乏、環境落後，基本生活都非常困難。遇到老幼生病，路途遙遠，更是沒能力就醫，生命相當脆弱。」於是當時除了傳揚福音，就是會花很多時間在義診、發放救濟物資，以及充當救護車司機，將急重症病患火速送下山接受醫療。

揮著隱形翅膀的天使

編寫者在整理謝神父奉獻故事的過程中，曾做了一個夢，夢中出現一位揮著翅膀的男天使，正忙著從天空中飛下飛上，拯救一個個受傷的小孩，或許這就是謝樂廷神父的化身。而在現實中，他就是那位戴著隱形翅膀的天使，在台灣從東到北、再到西穿梭著，不斷協助著這一千三百多位受傷的孩子，拯救、醫療、復健、職訓、就業，數十年如一日。後來，去到義大利南端阿瑪菲海岸，回頭看見這有如生動翅膀的山形，特別感動。事實上，這七十年來，帶著隱形翅膀來到台灣服務的外籍天使，可是有將近三十位呢！

第六部

長照時代來臨：靈醫會相關長照機構和組織

馬仁光大樓設計圖（已完工），成爲老人長照大本營。

直到你年老，我仍是一樣；直到你白頭，我依然扶持你。我既然如此做了，我必要提攜你，扶持你，拯救你。——依撒意亞／以賽亞書 46:4

第24章

聖嘉民老人長照中心的歷史沿革

天主，即我髮白年老，求你也不要離棄我，直至我將你的威力宣示給這一代，將你的奇能傳述給下一代。

——聖詠（詩篇）71章18節

丸山療養院——結核病患者的天堂

一九五九年三月，由美國福利會提供經費贊助靈醫會，在丸山建立一座療養分院，初期有十二床，專門治療肺結核病患，第一位進駐服務的會士為巴瑞士修士；一九六七年，增建至兩層樓房，床數增加到六十二床；一九七三年，擴建為三層樓，床數增加到八十三床。一九六六年之後，由卡通靈修士接任他的工作。一九六八年，則由柏德琳修士接手，並長期駐守在此。

聖母醫院的靈醫會士們，鑑於當時人們對結核病人避之唯恐不及，而結核病人卻因此陷入絕境，因而成立丸山療養院（或稱聖母分院）。有了療養院，使這些人絕處逢生，有了一線希望。

結核病是世紀性的傳染病，人人聞結核色變，別說是靠近，即使遠遠的望著，都沒人願意。在當時人們對結核病感到害怕，會士們卻絲毫不畏懼，好像所有的病菌遇上他們便消失無蹤。他們總是親力親為，將這些病人當成自家人般的愛護、親自照料。

結核病人多家境窮困，在會士眼中，病人們一律平等，不管他們是否繳得起醫療費。病人面色不佳時，即要求買昂貴的維他命等補品，為他們進補；有人食慾不振，則要求廚房立即更換菜色，讓

聖母分院（兩層樓）。

他們開開胃；若有人愁容滿面，則趨前執著病人的手，殷切地問起：「怎麼了？」、「想吃點什麼？」曾有阿公說，他好久沒有嘗到雞肉味道了，修士立刻飛車去買。許多家屬將病人往療養院一送，即不去探視，修士卻像他們親人般，按時親自協助病人服藥，好讓病人遵醫囑治療，病也好得快些。

每當遇到病人病情惡化而需要急救時，柏修士們多次冒著被感染危險，僅以一塊紗布隔著，就為病患進行口對口人工呼吸。當有人問他：「您不怕死嗎？不怕因此被傳染？」他回答說：「我也是人，當然也會害怕，但上天有好生之德，你們中國人不是有一句老話：『救人一命，勝造七級浮屠。』」柏修士這種不怕死的精神，總會讓人聯想起聖嘉民時期，會士們面對傳染病盛行，依然勇闖疫區，捨命去照顧及救助那些貧病的患者。

這樣的情操來自耶穌的示範與宗徒（使徒）的教導：「我們所以認識了愛，因為那一位為我們捨棄了自己的生命，我們也應當為弟兄們捨棄生命。」（若望／約翰一書 3:16）

聖母分院（三層樓）。

改制丸山老人安養院

一九九五年，丸山療養院改為老人安養院，因為台灣經濟及醫療逐漸進步，結核病已經能有效的用藥物控制，不再需要隔離。丸山老人安養院，開始收養植物人等重殘老人，他們比結核病人更需要細心地照料。柏修士跟以往一樣，把老人、病人放在第一位；不僅買各種昂貴的復健器材，且很用心地為他們復健，以協助促進病人身體功能的維持。

對於經濟條件較差者，院方不但會主動減少住院費用，也會給予鼓勵和幫助。有些病人擔心錢付得比別人少，可能會遭受差別待遇，但在這裡完全不是問題，反而更會禮遇這些貧病的患者，更加貼心安排看護幫助有需要的病人進行每天復健、洗澡，以減緩病情的惡化。

他為老人餵藥，再孩子氣的老人，也只能乖乖聽話；他也會為他們買營養品，自己數十年來卻從未向靈醫會支薪。他還不時為老人們舉辦各種活動，讓這裡不止是安養所在，更像個老人社區。而且丸山花木扶疏，適合身心休養，這些園藝、造景，都是多才多藝的柏修士一手修剪出來的。

位於三星鄉的聖嘉民老人長期照顧中心。

聖嘉民老人長期照顧中心

位於三星鄉的天主教靈醫會聖嘉民老人長期照顧中心於二〇〇九年七月十四日落成啟用，宜蘭縣長呂國華、天主教洪山川總主教等共同主持落成啟用揭幕典禮。全體丸山安養院人員一起搬離生活數十年的舊址，到新落成的房舍定居。

聖嘉民老人長期照顧中心緊鄰聖嘉民啟智中心，以社會福利園區理念設計而成，設置一百二十二個床位，院區設有無障礙設施，空間明亮寬敞，建物設計呈現休閒風，像是銀髮族度假村。

老人長期照顧中心除提供一百二十二個住宿型床位，並於二〇一一年後設立「日間照顧中心」，提供十五位日間通勤老人來參加活動，被長輩稱作為「健康老人學校」的日間照顧中心。除了堅強的照護專業團隊，也是宜蘭縣唯一設置牙醫診療室的長照機構，能積極照護長輩的口腔健康。

除了「安內」，服務的觸角更積極向外延伸；於是二〇一一年承接宜蘭縣溪南地區六鄉鎮的失能老人交通服務，並協助聖母醫院提供失能長者的送餐服務。在服務過程中，我們又看見很多重度失能的長者

聖嘉民長照中心住民活動照。

及身心障礙者因長期癱臥在床，無法順利洗澡，於是開始提供「聖嘉民——到宅沐浴車服務」，北至石城、南至南澳。

因為這項服務的接觸，看到許多家庭因為要照顧失能的家人，生活品質受到嚴重的考驗，「居家服務」是看到需求而立即啟動的服務；二〇二〇年十月又獲准承接宜蘭縣三星鄉的長照A單位，整合老人長期照顧的需求，提供連續性、在地化、個別化及整合性的長期照顧服務。

未來展望——黃龍冠院長

為了配合政府長照二．〇的啟動，不僅提供機構式、社區式及居家式的長期照顧服務，希望聖嘉民老人長期照顧中心成為政府委託安置的示範機構。同時與聖嘉民啟智中心結合，提供身障者與老人有更好的雙老照顧，不僅照顧園區內的身心障礙者能在地老化，也希望能更擴及縣內失能老人及身心障礙的族群。未來更要興建「失智照顧專區」，完成聖嘉民老人長照中心最後一塊拼圖，期待能逐步實現「以人為本的全人照顧」的服務理念。

典範人物

❖柏德琳修士，正港的台灣人

柏德琳修士（一九三四—二〇一三）出生於義大利威尼斯，畢業於米蘭護理學校，出於對音樂的愛好，曾跑到餐廳擔任駐唱歌手。沒想到他之後遭受病毒感染而昏迷近一個月，虔誠的母親祈求聖母：「如果未來他能在世上做好事，您就將他留下；否則，就帶走他吧！」並發願如能出現奇蹟救回孩子，就一定以服事大眾為職志。這是一位多麼豁達的母親！或許這也是天主呼召門徒的一種特殊形式。

柏修士果然奇蹟生還，於是為還母親所許下的願，二十一歲時正式加入靈醫會，一九五六就奉派前來羅東聖母醫院擔任外科護士十二年。一九六八年調任丸山療養院工作兩年，之後前往澎湖惠民醫院一年，之後自一九七一年起即常駐丸山療養院，長期照顧結核病人。由於醫藥的發達，結核病成為可治癒之病，於是在一九九五年改制丸山老人安養院，開始收容植物人、重殘者及貧病老人。

在柏修士的努力之下，丸山療養院從初創時的十二病床擴充到八十三床，樓房也從一樓增建到三樓，這些硬體上的成就柏德琳覺得並不重要，他相信對病人親切的關心與照顧才是最重要的。午後常常可以見到柏修士，穿梭在三層樓的療養院，有時跟老太太們坐在一起，聽聽她們談子女的情形；不一會兒又跟老先生們勾肩搭背，聆聽他們細訴當年辛苦的生活；有時也會當起褓母，哄老人家們吃點心；而久病臥床的老人，常常會情緒不穩，但是在看到柏德琳修士後，整個人就平靜下來。

羅東聖母醫院不只一次邀請柏修士修士回到醫院工作，但是他一再地婉拒，擔心一旦他離開了丸山，沒有人可以接替他的工作。柏修士在義大利家鄉的兄弟們，也一再要他退休回家團聚，但是柏修士不願返鄉，只希望留在丸山，他常說：「這裡是我的第二故鄉，我關心這裡的一切。」

認識柏修士的人都很清楚，他不喜歡整天坐在辦公桌前，而是喜歡穿梭在老人之間，用流利的台

柏德琳修士（中）照顧重殘病患。

語和大家談天說地，巡視每間病房，摸摸病人的頭、摸摸病人的臉，看看病人有那裡不舒服。在這樣的生活中，柏德琳修士不但閒逸自得，更照顧了許多被人遺忘的重症病人。柏修士在院內經常像小孩一樣跑上跑下，到處跟老人病患們噓寒問暖，而天性樂觀的柏修士常用他的笑容來鼓勵大家，丸山安養院彷彿在他的活力下持續動了起來。在安養院當中，柏修士的表現完全不像院長，他是老人的兒子，更是年輕人的表率。

柏修士有一顆悲天憫人的愛心，從不計較，總是能同理被照護者的孤苦之心，在他長期主理之下，入住丸山安養院如同處人間天堂，他總共在此工作長達三十餘年。二〇〇九年，柏修士已經七十五歲了，他也隨同搬到三星新址定居。歲月匆匆、人生如夢，一位意氣風發、帥氣的年輕歌手，來台奉獻超過五十年，如今已成頭髮斑白老人，若要稱讚他，就用他於二〇〇三年獲頒外僑永久居留證時所說的話：終於成為「正港的台灣人」。

沒錯，他比大多數台灣人，更擔得起這樣的美名！柏德琳修士於二〇〇〇年獲頒第十屆醫療奉獻獎；二〇〇七年獲頒義大利之星騎士勳章。

第25章

完整的長期照護發展藍圖——實現全親老夢想

如果你要造一條船，不要召集人們去撿木頭，也不要給他們分配任務及工作，而是要教他們如何嚮往無邊無際、遼闊的大海。

——聖修伯里（《小王子》作者）

天主教靈醫會來台七十年，創設教會醫院，一直於所在之處扮演著弱勢族群的健康守護者及提供多元連續的長期照顧為首要。在高齡照顧的路上也責無旁貸，會士們體貼民間需要的腳步，總是走在政府政策正式執行之前。如今，靈醫會的神父及修女們已默默在偏鄉、離島及眾多需要之地默默扎根。

靈醫會長照服務發展以「馬仁光紀念大樓」（老人醫療大樓）為分界，分成三段里程：過去（二〇一五年之前）——看見需要，所以創造；現在（二〇一五年至二〇二二年）——老人醫療大樓及長照單位誕生、長照部正式成立；未來（二〇二二年之未來展望）——實現全親老大樓夢想及整合靈醫會所有長照服務。

這夢想是由靈醫會士發揚聖嘉民「照護病人」的精神，從一顆「愛人如主的種子」所孵育出來的，透過領導者的願景和策略規劃，並以努力不懈、堅持到底的精神，帶著同仁一步一步走出來的軌跡，從點、到線、進而到全面的漸進式發展過程，最終能讓夢想實現，呈現在眾人眼前，這是多麼令人激賞和感動的故事。

過去（二〇一五年之前）：看見需要，所以創造

來自義大利的神父們於一九五二年，從大陸雲南轉到到宜蘭羅東及澎湖馬公，目睹居民有病無醫可看之困境，秉持著會祖的理念及精神，分別在羅東及澎湖成立了教會醫院。

在服務過程中，呂若瑟神父於澎湖發現當地有很多家庭無力照顧的身心障礙孩童，於是在一九八二年成立「惠民啟智中心」，開始收容照護；一九八六年，回到羅東聖母後，也將澎湖經驗在宜蘭丸山成立「聖嘉民啟智中心」，繼續服務蘭陽平原的身心障礙孩童，之後為了給他們更好的療癒環境，於是遷建到三星聖嘉民照護園區。加上看見台灣人口逐漸老化，因此於一九九五年成立丸山老人安養中心。之後為了給老人們更好的安養環境，於是開始於二〇〇七年著手興建「聖嘉民老人長期照顧中心」，並於二〇〇九年正式啟用。

一九八五年，設立「羅東聖母居家護理所」（於第26章介紹）提供到宅換管及居家護理訪視；靈醫會士們遵照創會者聖嘉民為「貧病者服務」的精神，將部分病房改為收容行動不便及需人照顧的病人，並配合當前醫療環境轉變及社會的需求與政府的福利政策，於一九九八年二月在澎湖設立「惠民醫院附設護理之家」；同年八月設立「羅東聖母醫院附設護理之家」，提供失能者住宿型照護服務。並陸續提供社區送餐服務、到宅沐浴等服務；二〇一四年在澎湖也成立了「惠民居家護理所」。

隨著醫院進出看診住院高齡者人數逐年攀升，並因應全球高齡社會的到來，看著長期照顧與高齡醫療需求急迫，「需要在哪裡，靈醫會就在那裡」。因此開啟興建「老人醫療大樓」之規劃。二〇一〇年啟動募款、二〇一三年開始動工、二〇一七年落成，並以馬仁光修士之名稱為「馬仁光紀念大樓」。之後，規劃以此大樓為社區照顧基地，建構一個「親老」、「安老」、「樂老」、「愛老」等完整的「高齡健康照護網」，並展開長照服務的第二階段：長照機構及整合單位的誕生與服務。

現在（二〇一五年至二〇二二年）：老人醫療大樓、各式長照機構、整合單位及長照部的誕生過程

等待老人醫療大樓竣工的期間，靈醫會開始儲備未來長照人力，並由當時主管帶隊前往日本參訪交流。於二〇一六年即先行開辦失智特別門診，於老人醫療大樓竣工當年（二〇一七）開始辦理失智社區服務據點。

當時正遇政府「長照二・〇」政策上路，也開始接軌「長照ＡＢＣ」的誕生：二〇一八年五月，承接宜蘭縣溪南區「失智症共同照護中心」；同年七月，設立「社區整合型服務中心」（單位Ａ），成為宜蘭縣溪南地區失能或失智長者之長照服務守護者及服務管理師角色；二〇一九年五月八日同時設立「樂智社區式長照機構」、「樂活社區式長照機構」及「聖母居家式長照機構」，希望能為鄰近社區提供更多元服務，使家屬及個案可以獲得「全程、全人、全家、全隊、全社區」之五全關懷與照護。

除了在宜蘭縣羅東鎮提供社區長照服務外，同時也在長期深耕的大同鄉、南澳鄉等地區，提供山地巡回醫療及復健服務之餘，看見在地高齡者的需求，於二〇一八年二月設立「大同鄉四季文化健康站」。同年台北主教公署委託靈醫會管理南澳鄉弘道仁愛之家，也開啟於南澳鄉提供長照ＡＢＣ等服務之始；二〇一九年申請南澳鄉武塔「Ｃ級社區照顧關懷據點」，提供原民長者健康促進及共餐服務；更於二〇二〇年五月在南澳鄉聖若瑟天主堂創建了全國第二、宜蘭第一的偏鄉「微型聖若瑟社區式長照機構」。

為使這些長照機構及相關方案能落實服務及順利運作，羅東聖母醫院院長馬漢光上任後不久，於二〇一九年二月成立「長照質量委員會」，由院長擔任主任委員，邀請相關單位擔任委員，定期討論長照規劃、執行及監督，亦有長照單位主管與會定期討論和交流。

此外，並於二〇二〇年七月一日成立「長照部」，由精神科主任暨失智症共同照護中心計畫主持

郭名釗主任（左一）及尹佩芳副主任（前排左三）帶領長照部團隊成員攝於馬仁光紀念大樓前。

人郭名釗擔起主任重責，帶領體系內全體長照單位有效整合、並連結運用資源。長照部底下分成護理、社區、居家及相關體系單位，並負責相關方案規劃與執行。長照二．〇所要建構的ＡＢＣ單位服務，於短短三至四年當中，在靈醫會體系內，逐漸開花結果、並逐漸成為綿密的長期照護網絡。本章簡介各長照機構及單位，至於居家護理和居家長照則獨立於第26章介紹。

❖社區整合型服務中心（單位Ａ）

於二〇一八年七月起，以羅東聖母醫院之名承接「社區整合型服務中心（單位Ａ）」，以羅東鎮為服務區域，提供鎮內長照個管師服務，成為長照所照管專員或醫院出院準備服務團隊、案家及長照服務單位的聯繫橋梁。藉由在地社區整體照顧模式，強化推動長照服務量能，以長者居住的社區為服務據點，涵蓋族群包括：健康、亞健康、失能、失智、身心障礙失能者。長期照顧服務內容包括：居家服務、日間照顧、喘息服務、社區關懷據點、居家醫療、居家安寧、長青食堂、失智據點……等。以受服務者為中心，提供預防保健、健康促進、預防失能、延緩失能，以達成「在地老化」與「社區照顧」的理想目標，並強化個案管理服務，滿足服務使用者有關健康促進、失能緩和之長期照顧等多元需求。

服務至今約三年多，走遍鎮內各個里、走進五百五十二個家庭，了解照顧者與個案的需求，討論適合於案家需求的長照服務資源，並轉介相關服務福利。走進社區、協會等宣導長照服務不下二十場次；開發實際需要個案共近四百位。這段過程，即便曾面臨僅剩一名個管師的狀況下，依舊將手上一百多位的個案服務到位，不會降低對長照需求者的溫度，因為我們確實看見案主及案家的需要。

最令人難以忘記的服務個案，是一位四歲男孩的故事。本該是個快樂的童年，但在他兩歲四個月時檢查出患有罕見疾病——血中免疫球蛋白過低症，頻繁入出院治療，而錯過許多童年該有的快樂生活。藉由社會處社工連結長照服務，讓聖母醫院個管師有機會服務這位男孩及其家庭。

服務的過程中，發現其實他自生病後除了看醫生外，皆無外出機會，原因為家中無合適之兒童輪椅可協助弟弟外出。家訪時他只能躺在租屋處地面，看著窗外的風景，雖然無法言語，但他看起來是渴望外出與人群接觸的。在某次的感染事件，他剛好入住聖母醫院小兒科病房，經小兒科病房團隊協力照顧下，預計順利出院，個管師及出院準備服務護理師討論，正好能連結「社團法人宜蘭縣發展遲緩兒童早期療育協會」資源。

考慮到出院後他外出不便利，出院前早療協會余主任以最快的速度親自送了一台兒童專用的特製推車至病房，親自指導案母使用，希望他可以在出院後，能使用這台兒童輪椅外出，讓他能因此找回童年應有的快樂外出生活。雖不是最新、最好的推車，卻能帶給案家滿滿的生活助力，個管師連結醫療團隊及社會資源的力量，協助需要的個案能得到長照服務之外的資源及人情的溫暖。

藉由服務過程中，個管師不只關心個案，也關心家屬，除了討論申請長照服務事宜外，家屬更會主動與個管師們分享家中喜怒哀樂，如朋友般關係。個管師除適時給予關心及協助，結合醫院醫護、社工、長照團隊之外，也會結合在地社區資源共同協助案家，使服務更加完善。

❖聖母失智照護中心

羅東聖母醫院早於二〇一六年起自行開辦「失智症特別門診」，提供「一站式服務」，讓診斷失智症所須安排的腦部影像、實驗室檢驗及認知功能等檢查與評估流程大幅簡化，使民眾來院檢查的次數減少，只要一至兩次，就能得到及時的醫療或照護方案，甚至申請身心障礙手冊、外傭聘僱等福利事項，讓有需要的民眾擁有快速方便的就醫流程。

此外，失智症照護服務也涵蓋許多領域，包括舉辦失智症照護教育訓練、提供失智症家屬支持團體、拓展失智症社區樂智據點、社區失智症篩檢及舉辦民眾識能教育等，並結合失智症相關長照資源，提供社會福利申請、長照機構轉介等服務。失智照護中心於二〇一八年一月在羅東聖母醫院正式成立，幾年下來，已獲得令人激賞的成果，並於同年五月通過衛生福利部的審查，承接宜蘭縣溪南地區第一家「失智共同照護中心」，成為將失智照護服務推向全縣民眾的一大契機。能與鄰近社區、社區醫療群等照護單位，攜手合作，使家屬及個案能獲得五全的關懷與照護。

除承接衛生福利部「失智共同照護中心」計畫外，也承接「失智社區服務據點」。失智症患者初期的照護重點，放在延緩認知功能的退化，因此安排到合適社區樂智據點是很重要的。馬仁光紀念大樓啟用之後，就於七樓設立了樂智據點，據點內有護理人員、照服員隨侍在側，還有職能治療師提供各類型的復健活動，例如音樂輔助療法、適合老人的體能活動、園藝輔助療法、烹飪活動等，來持續刺激失智症個案的大腦功能。

有位參與樂智據點的長者說：「我本來以為自己只能活到八十歲，但來參加活動一個月後，認為自己可以滿足地活到一百歲也沒問題。」可見若能協助長者功能提升，不僅增進其生活品質，也促進了心理健康。

自二〇一八迄今，也積極佈建溪南地區深入社區的樂智據點，分別在冬山、三星和五結與在地民間單位偕同開辦樂智據點，於社區中推廣失智友善服務。除了在社區篩檢疑似失智個案外，也對社區居民進行失智預防及延緩等衛教。二〇二〇年，獨立經營「培愛樂智社區據點」，與教會合作、租借場地，以小班制且具個別化的教學模式，陪伴失智長輩一起維持最佳生活品質與安適感。

社區樂智據點活動。

在經營據點的過程中，同仁往往也會有感到疲乏的時候，冷冷的天、又下著雨，還要扛著活動材料出門，真想待在辦公室裡不出門。但當抵達據點，才剛準備好位置排列及簽到座位時，很快地就會聽到「辣．椒．老．師．好！」這位阿嬤可是一大早就到家附近的巷口轉搭公車來的呢，杵著雨傘當拐杖，一步步緩緩地走進據點。接著就會是那位騎著電動車，總是要嚕個好幾遍才停好車的阿公，即使我們家已經訪過，每天還是都要重複著說：「老師，我跟你說，你有空要來我家，我要泡咖啡給你喝。」而且還發現原來阿公仍然堅持每天都要下那超斜的樓梯，一步一步非常之緩慢，就是要來上這兩小時的課。

這群長輩可能不記得今天的日期，不記得自己剛剛已經說過的話，不記得火要關，不記得吃藥的時間，但是他們總是記得早上就是要到據點上課、記得我們是老師、記得同學們的面孔、更是記得來到這裡的自己是超開心的。

看見長輩們從需要家屬好說歹說，還要陪同才要來據點，到現在都主動和家屬說：「我要去上課！」有這樣的一個地方，能讓長輩們找回生活重心，更讓家屬們看見長輩們的進步與心情轉變，讓原本緊張、不安的關係，重新回到最舒適、安心的親密感，因為有這群即使會忘記生活大小事，但還是盡一切努力想要把你記得的長輩們，宜蘭的雨再大，也澆不熄工作同仁內心的熱情。

❖聖母樂活社區長照機構

樂得很自在，活得有尊嚴——「聖母樂活社區長照機構」於二〇一九年五月十八日誕生了！樂活是以失能、失智混合收案型的單位，托顧三十位個案，以失能者為中心，提供自立支援、個別化的生活照顧方式，讓長輩選擇自己想要的生活方式、想做的事情，讓他雖然外出，卻有在家溫暖的感覺。

中心是提供失能或衰弱老人們一種小規模、生活環境家庭化及照顧服務個別化的服務模式，滿足老人之多元照顧服務需求，並提高其自我照顧能力與生活品質。個別化與生活化的照顧模式，中心結合持續性醫療服務，讓需要就診的長者享受更輕鬆、便捷的醫療資源。

能依照長者的獨特性與病程，並依個人喜好與興趣制定「個別化的生活照顧計畫」，將照顧及復能技巧融入日常生活中。此外，也能協助受照顧者融入日常生活中，從生活中維持與強化其既有的功能，幫助長者安心地過著正常的生活，延緩退化的速度。

樂活的照顧挑戰在於失能及失智者各半，工作團隊在活動帶領及服務提供上，就會有不同的挑戰，當然相對也創造出較多個別活動，針對部分團體活動參與度較低的長者，尊重做他（她）可以也願意的事情，如：剪紙、畫畫、協助中心簡單擦桌子或整理餐後物等，並給予肯定及讚美。樂活設在一樓之故，長者們吃完飯後會相約去大廳或長廊邊散步邊聊天，那種感覺真好。只是工作同仁要不斷陪伴，適時把長輩引導回教室內。

樂活社區長照成果展示。

於二〇二〇年和醫院內身心科日間照顧中心、樂智社區長照機構合辦一場聖誕二手市集活動，讓長者有機會與更多人連結。二〇二一年即便在疫情停課的影響下，依舊給予長者及家屬溫暖的關懷與慰問，並為每位長輩在日照生活點滴，做成月曆送給他們，讓家屬和長輩看月曆來重溫日照中心生活點滴。

樂活的暖心服務獲得不少家屬的肯定，並在家屬支持團體活動中得知，自從父母到樂活後，心情變得開朗，也讓家屬（照顧者）有了許多喘息時間。因此在面對失智失能的老伴或父母時，彼此關係不再像以前那樣衝突和緊張了。

❖聖母樂智社區長照機構

二〇一九年五月十三日宜蘭縣溪南地區首家「失智型日照中心」在馬仁光紀念大樓誕生，收顧三十位失智症個案。「甘心給，用心愛」是樂智的信念，並有以長輩為中心的專業跨團隊服務，以長輩為中心，有專業的團隊服務，個別化的健康評估及照顧需求，達到全人關懷與服務。此外，還設置友善環境，供長輩

樂智社區長照活動場景。

安心享有在地老化、維持社交的優良環境，並透過多元的活動安排，包括體適能肌力訓練、認知活動、音樂律動、藝術創作、廚藝烹飪、園藝輔助療法、社區連結等，以延緩個案功能退化。

樂智每一天約有二十四位爺爺奶奶來上課，每一長輩都是如此特別，有說腦袋長蟲然後從耳朵掏出一條條的蟲給你看的阿嬤、每天藏午餐給工作人員找的遊走奶奶、容易感動落淚的伯伯、一起牽手來上課的夫妻檔，他們如孩童般，二十多位爺奶每天的心情和狀況劇可不少。但當要開始上課時，爺爺奶奶的注意力就會回到台前，跟著老師一同動作。日照中心的服務團隊將他們視為自己的家人，和他們分享著故事與心情。有一天下午，陪著幾位爺爺奶奶泡茶，詢問著他們過往職業時，因此開啟他們的話匣子，細說當年勇，那時刻，他們看起來都不像失智症患者。

長者們也因來到日照中心增加了社交機會，甚至相互幫助、給予彼此溫暖及安慰。印象深刻，一位奶奶因丈夫住院，一想到丈夫想到就哭泣，左右二邊長者時不時的安慰她。到了午餐時刻，看到一位桌上已有餐的奶奶排隊拿餐，一問之下才知道她是看奶奶難過到不吃飯，那不是辦法，因而主動去幫她盛飯。

樂智由年輕護理長帶領一群年輕有活力、並皆於長照相關科系畢業的照服員，每日一早進中心後就沒停下手腳，從長者進門一刻，生理監測、活動帶領、午餐午睡準備、對長者的個別化關心，以為長輩平安下課，他們就可以休息了？不！整理完場地後，繼續為明天的課程準備燒腦討論著，甚至自發性每月辦理讀書會一起成長。覺得爺奶有這群樂智孫子（女）真幸福，相信也是爺奶的可愛，因此能激起工作人員對這項服務的熱情和投入。帶著長輩搓芋圓、賣芋圓湯的過程中，因細心觀察失智者的需要而設計出一套「樂智箱」，讓長者返家或放假時也能延續認知訓練活動，此作品參加護理創新比賽還得了前三名！

的確，陪伴這些失智爺爺奶奶，也讓這群年輕照服員看到自己的工作價值，同仁這麼溫馨地分享著：

一名照服員在服喪過程中，因長輩們給她的問安及關心，彷彿奶奶還在，那聲早安是如此的溫暖，使原本低潮的自己緩緩地走出失去至親的傷痛，並將喜愛奶奶的這份心繼續延續下去。

看見長者從依賴輔具到自立行走的進步，肯定了做這份工作的價值，就是看著長輩們不斷的進步。看著他們為了自己的健康堅持到底的毅力，充滿感動，即便每一步路都走的很辛苦，也不放棄每次機會。只要他們能繼續走，我就會陪伴著他們繼續走下去。

有時候自己會很驚訝，長輩怎麼改變那麼大，突然一個健步如飛，或者平常不擅長言語表達的長者，突然會口出金言。還有另一個情況會是在課程中，因某個點突然讓長輩有感而發，都會讓我們感到開心、又有新期待的感覺。

另一個失智患者的故事，更讓一名照服員時刻提醒自己「莫忘初衷」。一位樂智最年經的大哥，平時沉默寡言，屬於默默做事、比較不吭聲的類型，但總是很有愛心地觀察著，都會主動幫忙中心的其他長輩及工作人員，這股熱心腸讓人覺得好溫暖。不解他為何來到這裡，一問之下才知這位大哥曾經為了勸阻外勞欺負一位婦女，被打到腦部嚴重創傷而導致失智症。看到大哥即使在缺失很多記憶下，依舊努力地過生活，不讓家人擔心，在樂智仍是熱情助人，也沒什麼太多的怨言。心想，假如再一次的機會，大哥也一定會選擇救那位婦女。在最後參與這位失智患者的告別式時，她告訴自己：「很開心初入長照，就夠認識這麼好、這麼棒的人，未來將繼續秉持大哥的精神，每天多愛一些人、每天多愛人一些。」

❖宜蘭縣大同鄉四季部落文化健康站

一九五八年，華德露神父原鄉福傳的第七站來到四季天主堂，海拔高八百公尺且距離羅東六十四公里，當時公路局一天只有一班公車，交通非常不便且偏遠地區教育不普遍，需要一邊講授福音，一邊教導文字，晚上沒電燈時只能點亮蠟燭來教導居民。

那個年代大家沒錢買米，多以地瓜為主食，而華神父也入境隨俗。在神父的口袋裡面，一邊放著糖果，一邊放著錢，見到小孩就給糖果，遇到窮苦的大人就給錢，所以村裡無論大小居民都叫他「亞爸」（原住民語：慈愛的父親）。這樣的愛牽引著張文友神父、謝樂廷神父、直至現今的主禮楊家門神父，也用滿滿的愛心在此長期服務，每場彌撒都座無虛席。

二〇〇三年六月，靈醫會也在四季天主堂二樓，成立「四季復健中心」，成為當時全台海拔最高的復健站，由專業暨有愛心的物理治療師江進財（阿財）服務。他常會以自己的私家轎車沿途載著需要長期復健的阿嬤來到四季復健站，結束復健時，因阿財還未下班，有時則會有熱心的垃圾車司機幫忙載阿嬤回家，這是一個接力傳愛的好所在。

為了想在原鄉再多一點服務，二〇一七年三月開始在四季部落進行失智篩檢、辦健康講座，提供共餐服務，結果來了近七十位居民。二〇一八年原民會邀請提出文化健康站計畫，於是在當年二月一日開辦了「四季文化健康站」。我們將原本的籃球場變成文化健康站，讓長者有活躍老化、交流空間，有大大的廚房可供長輩餐食，藉由食衣住行育樂的活動設計與關懷，以實現長者「在地安老」的夢想。

想著這些年即便時常從海拔二十公尺蜿蜒上海拔八百公尺，從炙熱溽暑到冷冽寒冬，從平地到雲端，這來回三小時的車程，看到到四季爺爺奶奶跳舞的朝氣，農忙採收時的歡愉，前往各地方比賽表演的興奮和榮耀感，一切都是值得的！

❖聖母護理之家——專收難以照顧的失能者

羅東聖母醫院於一九九八年八月一日成立「附設聖母護理之家」，當時僅設置三十床，照顧著在地重度失能的長者，期盼能以靈醫會會祖聖嘉民「視病猶親」的精神，藉由專業和熱忱提供「人性化」、「個別化」及「專業化」的照顧與服務，並營調安全舒適的家。

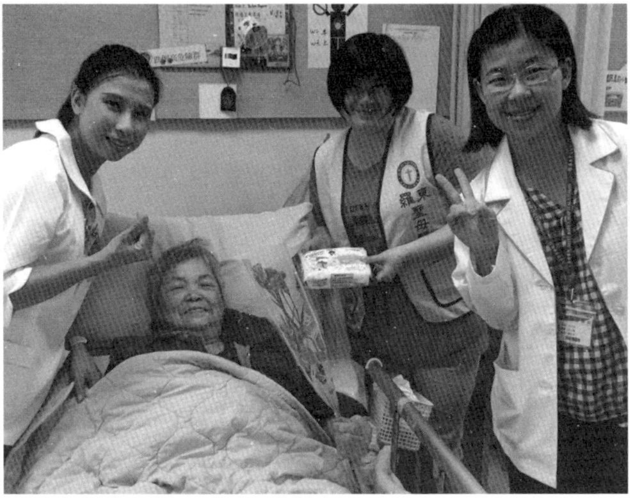
護理之家的阿嬤如同在自己家中的微笑。

當今社會的家庭人口已經逐年減少，有很多長輩住進機構，並非家屬不想照顧，實係情非得已。在護理之家，家屬放心將長輩託付，代替他們因為工作忙碌而無法完盡的孝道。常常聽家屬與護理之家的團隊分享，原本送父母到護理之家，覺得差不多要道別了，結果這一住就住上了好幾年。事實上，父母越住越健康，子女也就越來越安心，這反應著聖母護理之家的照顧品質是受到肯定的。

二〇一〇年推動長照安寧，是當時宜蘭縣唯一設有長照安寧的機構，這在教會醫院相當重要。安寧病室的設立，也讓不少進入臨終前的住民，能安詳舒服且在親友的陪伴下安息。其中印象最深刻的是，一位住民安息於護家安寧病室等待家屬從南澳辦理後事，一名大夜班下診的照服員得知後，自行前往安寧病房陪著往生長者，直到家屬到來。家屬在辦完喪事後才與護家護理長分享當天看到的那一幕，令他們非常感動，也非常感謝護家如家人般地看待長者，覺得老人家並不是孤單離開。

二〇二〇年開始，受 COVID-19 的影響，防疫政策對護理之家進行探訪管制，也讓團隊在住民的身心靈上有更多的陪伴與支持。一位住民的兒子在台北上班，疫情期間常與護理長聯絡，關心母親的身體狀況。那天，同事為他們撥通視訊軟體，兒子解釋因為疫情的關係，所以無法來護理之家探視，要請母親放寬心。母親帶著微笑說：「在這裡的人都把我們照顧得很好，你們上班的人要照顧自己，不要被傳染了，外出要戴好口罩，也不要出去玩了，孩子們要保護好喔！」每一句都是對自己家人的關心。

在護理之家服務十多年的陳鈺芬護理長，每一年、每一天都在做同樣的服務，但挑戰和議題全然不同。看似隨性風趣且熱情的她，對於照顧品質有一定的要求，而且是以身作則示範給團隊看。在帶領工作團隊上剛柔並濟，她曾對著護專的實習生說：「做對的事情！學對的技巧！」這或許是團隊至今依然能保有如此熱情及高品質服務的源頭所在。

二〇二二年，為了提升護理之家的照護環境品質，也將轉為「住宿式長照機構」，並遷移至馬仁光紀念大樓，從原本六十床增至八十床，除了原有的服務及收納的服務對象外，另增收「呼吸器照護專區」，讓有呼吸器依賴的長者，能配合呼吸照護團隊進行呼吸訓練計畫，使機構長輩同時接受醫療照護，維持正常生活品質。另規劃「夜間喘息服務」，期盼能成為本縣之創新服務。

未來展望（二〇二二年之後）：實現全親老大樓夢想及靈醫會長照服務整合

靈醫會在過去七十年間，不論是醫療或偏鄉服務，從「別人不做的、我們做」，到老人醫療大樓的落成、長照機構的發芽、單位及資源的整合，在在都顯示靈醫會在高齡服務做到全面推行的決心和用心。如今在靈醫會邁入第二個七十年，也隨著二〇二一年位於馬仁光紀念大樓七樓「樂智團體家屋」的成立，以及聖母護理之家將搬至紀念大樓五至六樓之後，更讓當初號稱為「全親老大樓」的夢想給完全實現了！

❖樂智團體家屋

在評估宜蘭縣現有的服務提供狀態、失智症患者及其家庭照顧者的需求，希望提供失智症長輩有品質、有尊嚴的晚年生活，同時減輕家屬的照顧壓力與負擔，於馬仁光大樓七樓設立兩單元，共十六床（八間單人房、四間雙人房）的團體家屋服務。主要是提供具行動力之失智症者，「不約束、家庭化、個別化及非機構式」的日常生活照顧，給予他們一個安心生活的居家環境。樂智團體家屋於二〇二一年十二月二十日申請設立通過，並預計於二〇二二年開始正式營運。

失智症團體家屋的房間（兩人房）寬敞舒適、光線充足，窗景可見層層山巒。

❖羅東聖母住宿長照機構

宜蘭縣老人長照機構有四十家，一般護理之家有八家，法人住宿式長照機構兩家。原羅東聖母附設護理之家長年以來服務收治六十歲以上之個案，歷年占床率九十至九十五％。以目前設置規模及收治個案，侷限收治重症失能長輩。而且現址位於醫療防疫大樓內，在防疫動線及機構管制政策上更加困難。未來成為「住宿式長照機構」、並搬遷至老人醫療大樓，規模服務擴充至八十床，允諾服務更多類型個案來造福宜蘭鄉親，規劃以完整且多元的照護服務模式，為長者及其照顧者提供五全的照護服務。

❖三院整合——將長照服務點線面完整串聯

除了實現親老大樓的夢想外，也因應著羅東聖母、澎湖惠民及礁溪杏和醫院的三院整合，由羅東聖母醫院為總院，共同在宜蘭縣及澎湖縣為需要者提供醫療服務，而長照發展也是接下來發展里程首要之務，回歸靈醫會的核心理念：「哪裡有需要！我們就到那裡去！」由總院帶領著各部門及兩家分院，看到在地長照的需求，帶著聖嘉民的精神，堅持所託、盡其所能！

（第25章、第26章內容由長照部副主任尹佩芳及相關單位提供）

第26章

居家整合照護團隊：居家醫療、居家護理及居家長照

當你在旅行時，終點會顯得越來越遙遠，然後你才了解真正的終點就是旅程本身。

——喬瑟夫．坎伯（美國神話學家）

居家醫療

醫師出訪社區，來到病人家中，除了探訪病人本身，並為其診治之外，也會在病人家庭及社區環境中，看見整個環境對病人的影響，如家裡有誰、關係如何、鄰里關懷概況、社區互動文化等，都能對病人的身體、心理、靈性、社會及經濟條件，得到實際且完整的概覽。有別於在醫院中，家庭及環境概況只能根據病人及家屬口中所描述的間接訊息。這些資訊對病人的衛教、疾病的系統性描述、整體治療計畫的擬定，都會有實質的幫助。

通常這也是居家服務團隊資源整合且合作無間的時刻，居家醫師、居家護理師及居家照服員可能會同時出現在病人家中，為病人診治、護理及進行家事服務，甚至到宅沐浴。此外，居家安寧緩和療護團隊，包括醫師、護理師、社工師、志工等，也會以團隊方式到家裡為病人服務，讓病人更有尊嚴地在家渡過生命最後美好的時光。

因此，會進行居家醫療的科別，通常以家庭醫學科醫師為主，但有時內、外科專科醫師也會視病人狀況而居家診療，當然也包括精神科醫師。

以下摘錄一段居家服務團隊共同出訪的故事——〈人生竟然如夢〉[1]：

櫻花夾道盛開的美麗季節，是精神科山地巡迴醫療團隊最喜歡出訪的時段。帶著實習醫師，加上居家護理和居家服務團隊，一起來到阿城的隱密住所，順道將他的生命故事娓娓道來……

❖東條英機的褒揚狀

父親名列日據時代二十萬台籍日本兵，不幸卻成為南洋戰事三萬戰死者之一，最後光榮返鄉的不是父親本人，而是署名「日本國東條英機總理」的褒揚狀。阿城將它與為數眾多的獵物頭骨，一起高掛在客廳的牆上，惕勵自我，共同訴說各種英勇故事。

台灣光復之後，追隨父親的榮譽，成為保衛鄉民的警察。不幸，自三十歲起，這些英勇故事，竟成為他日夜都揮之不去的夢魘。

❖夢蓋與思覺失調症

無論日夜，當人完全清醒時，鎖夢的夢蓋竟然鬆弛或脫落，再也擋不住的潛意識夢幻（包括故事記憶、潛藏的恐懼情緒，加上幻想編劇情節），竟栩栩如生地直接映現在現實生活當中，有如置身4D電影。將夢幻誤認為真實，持續暴露在鮮明的震懾恐懼之中，帶來混亂不堪的人生。這類病狀是思覺失調症常見的病徵，導因於大腦多巴胺系統的功能失調。

原本父親征戰的英勇故事，竟幻化成他疾病展現的鮮活內容。敵軍不時圍攻，甚至闖入他的住所，逼得他時時都得持刀應戰。連睡覺都得半睜眼，免得反應不及。敵軍甚至還有隱身術，常是聽得見近身恐怖的衝鋒聲，卻不見人影。

有一天，敵軍實在多的可怕，自知寡不敵眾，只好將自製的汽油彈，往敵方一丟，瞬間陷入火海。家人將全身灼傷的他送醫急救，接受漫長的醫治期，留下全身灼傷的疤痕，以及有如鐘樓怪人般的扭曲臉孔。之後，又被轉送精神病房住院。

❖精神科山地巡迴醫療、居家護理與居家服務

出院返家後，發現朋友、工作都沒了，只能靠社會補助、孤寂度日。即使生活境況嚴峻，卻仍選擇堅強地活著。藉酒精撐起他的尊嚴，也成為痲痺身心苦痛的偏方。然而酗酒慢性病患的醫囑不遵從率，是非酗酒者的十三倍。於是通常一年必須被送至精神病房住院達三、四次之多。

藉由精神科山地巡迴醫療長達十餘年的服務，提供每月一次、肌肉注射長效型抗精神病藥劑，確保持續性的治療，協助他擋下夢幻敵軍的攻擊，日子也逐漸平靜下來，不需要時時戰競備戰，也不再需要間歇性的住院。

那天，精神科醫師為他進行診治及衛教，並給予肌肉針劑注射；居家護理師為其巨大痛風石蹦出皮膚所造成的傷口，進行換藥、消毒、包紮等護理工作；居家照服員則協助他整理家務、清潔環境、洗衣服，之後則為他煮一頓豐盛的午餐兼晚餐；至於實習醫師的任務，除了簡單修理門片之外，則是使用外科縫線的技術，協助他縫補紗窗的破洞。

❖長日將盡

然而四肢關節聳立一顆顆的痛風石，儼然菸酒公賣局所頒振興經濟的獎章，也成為堵塞泌尿下水道的元兇。由於逐漸惡化的腎臟排毒及免疫系統功能，在一次因嚴重肺炎所導致重度昏迷，獨居的阿城在一段時間之後，才被轉送加護病房住院。

1 編注：此故事主要編寫自《有愛，就有路》一書。

油畫燈枯，阿城的生命走入尾聲，轉由安寧團隊進行最後照護，而居家服務團隊的任務也告終。同時，猛烈的十六級颱風則猛烈襲擊他長年所住木屋，直到屋頂吹落、房體倒塌。戰場傾頹，阿城的惡夢、敵軍鬼魂，也一溜煙地全都消失無蹤。

聖母居家護理所：一群溫暖的居家照護天使

一九八七年在健保尚未給付的年代，羅東聖母醫院修女及護理人員即已走出醫院的圍牆，踏入社區，提供健康講座、進行衛生教育宣導。同時也進到個案家中，提供留置管路更換、照顧技巧指導及傷口換藥……等護理服務。一九九〇年十二月十七日，因著需求日益增多，故成立「羅東聖母醫院附設居家護理所」，持續為蘭陽鄉親服務。一九九五年四月，全民健康保險開辦且將居家護理納入健保給付，並開啟居家護理服務的新紀元。一九九八年，提供癌末個案居家安寧服務，為宜蘭地區第一家「居家式安寧療護服務機構」，讓個案最後的生命旅程能舒適、有意義、有尊嚴且有品質的在家中度過。

二〇〇九年九月本著教會醫院照顧弱小弟兄的精神，承接宜蘭縣「生命連線——緊急救援通報服務」之居家訪視業務。居家護理所的服務對象，從身障失能者擴充到獨居老人，直至二〇一八年十一月二十八日為符合醫療法相關規定，居家護理所更名為「天主教靈醫會醫療財團法人附設羅東聖母居家護理所」，除了原有之居家護理及獨居老人訪視服務外，同時提供更多元之醫療護理及長期照護相關服務，包括：長期照顧服務之專業服務、居家失能個案家庭醫師照護方案及居家醫療照護整合計畫等。

除了照顧個案外，弱勢的家庭照顧者也是我們關心及照顧的對象，居家護理師除了照顧技巧及照顧知識的指導外，同時提供二手生活及醫療輔具資源，減輕照顧者之照顧壓力，另外定期舉辦家庭照顧者支持團體活動，讓家庭照顧者放鬆、紓壓，同時學會彼此支持及運用照顧資源，成為聰明之照顧者。

服務在地鄉民近三十年，服務的點點滴滴及感動故事實在數不完，以下是幾則印象最深刻動人的故事。

一位八十高齡獨居阿嬤，因思念在花蓮監獄服刑（被判十八年）的獨子，出現憂鬱病況，長期食慾不振。居家護理師為阿嬤設定活下去的目標及理由：「如果在半年內，阿嬤聽從居家護理師飲食計劃，恢復體力，聖母醫院即協助陪伴阿嬤探訪在花蓮監獄服刑的獨子！」之後阿嬤很盡力的讓自己吃飯、體力恢復，終於如願完成監獄探子之旅，母子相擁的那一刻，大家的淚如雨下！阿嬤滿心歡喜及感謝，但不知道如何具體地感謝我們。其實我們心中最希望阿嬤給我們的謝禮就是：「阿嬤好好照顧自己！快樂健康地活著！」

另一位阿嬤有壓瘡、失禁、憂鬱（因兒子及養子相繼因意外過世）、足不出戶、面無表情，日常生活完全依賴有氣喘的案夫照顧，甚至面臨被送入機構照顧的命運……。居家護理介入後，提供遠距量測服務，並連結居家服務及衛生所醫師等資源，教導案夫在家照顧技巧，減輕他的照顧壓力。如今，阿媽安心的在家生活，不必入住機構。去關心時看著她面帶微笑，日常生活在助行器的協助下可自行完成，還會走到隔壁檳榔攤跟鄰居聊天。案夫說：「阿嬤都自己來，我照顧得很輕鬆，沒壓力了，非常感謝聖母醫院的幫忙。」

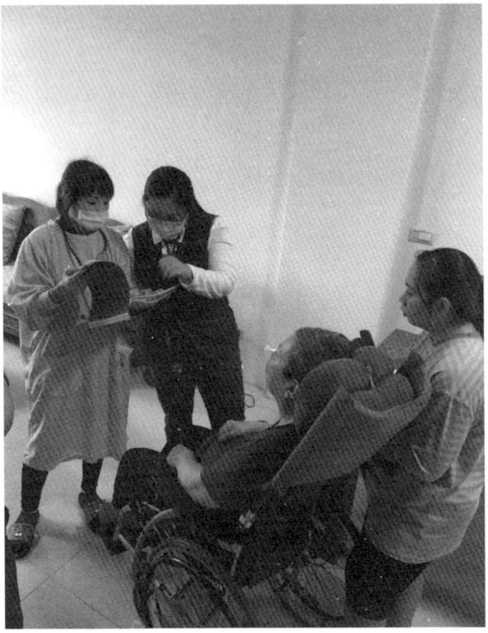
居家護理師與何宜桑醫師（左二著背心者）一同出勤。

最後一則，是一位獨居多年阿公，許久沒有躺在床上睡覺過，平日都坐在輪椅上，想睡時就趴在客廳桌上睡覺，大小便就包著尿布，等到居家服務員到家時才能協助清理。雙腳從膝蓋以下被魚鱗狀的增厚皮屑給覆蓋著，五跟腳指頭全部黏在一起、看不見指縫，雙腳因水腫導致皮膚有多處傷口。居家護理介入後，協助阿公泡腳及洗腳，還給阿公健康正常的雙腳，同時轉介社會處協助申請機構安置服務。

羅東聖母居家長照機構

「沐浴」、「泡澡」對一般人來說是再普通不過的平常事，但對照顧失能者的家庭來說，卻是個艱鉅的工作。對於失能者而言，在家洗個舒服又有尊嚴的澡，更是個遙不可及的夢想。因此，滿足失能者最基本之身體清潔需求——「遇見您、澡到家」。

這個故事要從二〇一六年說起，因感於長者對於居家照顧服務之需求，聖母醫院接受善心人士王先生捐贈第一部到宅沐浴車，並培訓到宅專業人員提供服務，於是開啟了居家服務之門，提供全縣到宅沐浴。之後，深感在地長者需要居家式照顧服務，故於二〇一九年三月十九日成立「羅東聖母居家長照機構」，以提供宜蘭縣溪南區居家服務。

到宅沐浴車提供長期臥床重度失能七至八級長者舒適的浴缸泡澡，由兩位居服員及一位護理師所組成的沐浴團隊，不論颱風、下雨，每日上、下卸載超過二十公斤的設備，提供服務量能更為全縣之冠：「每年逾千次！」然因設備已使用五年之久，車體及設備皆已耗損需更換。二〇二二年，台灣麥克出版社及獅子會各捐贈一台到宅沐浴車，於是增加一組服務人員，以因應蘭陽地區重度失能者之沐浴車服務需求。

二〇一九年三月，正式開始提供溪南區（羅東、五結、冬山、蘇澳、三星）長照失能級數二至八級之身障者及亞健康長輩之居家服務。家庭照顧者白天上班，長輩或身障者往往獨自一人在家等候，居家服務員進入家中陪伴、協助沐浴、備餐、協助進食、家務協助等服務，透過居服員的協助帶領，能延緩長輩退化失能情形。服務對象在家不再只是睡覺與看電視，也減少服務對象日夜顛倒情形，減輕家庭照顧者照顧負擔，亦能有寶貴喘息的時間。

在服務的個案中，印象最深的是一位八十七歲奶奶，只有年過花甲的兒子同住，家中開設農機修理廠，自從二〇二一年三月，奶奶因老化疾病而倒下，從行動自如，變成了臥床狀態。奶奶自從發病後，案子總是匆匆出門、又急忙忙地回家，深怕母親在家中會叫喚不到他。同年五月，新冠疫情爆發，申請外籍看護更是一位難求，案子透過本院出院準備管理師銜接居家服務，提供基本日常照顧、協助長輩餵食、肢體關節伸展及陪伴服務。自從居服員到家中服務後，案子表示可以放心地出門採買、處理工作事宜，週六日還可以使用居家喘息，居服員在家陪伴母親，案子也可以安心地與朋友聊天，以舒緩平常的照顧壓力。

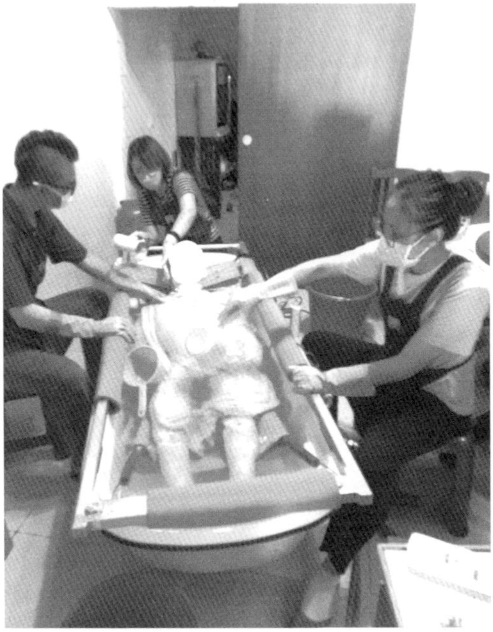

到宅沐浴團隊執行業務中。

經過了兩三個月的調養以及病情的控制，加上家屬與居服員的從旁協助，奶奶終於有機會站起來，並且練習走路，目前可以不用坐輪椅，透過居服員攙扶，緩慢地步行至廁所或客廳。雖然長輩因年齡的增長而有所退化，但我們更加相信，透過居服員的陪伴及協助，能夠延緩長輩退化速度，讓居家服務不只提供服務，因為有聖母居家服務，如寒冬中所升起的營火，能溫暖更多人的心。

居家長照機構成立短短三年，過程遇到居服督導大換血、機構評鑑、居服人員難尋及政策不斷調整，帶來不少的衝擊。如今，這些風波都已經漸漸平息。於二〇二〇年，第一次的居家式長照機構評鑑合格；並於二〇二一年，推派資深居服人員獲選績優長照人員獎。在團隊齊心協力的成長下，期盼著能因而提升蘭陽地區居家照顧品質，延緩長輩失能及老化的過程，達成在地安老之願景。

第27章

南澳弘道仁愛之家與社區長照藍圖

直到你年老，我仍是一樣；直到你白頭，我依然扶持你。我既然如此做了，我必要提攜你，扶持你，拯救你。

——依撒意亞（以賽亞書）46章4節

南澳鄉在泰雅原名為「基男」，意即非常美麗的環境，是宜蘭縣土地面積最大、人口密度最小的山地鄉，因處於蘇澳港南方，故命名為「南澳」。截至二〇二一年十月各村部落統計人數共五千九百人，行政區域共分為七個村，包括東岳、南澳、碧候、金岳、武塔、金洋及澳花村。三面環山東臨太平洋，居民以泰雅族居多，有少部份之漢人，鄉內山勢雄偉、藍天碧海，擁有自然景觀及生態的觀光資源。由於社會和教育資源的缺乏，以及青壯年原住民就業資源和創業資本不足，長久以來，原住民部落總是存在著：失業率高、經濟弱勢、醫療資源有限、兒童及老年照護資源不足等問題。

弘道仁愛之家

耶穌會士部軼歐主教為造福南澳鄉原住民，於一九六八年創立「天主教南澳醫院」，後因北回鐵路通車，鄉民改往大城鎮就醫，醫院因而停辦。為符合當地社會需要，賈彥文總主教於一九八四年十二月二十八日將其正式轉型為「財團法人宜蘭縣私立天主教弘道仁愛之家」，接受公費或自費老人之安養服務，至今已有三十八年歷史。

南澳弘道仁愛之家。

地處宜蘭縣南澳鄉蘇花路旁，現任董事長為鍾安住總主教。二〇一八年四月起，基於地利之便，正式委由天主教靈醫會進行管理與推動營運，並由曾擔任羅東聖母醫院護理部主任、社區醫療副院長的楊廷芬女士出任院長一職，期待借重她的護理及管理專才，為弘道仁愛之家注入新的發展動力。目前主要提供安養服務，服務人數約為三十三至三十四人，其中住民由宜蘭縣政府公費安置的緊急庇護者、遊民及公費住民為主，而且收費很低，因著慈善及回饋鄉里美意，堅持不漲價政策。

❖頗具質量的居家服務

二〇〇五年，大南澳地區（南澳鄉全鄉及蘇澳鎮鄰近三里之統稱）居家服務正式啟動，有別於一般的居家服務執行單位，除擁有安養院行政支援外，還包含區域獨特的文化、族群及地理特殊性等要素，使此機構一躍而起，扮演當地住民生活中極為重要的角色。在這十六年當中，居服員不畏風雨，每日至案家服務，展現專業技能，協助減輕家庭照顧者的身心壓力。他們除了提供居家服務之外，也會以案主為中心，妥善使用社會資源，並善盡敦親睦鄰之責。目前共服務七個部落、約一百二十七位居服的長輩，服務品質於歷年評鑑皆列位甲等。

原鄉居家服務至今也將邁入第十七個年頭，熱情依然鼎沸，偏鄉服務面臨的困境相當多，如：需要洗澡的服務的個案家中沒水，居服員需要現場用柴火燒水供個案使用；或需打掃服務，但因經濟困難家裡沒有光源，而需要摸黑服務，都是原鄉居家服務常見的情境。但他們本著以不變應萬變，並適時媒合相關資源，改善居家服務時所遇到的困境，帶給案主能有更好的服務體驗。此外，也積極配合中央長照二・〇的核心目標推動「看的到、用的到、找的到」的原鄉長照服務，使長者有更多選擇，照顧品質也相對提升。於「在地老化」的前提之下，努力給長者更有尊嚴的晚年，繼續在家享受天倫之樂。

此外，偏鄉的長照工作是辛苦的，資源及專業人力不足，一直是難以突破的困境，因此於二〇二〇、二〇二一連續兩年，承辦照顧服務員訓練計畫，共訓練五十九位照服員，其中二十七位已經持續就業中。除了增加當地原民的就業率，也適時紓解當地專業服務人員之渴求，確實為雙贏政策。而弘道居家服務也因應地方需求，至今已經達到每天有二十一位居服人員在大南澳地區服務的規模。

❖樂智據點

南澳失智據點於二〇二〇年成立，目前服務長輩八位，雖然人數不多，但因偏鄉失智照顧觀念薄弱、確診率低，這些服務長輩都是工作人員一個一個去邀約，甚至親自協助確診相關事宜而來。可看出樂智據點工作人員，無論在失智照護專業知識、社區資源整合能力及服務熱忱，一應俱全，因隨時要處理長輩的問題行為，照顧失智長輩算是一種高度挑戰的工作。加上南澳樂智據點因初期承辦時期，周圍環境及課程空間都需要相對費心。例如，因著長輩想種菜的願望，於是帶領長輩們擦油漆、運用廢棄棧板裝設成圍牆，一個區域、一個區域建置療癒菜園，完成戶外教室的空間，也讓附近居民能共享環境，這些用心及創意課程，都深受好評。

樂智據點完全免費，提供認知促進課程、家屬照顧技巧教學、家屬支持團體等，不但能延緩失智症患者病程、減輕家屬照顧壓力，更能提供家屬情緒支持及協助尋求相關資源。鼓勵長輩們多走出家門，維持基本的社交關係，能預防延緩記憶力退化，響應政府推動建構「找得到、看得到、用得到」的長照服務。

長照一條龍服務

二〇一七年，藉由長照二．〇政策發展出「社區整體照顧服務體系」，包括：從社區整合型服務中心A單位、長照交通車、復康交通車服務、老人營養餐食、失智據點、醫事C據點及關懷據點等等，加上原有之居家服務，並結合天主教靈醫會成立之聖若瑟日照中心，弘道逐漸在南澳鄉已然發展出頗具規模的「長照一條龍服務」。期待運用多元服務，以滿足每一位個案之需求，也讓長輩可以達到在地老化的願望。因看到偏鄉長照宣導的困難，故配合衛生局執行蹲點工作計畫，讓A個管人員以村為據點，挨門逐戶宣導，並普查長照需求人數。及至今年南澳鄉及蘇澳鎮三里（東澳里、南強里、朝陽里）已經有兩百零九位長輩申請各項長照服務，並於二〇一八年六月成立武塔村關懷據點。

❖未來發展藍圖

目前的長照規劃，除了賡續政府長照二．〇相關ABC計畫，以及社區既有長照業務之外，也在南澳天主堂設立社區日間照顧中心，即聖若瑟社區長照機構，提供失能失智較嚴重的長者的日間照顧服務，因空間限制，只能收置五位長者。目前正在積極籌劃「弘道長照園區」的拓展計畫，期待能興建新大樓，除了涵蓋既有安養院、擴展日照服務量能外，也希望增設養護等完整的長照機構。

此外，也將結合羅東聖母醫院的山地巡迴醫療、南澳復健站，以及南澳衛生所公共衛生體系，建構完整的在地醫療暨長期照護體系，甚至規劃增設透析中心，以減少透析民眾往返羅東或宜蘭不便，以造福在地鄰里。

為成就弘道長照園區的建置，以提供南澳偏鄉的醫療及長期照護需求，讓弱勢族群也能享有平等、完整的照護資源，我們亟需廣大的社會善心人士，慷慨捐輸，讓南澳原鄉居民的夢想，早日實現。

是天主的工作

天主教靈醫會承接弘道仁愛之家後，經由楊廷芬院長及神父們兢兢業業的努力之下，在短短三年多時間，竟能創建出如此完整流暢、頗具規模的機構及社區長照服務體系，令人驚艷。印證靈醫會愛德的潛能，是無比的豐沛！如同耶穌向聖嘉民所說：「這是我的工作，而不是你的。」

（本章主要資料提供者：弘道仁愛之家楊廷芬院長）

第28章

家庭照顧者支持服務據點

凡勞苦和負重擔的，你們都到我跟前來，我要使你們安息。

——瑪竇（馬太）福音11章28節

根據一九九六年成立的中華民國家庭照顧者關懷總會於二〇〇七年調查[1]，家庭照顧者以女性居多，約占七成。年齡介於五十一至六十歲間的家庭照顧者人數與比例較高，佔三十二．九%；其次為四十一至五十歲，佔二十五．五%；再其次為六十一歲以上，佔二十四．四%。平均照顧時間九．九年，每天平均照顧長達十三．六小時。照顧者最感沮喪的，包括「失去自己的生活」（二十八．三%）、「工作與照顧難以兼顧」（二十一．五%）、「經濟困難」（二十．三%）等。

因此，常有上了頭版新聞的「照顧悲劇」發生。事實上，這些家庭照顧者承受著身心、工作、社交、經濟及家庭關係的多重壓力，隨時都可能成為被一根稻草壓垮的駱駝。根據國外研究，家庭照顧者中，二十%罹患憂鬱症、六十五%有憂鬱傾向、八十七%有慢性精神衰弱問題，而家庭照顧者死亡率，也比非家庭照顧者高出六十%。主要因素為：一、照顧者認為照顧是我家的事，拒絕求助或接受協助，承擔過度責任；二、照顧者對照顧結果抱持過度期待；三、不了解或不信任外部資源；四、家庭關係不睦或成員缺乏溝通與共識等因素。

也有一些照顧者陳述，照顧過程讓他們對自己感覺良好，是這麼被需要著，能賦予他們生命意義，學習新技能，並因而強化與他人的關係。

羅東聖母醫院家庭照顧者支持服務據點成立於二〇一九年三月，迄今服務近百位家庭照顧者。家庭照顧者總會陳景寧秘書長分享說：「也許因為你們的介入，有機會改寫這些家庭照顧者的生命腳本。」這句話支持著我們繼續在這條路走下去的力量，或許我們不一定能幫上太多忙，但還是想讓身為照顧者的妳／你知道：「妳／你並不孤單！」

成為聰明照顧者——家庭照顧者支持服務創新型計畫

「夫妻本是同林鳥，大難來時怎能各自飛。」

「照顧歷程如此漫長，似乎看不到盡頭。」

「我知道先垮掉的會是我，但我別無選擇……」

這是我們在服務家庭照顧者時，時常可以聽到的話語，短短幾句話，透露著照顧者的辛酸及無奈。隨著人口老化和少子女化，大家庭已算少見，彼此互助幫忙與支持的溫馨情感，隨著忙碌及人口外移也漸漸消失，老人及身心障礙者照顧議題，開始被重視，長照二・〇不再只重視被照顧者，也將「家庭照顧者支持據點」納入服務項目。

「家庭照顧者支持服務創新型計畫」除了個案管理，還有紓壓活動、支持團體、照顧技巧指導、心理協談、喘息服務、志工電話關懷。社工師或個管師所執行個案管理，每個月進行至少一次電訪和家訪，協助減少照顧過程的困難。紓壓團體、支持團體，幫助照顧者有機會暫時脫離照顧環境，能得到喘息與放鬆的機會，更希望照顧者彼此間建立起互相支持的網絡。

有關指導照顧技巧提升方面，是希望在照顧過程中，減少照顧者與受照顧者受傷的機率。經社工

1 編注：出自中華民國家庭照顧者關懷總會網頁資訊：https://www.familycare.org.tw/about

家庭照顧者支持服務據點訓練活動。

師評估後，會依照顧需求，請照顧服務員到家中進行照顧技巧指導，以及邀請職能治療師、藥劑師、居家護理師、營養師等在社區辦理照顧技巧訓練活動；心理協談則是協助因龐大照顧壓力而導致憂鬱傾向的照顧者，能得到情緒紓解、改善病情；喘息服務則是於照顧者參與上述相關活動時，會請有合格訓練證書的照服員來活動會場，協助看顧受照顧者，讓照顧者能放心參與活動、關照自己的個人需求。

在服務照顧者過程中，發現他們大多數會忽略自己也需要休息、也需要被好好照顧。因為擔心還有許多照顧者在家中獨自奮鬥，於是主動積極拜訪村、里長及長照相關網絡單位，加強「家庭照顧者支持服務」宣導是當務之急。藉由在社區中辦理宣導活動、透過社會大眾的力量，期望讓更多照顧者能納入服務。

除了倡導照顧者的權益，也希望照顧者在照顧過程中能有個短暫喘息空間，以補充能量，於是我們發想連結社區中的友善店家成為喘息子據點及能量充電站，一個角落空間、一杯咖啡、一份甜點，都能讓照顧者在需要時稍稍歇腳、喘息，放鬆一下。

多數照顧者往往默默地承擔照顧壓力，甚至失去與人互動機會，透過照顧者群組「聖愛樂園」的組成，讓照顧者們能找到面臨同樣處境的朋友，抒發情緒、互相取暖和加油打氣、以及分享照顧經驗，讓照顧者知道照顧路上並不孤單，攜手相伴成為聰明照顧者。

照顧者常忘了，自己也是需要被照顧者

服務照顧者過程中，照顧者一開始對於使用服務是卻步的。印象深刻是一位照顧者，因盛情難卻，參與了第一場的紓壓活動，在參與活動的中場休息時間，開心地主動來告訴社工師：「這二十幾年來，我第一次單獨出門，謝謝你們的邀請。」在服務過程中，時常看著這位照顧者帶著婆婆及母親，辛苦地在醫院穿梭。我當下意會到，照顧者想表達的是：「這是我第一次為了自己外出。」瞬間有點心酸，深刻體悟到許多照顧者為了被照顧者而活，放棄自己的生活，忘了自己也需要被照顧，永遠只知道關顧被照顧者的需求，對於自己的需求，往往輕鬆笑著帶過一句：「我不知道」、「沒想那麼多」。

在精油紓壓活動中，芳療師教導並鼓勵被照顧者幫照顧者按摩，一位阿姨表示：「我丈夫很大男人主義啦，不會幫我按摩和做家務，這是結婚五十幾年來的第一次幫我按摩。」阿姨不到二十歲就嫁給阿伯，阿伯是長子，阿姨從年輕照顧年幼的小叔，終於小叔和自己的小孩都成家了，阿姨原本以為能享福，但在近幾年阿伯卻罹患失智症，阿姨毫無怨言又擔起照顧責任。

還有一位大姊本就擔心她身心障礙兒子的未來，去年丈夫竟被酒駕肇事者撞傷變成植物人，大姐照顧責任又變得更重。社工師剛與大姊接觸時，她的面容哀愁，但在得知有紓壓活動之後，也願意帶兒子與兩個女兒一起參與，希望透過紓壓活動，能讓自己與孩子們都能好好放鬆。

照顧者與被照顧者的人生，同樣重要

服務過程中我們看到照顧過程的辛苦，看到照顧者為了被照顧者而忘了自己的需要，看到照顧者也累倒了，甚至發生極端地自我傷害或傷害被照顧者的行為。我們希望透過多元的活動辦理，讓社會

大眾關注照顧者的需求；透過多元的支持方案，陪伴照顧者、降低照顧者處於孤立無援的窘境，並經由「使用者經驗」的觀察，推展更多的創新方案，以提升家庭照顧者的能力，並透過服務改善其生活品質。

（本章主要資料提供者：劉敏瑤主任）

第七部

靈醫修女會

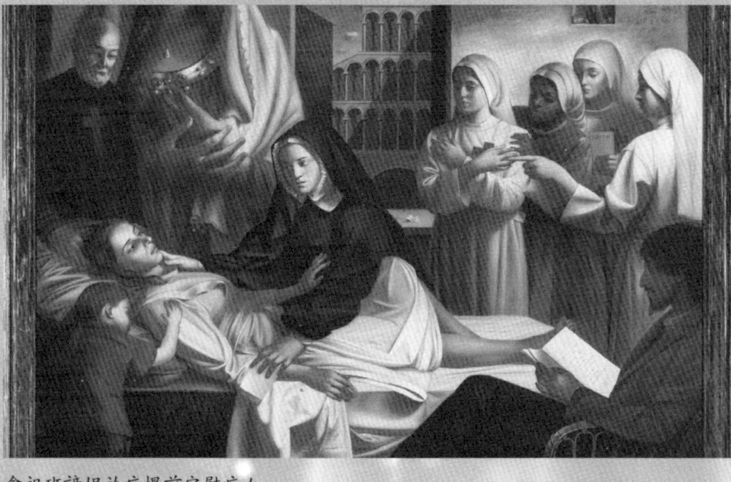

會祖班諦妮於病榻前安慰病人。

布隆．班諦妮向世人展示作爲天主溫柔和安慰的象徵，並留下非常及時且寶貴的遺產與使命：一種由關注的姿態、基督徒的安慰、慷慨的奉獻、以及對病人和受苦者努力不懈地親近所組成的愛；她在爲病人服務時顯露出勇氣、智慧和足智多謀的天賦；她將愛轉化爲對邊緣及受苦者的日常服務。 ——教宗若望保祿二世（1995）

第29章

靈醫修女會的緣起與發展

愛天主在萬有之上，愛祂的受造者……特別是病人和臨終者……你們要彼此相愛。

——靈醫修女會會祖瑪麗．布隆—班諦妮（Maria D. Brun-Barbatini）給追隨者的指令，來自耶穌的啟示

修女們前往中國雲南，成為安慰病人的天使

布隆．班諦妮（一七八九—一八三八）出生於義大利的魯卡城，曾於一八一一年結婚，丈夫於六個月後猝逝，遺腹子也於八歲時過世。面對這些至親變故的沈重打擊，她化悲憤為力量，轉而為貧病者服務，因為她深知這些人內心的沈痛。為發揮團體的力量，於一八二三年創立聖嘉民靈醫修女會（the Camillian Sisters），修會的宗旨：「對病人做身心的愛德照顧。」並強調：「青年隨從會祖所指示培育修女的路程，即：護理病人的修女，其精神生活必須以愛德為中心，以服侍病弱者為主要工作，培養愛德的神修生活，與病人做到友誼、共榮、甜蜜的交談，以喜悅的心為病人奉獻自己。」

班諦妮忠實地尋求天主的旨意，在歷史中呈現新時代的先知標幟。教宗方濟各曾要求女性成為「和平的締造者」，並將她推薦給現今的婦女作為楷模，因她是模範女青年、溫柔的配偶及母親，也是會士與神修的導師。她親身示教如何與受苦者同行、照顧病人、提升受苦的價值、熱愛生命，在今生預顯天主母性的面容。

一九四八年，義大利靈醫修女會五位修女前往中國雲南從事醫療傳愛的事工，開創救靈的慈善事

業，為病人、窮人及孤兒進行種種仁愛的工作，光大基督救世的使命。除了對受苦貧病者分享天國的喜訊、基督仁慈與溫情，她們也被分發至醫院、貧窮地區的診所和孤兒院進行護理工作。當時那地區流行霍亂、傷寒、痲瘋等傳染病，修女們不畏生命危險，日夜盡心救護、服侍病人，被當地民眾視為「安慰病人的天使」。不幸，其中一位修女瑪諦妮及李善仁神父因感染傷寒而過世，做了愛德的犧牲，他們追隨基督、效法會祖表樣「為病人犧牲生命」。

靈醫修女會前往中國雲南服務的五位修女（左一為費納德修女）。

來到台灣

一九五二年大陸淪陷後，修女們輾轉來台，於宜蘭羅東成立第一所會院。並在初創的羅東聖母醫院與靈醫會神父、修士一起，共同奠定教會醫院為愛奉獻的基礎。其中三位義大利修女費納德、陳龍妮、傅純玲長期於聖母醫院服務。同年，有感於社會環境的需求，修女會院內收容照顧鄰近眾多的兒童，讓家長白天無後顧之憂，可以放心為生計打拚，是瑪利亞幼兒園的前身，希望藉由照顧兒童來接近家長，引導他們認識天主、傳揚福音。

一九五八年開始有本地籍的女青年如藍錦綢、王嬋等，陸續加入修女會的行列，與外籍修女一起傳承創會祖為貧病及臨終者服務的初衷。一九六一年在羅東成立了培育新生代的場所——布龍班諦妮初學院，致力研習為認識天主、發展神修生活及修會神恩的學識。同時開放為原住民學子下山求學的住宿，也開辦烹飪、裁縫班教導訓練謀生的技能。一九六二年瑪利亞幼稚園遷至北成天主堂；一九六九年成立台灣區會，由李萍修女擔任首任會長。

一九八三年至一九九五年本籍修女包括王嬋、邱夏玲、王若望、郭宇心等修女，陸續前往非洲肯亞從事醫療和培育新生代的服務，成為愛的「墾荒者」。一九八四年瑪利亞幼稚園正式立案，一九九三年修女會成立宗教財團法人，一九九六年第一位越南修女來台灣支援。二〇一〇年郭宇心修女榮獲第二十屆醫療奉獻獎；二〇一二年天主教靈醫修女會榮獲第二十二屆醫療團體奉獻獎。

即使身處不同國家、機構，負責不同的工作使命，修女們都有共同目標、以愛德相連繫，以無比的信心、互相勉勵，為實現自己的聖召誓言，忠於修會的神恩，愛護及照顧病人、窮人和受苦者。靈醫修女會已展開培育新生代修女的工作，為了傳承靈醫修女會的精神，從一九五五年開始，王嬋修女就遠赴越南、大陸傳福音播種，培育修女。目前已有部分修女從越南而來，在台灣輔仁大學就讀神學、社工系，也有人到義大利羅馬進修。期待有更多「靈醫白衣天使」得以分享我們的神恩。

靈醫修女會漸漸將服務範圍，拓展到社會福利工作，除了在瑪利亞長照中心繼續照顧老人及病患，她們也到宜蘭監獄傳福音，當教誨師，並接受宜蘭縣政府的委託，到各鄉鎮提供身心障礙者在宅居家服務，推動音樂療法等社區工作。

新城天主教醫療所

陳龍妮修女（Matilde Cerpelloni，一九二〇—二〇一六）出生於義大利維洛納，十九歲發願成為靈醫修女會修女；傅純玲修女（Cherubina Pozzoli，一九二九—二〇〇〇）出生於義大利米蘭。兩位修女同時於一九五五年來台，陳龍妮修女成為羅東聖母醫院開刀房護士、范鳳龍大夫的外科得力助手；傅純玲修女成為安惠民神父的內科得力助手，一外、一內工作，長達十五年。

一九七〇年，應聖奧斯定詠禮會邀請，兩位修女一起來到花蓮新城設立天主教醫療所，為當地民眾提供醫療服務。原名為天主教新城醫院，位於花蓮縣新城鄉，是東西橫貫公路東端起點，當時設有二十張病床，還有外科開刀房、助產室、急診室，並曾提供二十四小時醫療服務。當時當地偏僻、交通不便，缺乏醫療資源、就醫困難，醫療所服務主要對象多為原住民，除醫療所服務，也同時進行居家護理。當時新城醫院也是原住民未婚媽媽的避風港，病人們積欠的醫藥費已無法估算，在居民心中，兩位修女就是「地方的守護神」，是聖母派來的天使。

于斌樞機主教拜訪花蓮新城天主教醫院，一旁陪伴的為傅純玲修女。

由於兩位修女年歲增長，身體健康欠佳，回到義大利養病，因此新城天主教醫療所於一九九七年十月三十日熄燈，所有原住民所欠的醫療費帳單，完全一筆勾消。院所共營運二十七年、換了十三位醫師，原因實在是地處太偏僻，留不住人才。在這漫長歲月中，她們無怨無悔、竭盡所能地服務病患。她們信守承諾、守護貧病，並堅持到底，示範著：「堅強的信仰和虔誠的祈禱，是大有福分的。」

二〇一〇年，時年九十歲的陳龍妮修女再度回到花蓮新城院所舊址，受到眾多老朋友的歡迎。她表示：「羅馬的夏天很熱、冬天很冷，在冬天下雪時，會特別想念台灣。曾在台灣居住近半世紀，覺得台灣才是我真正的故鄉。」

瑪利亞幼兒園中，修女與孩童。

瑪利亞幼兒園

耶穌說：「你們讓小孩子來罷！不要阻止他們到我跟前來，因為天國正是屬於這樣的人。」（瑪竇／馬太福音 19:14-15）

由一群遠從義大利輾轉來臺的靈醫修女會的修女們以要理班的形式開始，主要是為了傳揚福音與照顧那因雙親忙碌而無人看管的孩子。一九六一年遷往北成天主堂內，此時已略具規模，孩子也逐日增多。

接著因李萍修女的努力，於一九七〇年購置現今園地。至此瑪利亞幼稚園在天主的看顧下，蛻變為孩子的第二個家。

寬廣的草地、豐富的課程、修女的笑聲、親且的言語，成為許多宜蘭人童年的共同回憶。於二〇一二年五月二十二日配合法令，更名為「財團法人天主教靈醫修女會附設宜蘭縣私立瑪利亞幼兒園」。秉著耶穌的教誨，瑪利亞幼兒園一路走來始終站在教育的最前線，屹立不搖，教導孩子們成為地上的鹽、世界的光。因彼此相愛，別人認出我們來自瑪利亞幼兒園。

❖教育理念

天主教會強調，人們應謙遜、服從、忍耐，並彼此相愛，是瑪利亞幼兒園一直以來的教育原則。惟有從謙遜中才能知道自己的能耐；惟有在服從時才能分辨自己的對錯；惟有學會忍耐才能感受團結的力量，而彼此相愛，使我們生活在人間天堂。

在天主的引領下，從謙遜中激發孩子自有的創造力，呈現孩子的「真」；在服從時，培養孩子正向的價值觀，滋育孩子的「善」；學會忍耐營造與環境共融的生活，探索世界的「美」，進而結出愛的果實。而愛超越一切，愛是諸德的靈魂，愛永存不朽。

第30章

瑪利亞老人長期照顧中心

吸引我的不是天堂，而是愛。愛天主，又為天主所愛，且再回到人間，使世人都能熱切去愛。

——小德蘭修女

為貧病者服務是修會的特恩，會祖在這塊園地裡深刻體驗且洋溢、散播天主的仁慈與愛情，並以實際行動詮釋天國的喜訊，彰顯基督慈悲的面貌，以生命去宣講、證實「天主的愛比死亡更強烈，天主的生命就是我們的生命，直到永遠」。

在此前提下，一九八九年靈醫修女會會長邱夏玲修女率眾修女勞苦奔波，籌措經費、申請立案，終於創設「瑪利亞仁愛之家」。為了讓長者有更舒適的生活環境，以及為更多需要者服務，於一九九七年改建完成新大樓，二〇〇二年轉型為「瑪利亞老人長期照護中心」，從三十五床擴為一百床。工作團隊主要細心照顧身心障礙、中風患者、植物人或失智老人，讓住民都能得到最好的照顧。

將心比心、設身處地

郭宇心修女於一九九〇年接任負責仁愛之家後，帶頭做每件事，煮早餐、打掃、巡房，為長輩換藥、餵藥，有時還要抽痰、灌食、換管及翻身，如果長輩排泄功能不佳，她用心處理排泄物，每天睡前，她一定巡房，摸摸長輩的臉，握握他們的手。她總是溫柔有耐心地陪伴長輩們，真心關懷，以取

（左）瑪利亞老人長期照顧中心。（右）舊時代的瑪利亞仁愛之家。

得他們的信任。

「這裡是個大家庭，每個住民都像我的家人。」她與住民感情好，只要有時間，她就會穿梭於中心，和老人聊天說笑。「住在這裡的老人家，真的很有福氣。」員工陳小姐說，郭宇心對員工很嚴格，但對老人很關懷，她定期帶老太太去燙美美的頭髮，幫他們擦指甲油，也會逛夜市，到餐館用餐，希望每個老人家都開心。八十七歲的住民林火木說：「修女人真好，這裡的環境也很讚。」他和妻子、親家母都在這裡養老，他也說：「年紀大了，能有這麼好的地方養老，真的很幸運。」

這些都是真實的心聲，為入住仁愛之家，老人家和家屬們寧願長期排隊，也都希望能早日進入這有如伊甸園的照護天堂，享受被溫馨照護的幸福。在宜蘭如果要推薦最佳長照中心，瑪利亞絕對是首選之一。能得到這些讚譽的秘訣，在於靈醫修女會的核心宗旨：「以耶穌基督相同的心作為模範，和一切都充滿他慈愛的火焰，使大家去幫助窮苦的病人和瀕臨死亡的人。」此外，也一定得把員工照顧好，才有可能讓長輩得到好的照顧！凡事以身作則，將心比心、設身處地，把自己當成是被照顧的人來想。

郭修女也覺得長輩的身後事也很重要，如果長輩臨終，一定要有尊嚴的走完人生最後一程，她會帶領工作人員為長輩梳洗乾淨，換上清潔衣服，並親自送他回家，同時布置靈堂，安排告別式，輔導與陪伴家屬。畢竟，死亡只是生命狀態的改變，天國才是永恆的天鄉。

典範人物——郭宇心修女

郭修女於一九四八年出生，在宜蘭縣瑪利亞老人長期照護中心服務三十年，於二〇一〇年榮獲第二十屆醫療奉獻獎。她說：「我自己只是天主的工具，用來傳達愛的任務，我決定將這個獎獻給母親，做為九十歲生日禮物。感謝母親生育我，支持我，讓我有機會用雙手讓瑪利亞每個家人都感受到天主的愛與溫暖。」

郭宇心修女（右一）和母親。

今年七十四歲的郭宇心，十五歲就讀金華女中時，開始到天主堂聽道，由修女帶領到社區做公益服務，看到貧病孤兒的不幸，還有修女的熱誠，她決心照顧貧病與奉獻天主，於是進入天主教靈醫修女會，發願投入修道生活。「當時父親還給了我一封斷絕關係的信！」她怎麼樣都不肯在信上簽下自己的名字，相信家人總有一天會諒解。五年後，她在義大利羅馬發終身願，決心一生都奉獻給天主，家人才了解她的堅定意志。

二十四歲那年，修女到義大利接受護理專科、師範教育及神學院培育。一九八二年返國，分別在羅東聖母醫院內科與外科病房服務，從事護理工作以來，親力親為、還到社區及家庭服務。一九八七年因教會調派，遠赴非洲肯亞照顧貧童。一九九〇年調派宜蘭，負責瑪利亞仁愛之家。二〇〇三年獲全國好人好事代表八德獎，二〇〇九年獲宜蘭縣阿東社歷史文化工作室大愛母親獎。

天主考驗，照顧非洲貧童

「天主總會給我特別的任務。」發終身願時，因為內心的障礙，她曾向天主懇求，不要派她去非洲及照顧痲瘋病人，但她還是被教會派去非洲肯亞照顧貧童，也被派去泰國曼谷照顧痲瘋病人，經歷過最害怕的事之後，郭修女說：「什麼事都不再怕了。」

她深信這是天主給她的考驗，以前在台灣接生時，感受生命的喜悅，但她到肯亞，卻看到病房裡的孩童一個個病逝，接生時狀況一大堆。她曾幫一位非洲婦女接生重達五公斤的新生兒，「嬰兒卡在產道，怎麼轉都轉不過來。」郭宇心回憶，她當時嚇壞了，趕緊向外求救。

和宜蘭老人結下不解之緣

從非洲回國後，她到花蓮新城診所服務，照顧原住民家庭，一直到一九九〇年再奉派回羅東的瑪利亞仁愛之家，從此和宜蘭老人結下不解之緣。

得知獲得醫療奉獻獎，郭宇心很驚訝，她輕聲地說：「我從沒料到會得獎，因為我做的只是平凡的事啊！天主給我使命，我只是天主的工具，為了傳達愛的任務，但我希望是有用的工具，因此我必須做好我能做、該做的事！」她也說：「獲獎是全體瑪利亞團隊的功勞。感謝天主，讓我有一群專業又貼心的團隊，同仁是我在長期照護領域裡最佳的伙伴，大家齊力為長輩的生活而努力。」

第八部

——承先啟後：70風華，再現70

天主教靈醫會來台 70 週年圖騰。

耶穌說：「我是葡萄樹，你們是枝條；那住在我內，我也住在他內的，他就結許多的果實，因爲離了我，你們什麼也不能作。」——若望（約翰）福音 15:5

第31章

靈醫會七十年來犧牲奉獻的典範與啟示

真正的慈愛是無邊無際的；因為天主的愛已藉由祂傾注在我們每個人心中的聖神（聖靈），召叫我們過虔誠奉獻的生活，邀請我們在祂所種植的花園中綻放，並透過祂的旨意，引導我們展現美麗和散播芬芳。

——聖方濟各．沙雷氏（一五六七—一六二二）

七十年前，靈醫會士從大陸雲南轉移來台，有如一組完整的行動醫院團隊從天而降，澤被蘭陽、澎湖，醫師、護理師、藥師、痲醉師等醫療團隊一應俱全，那是天主何等的賜福！七十年來，三十位左右的外籍靈醫會士們信守承諾，勞碌自苦一生，完全奉獻給臺灣，特別是宜蘭鄉親。他們愛人如己，甚至捨己救人的民間傳誦故事，不可勝數。

他們一生奉獻、從不支薪，甚至還經常將零用錢掏出來救濟貧苦病患，幫他們買藥、營養品、繳學費，甚至還債。這樣的犧牲奉獻，卻從不抱怨或喊累，為的就是他們年少時所發永願，要追隨會祖聖嘉民的腳步，一生服務病人、從此信守承諾，至死方休。甚至死後也都選擇長眠在這塊自己終生所奉獻的異鄉。

在他們醫療傳道的過程，除在聖母醫院的團體執業與互助之外，也會外派至離島、原鄉，甚至常駐偏僻鄉間、獨立作業。因此，常須耐得住孤寂，唯有藉長時間專心祈禱、祈求三位一體真神賜給他們源源不絕的愛與力量，如同經文所言：「你是我由地極領來的，是我從遠方召來的，我曾向你說過：『你是我的僕人，我揀選了你，我決不放棄你。』你不要害怕，因為我與你在一起；你不要驚惶，因為我是你的天主；我必堅固你，協助你，用我勝利的右手扶持你。」（依撒意亞／以賽亞書 41:9-10）

靈醫會醫療傳道團隊。

此外，會士們接受靈醫會呼召之前，出身並非全為孤苦貧乏，他們不乏酒廠老闆之子、駐唱歌手、甚至有過摯愛女友，更別說都有親愛的家人，只是他們忍捨自身的親情與愛情，化為大愛，將所有力量與生命貢獻給這塊土地上的台灣人民，那是何等的決心與愛。會士們並不在乎在世上吃了多少苦頭，放棄多少親情與物質享受，他們只在乎有沒有遵照耶穌旨意盡全力愛天主，並把天主恩賜所有愛的力量完完全全地奉獻給在世上最需要的貧病人們。因為他們所積聚的財寶乃在天上，他們的獎賞、努力的目標，如同保羅所說，是為了正義的冠冕、屬天的恩賜。

范鳳龍大夫年老時仍視死如歸地說：「在世界上，我們只是一小點火花，閃一下，然後在永生內熄滅。如果我們現在能成為天主的火花，在永生裡，我們才會幸福。」他最後還引以為傲地說：「我已經拿到天堂的門票了！我即將離開你們，住到那更好、更美的地方。」

他們感人的一生，傳下這首讚美詩〈榮耀的異鄉客〉：

會士們的長眠之地：冬山鄉廣興村天主教公墓。

看哪！是誰在此長眠，如此莊嚴安祥
耳邊傳來低吟
曾經甘於如此卑微地服侍眾人
如今已站在人性昇華的至高點
是啊！來自義大利的一群異鄉客，不停傳唱著
人生最高的智慧，在於隨時看見別人的需要
人生最大的榮耀，莫過於慷慨而無私的付出

來台七大貢獻

靈醫會來台七十年，若要記載他們奉獻的點點滴滴，史冊必定汗牛充棟，不過可簡要歸納出以下七大貢獻：

❖一、聞聲救苦，任勞任怨

會士們並非躲在白色巨塔裡的白袍貴族，除醫療服務之外，他們心裡都非常明白，貧病交迫的痛苦。除醫病救苦，也同時濟貧，會為他們募款、捐助、安排職訓或就業。甚至為救助貧病者，還特別設立「貧民施醫所」，讓他們方便就

醫，成為貧病者的燈塔。此外，在醫院當中也會特別設立二十張所謂的「義床」，免費提供貧病者住院之用，成為人間最溫暖之地。

草創初期，為了添購設備、擴建醫院，甚至創設護理學校，還需千里迢迢趕到世界各國募款，來支應慈善事業。如有餘裕，還會用來協助地方建設、幫助老百姓自力更生、改善生活環境。在新冠疫情時代，除了承擔地方政府所交辦任何艱鉅和危險事項，也勇於肩負起國際防疫物資救援責任，回饋國際社會對台灣的協助。他們為整個台灣社會立下典範，真愛、不求回報，我們都感受到了嗎？

❖二、山地巡迴醫療，不放棄偏遠原住民病人

靈醫會初抵羅東時，見到大同鄉山區原住民生病時，是用竹子綁成的粗陋擔架，翻山越嶺、長途跋涉地運到山下求醫，於心不忍，不禁回想起中國雲南的窮苦百姓。於是，會士們帶著醫療團有計畫地一村跨過一村，從寒溪、松蘿到四季、南山，逆行深入偏遠山區，將醫療與社會救濟物資運送到每個部落。如今在每個部落都能發現靈醫會士們愛心的腳蹤，特別是天主堂已經成為信仰、醫療與愛心救助的中心。

近二十年來，透過衛福部的「山地巡迴醫療整合照護計畫」，陸續在大同鄉、南澳鄉建立起更有系統、全年無休的醫療網，整合各鄉衛生所、引進次專科看診、夜間急診、精神科巡診、設置復健站，透過更加完整的照護網絡，落實守護原住民身心靈健康的承諾。宜蘭縣的原住民是多麼地有福氣啊！同時藉由他們，為靈醫會醫療傳道的完整過程，寫下美好的篇章。

❖三、尊重並禮讚生命，為人所不能為

聖嘉民時代，靈醫會士總是一馬當先、勇闖疫區，去照顧傳染病患者，甚至因此犧牲不少會士生命，但他們往往前仆後繼，視死生於度外，展現非凡的勇氣。同樣在中國雲南的醫療行腳，就是從照

顧人人避之唯恐不及的痲瘋病人開始，甚至來到台灣，依然不改初衷。當年結核病患者眾多，且缺乏有效治療醫藥，除承受身體病痛的煎熬之苦，還會遭到親友及社會的排斥。於是會士們選擇遠離塵囂的幽靜處所，在丸山村的小山丘上建造一所結核病療養院，以收容及療癒這些為社會所排拒的病人。

當結核病成為可治癒的疾病之後，丸山療養院則轉型為照顧無法自理生活的重殘病患（腦性麻痺與啟智兒童）或孤苦貧病的老人。之後，為了給這些殘疾者與老人更好的環境，遷址到三星鄉，讓他們在如天堂般的聖嘉民長照園區快樂安居，分別成立啟智中心與長照中心，用最充沛的愛心，持續守護這些家人無法照料的病人們，帶給他們生命的尊嚴與幸福。

此外，他們也成立殘障服務中心，專門服務小兒麻痺患者，從挨家挨戶尋找需要幫助的殘疾兒童開始，到接送醫療、復健、職訓、求職，一應俱全，服務對象超過一千三百位。如今，他們多已獨立成年，在社會上有許多患者遍佈各行各業，甚至也有企業的老闆，都是經由此照護中豐沛的愛心所灌注而成，相當令人感佩。

❖四、培養醫護及舞蹈藝術專才，造福鄰里

靈醫會早就知道要為社會培養人才、創造就業，特別是醫療照護的基礎人力，於是早在一九六四年就創設聖母護校，五十多年來，作育英才無數，成為社會的中堅份子。之後為了增加更多元的醫療照護人力，於二〇〇五年升格為聖母醫護管理專科學校，提供更多科系選擇、引入優質師資，為台灣醫護教育扎根，成為縣內三家區域教學醫院人才的培育中心，延伸對台灣社會的貢獻。

除了馬仁光修士對培養音樂人才有所貢獻之外，秘克琳神父所創蘭陽舞蹈團，為台灣舞蹈藝術專才的培養奠定雄厚基礎，甚至主導知名的國際童玩藝術節、引進國外音樂及舞蹈藝術團體，豐富台灣表演藝術的國際視野，這算是靈醫會士斜槓出來的創舉，顯見靈醫會士們除了醫療之外，他們也展現諸多個人的創意與天份，目標都是為台灣帶來更多元的發展，多麼可愛又可敬的會士們。

❖五、建造完整醫療大樓，並引進科技、設備與新的醫療技術

靈醫會為因應台灣社會的醫療需求，陸續建造新內科大樓、新外科（暨門診）大樓、范鳳龍紀念（重症）大樓，甚至於近年啟用的馬仁光紀念（老人醫療）大樓，並逐步更新及引進新的醫療設備與技術，特別是心導管室、光子刀、新型電腦斷層攝影及核磁共振攝影、單光子射出暨電腦斷層掃描儀（SPECT-CT）、核子醫學檢查設備，也增設綜合診療中心、健康管理中心、兒童發展早期療育中心，並擴大透析中心、成立高品質的安寧病房、發展遠距醫療等。

這些努力並非與其他醫院進行醫療軍備競賽，而是為建立完整的醫療照護網絡，成為加強服務弱勢、貧病、偏鄉、老人長照等族群的堅強後盾。

❖六、社區服務，全人照護

除了以醫院為中心的醫療服務、山地巡迴醫療的偏鄉服務之外，也將醫療服務觸角延伸到監獄，為受刑人提供監獄醫療、預防醫學、防疫及疫苗注射，甚至加上監獄牧靈服務。另外也師法自聖嘉民時代起所提供的服務，即深入社區提供社區健檢、居家護理、居家安寧、居家復健服務。此外，也藉由整合式居家服務，為獨居老人送餐、到宅沐浴，並設立社區健康學苑等，提供全方位、人性化、社區化、完整的三段醫療及照護服務。

雖然台灣全民健保的績效與品質冠全球，但靈醫會深知許多貧病患者，因著各種因素，並不會主動尋求醫療或照護，因此主動將醫療照護的觸角延伸到社區，以建立完整的照護網，讓所有人民都能達到真正的生命及醫療平等的目標，讓地緣、經濟、地位等都不會成為取得適當醫療的障礙。

❖七、建構完整的老人健康長照網絡

台灣已逐步邁入老人國的時代，加上出生率全球最低，長久如此發展，會造成社會勞動力、照護

人力不足，年輕人照顧老年家人的負擔加重，即使政府積極推動長照政策，恐怕也難以招架此一趨勢的發展，是台灣未來即將面對的嚴重課題。靈醫會深知台灣社會的未來需求，積極建構完整的老人健康長照網絡。

除了在醫院建設老人醫療大樓，也積極發展老人醫學專科、設置老人病房。並增設樂活（老人身體障礙）日照中心、樂智（失智症）日照中心及失智症團體家屋，擴大護理之家規模，也成立居家服務及家庭照顧者支持據點，並主導設立多處社區關懷據點。此外，也與數十家長照中心結盟，透過政府長照二．〇之ABC社區整體照顧模式，確實串連醫院、機構、社區、家庭的長照綿密服務網，樹立老人友善服務的典範。

靈醫會所全心投入的各種寶貴資源，都是為現下或預想未來民眾最需要的醫療或服務項目，絕非是為了利潤最為豐碩的領域，反而常是一般醫院並不想做、虧錢的業務，真正是「以病人為中心」的良心事業。

為台灣社會所帶來的啟示

> 求主教我如何將你寶貴救恩向人陳述，使我言辭如有雙翼，及於人心，觸人深處。（海弗格爾，英國女詩人）

吳念真導演曾說：「人總是善忘的，對於存在已久的事實總覺得理所當然，過去的歷史沿革通常只是一段抽象的文字敘述，而真正創造和累積這段歷史的人和他們曾經的奉獻和付出、汗水和熱淚、挫折和失落的細節卻都隨時間消逝，後人很難在其中找到真實的感動、找到可以效法和追隨的典範。」

澎湖的許玉和老師在《風沙中盛放的花》一書中說道：「我覺得不管是澎湖的故事，或是台灣的故事，我們應該要把它做適當詮釋之後，講給世人聽。了解這些故事，對本土認同才有幫助，而當年神父們在澎湖的無私奉獻，正是最好的故事。」

❖無事理所當然，凡事皆有可能

德國前總理梅克爾於二〇一九年對著所有哈佛大學畢業生演講的精要如下：

主題：無事理所當然，凡事皆有可能。謹記六要：一、拆毀無知、褊狹的心理圍牆；二、團結合作、共創榮景；三、常問：做對的事？或只把事做對？四、自由絕非平白得來；五、努力讓夢想成真；六、勇敢踏出腳步，除舊才能佈新。

可以對照出靈醫會士七十年來默默努力，所成就的這一切都不是理所當然，而是用他們所有人全部的歲月所犧牲、奮鬥而來。此外，從無到有，讓他們年少時的夢想，在台灣完整地實現。他們跨越國界、甚至宗教和機構藩籬，積極與地方文化及社會資源團結合作，從一片荒蕪的環境，共創出如理想國般的醫療傳道榮景，從醫療、信仰、啟智、殘障服務、長照、教育機構、藝術文化、國際醫療，一應俱全。他們堅持做對的事，甚至是別人因無利可圖或危險而不想做、不願意去碰的事，他們都一無反顧地去做。這一切，都在於他們共同決定，勇敢踏出義大利國門，義無反顧地實現夢想，繼而在台灣所建立的完美典範。

❖跨越宗教和機構藩籬，團結合作、散播愛心

靈醫會對台灣人的犧牲奉獻，逐漸為眾人所推崇、景仰，也做了良好示範，除了激起無數百姓共同獻出愛心、勇於捐輸心血所得，一起成就美事之外，事實上也有許多跨宗教、文化團體和企業，在

李智神父（左）和證嚴法師對談。

背後一起推動著許多善良的事工，例如慈濟功德會、大龍峒保安宮、道教總壇三清宮、大澳灣文化工作團……（由於協助靈醫會推行善工的組織或團體眾多，所列出的僅為其中極少數代表性的團體。）

聖傅天娜（Saint Faustina）修女日記（一一八二）中記載著耶穌的啟示：「我的女兒，寫下來：『人靈愈可憐痛苦，愈有權利獲得我的慈悲。你要鼓勵所有人靈前來信賴我那深不可測的慈悲之淵，因為我要全數拯救他們……在十字架上，我的慈悲之泉為全人類而遭長矛所刺，傷口洞開——我一個人也不會拒於門外！』」印證「愛無界限」的真理。

而證嚴法師也說：「愛是包含廣大，有愛才是人間幸福。」李智神父生前甚至曾與慈濟功德證嚴法師並肩而坐，針對愛德進行交流與深度對談，還因此開啟許多慈善事工的合作契機。

呂若瑟神父於二〇二〇年，看到義大利家鄉，因為COVID-19疫情肆虐，極度缺乏口罩、呼吸器與防護衣等防疫設備，向台灣民眾求援，獲得善款後，卻碰到當地採買、跨國運輸、與醫療法規……等問題，藉由天主教靈醫會執行長黃浩然神父奔走，並找到慈濟人協助，才讓愛心順利跨國送到義大利；而相對地，慈濟功德會同年所購買的大量防疫物資，也是透過靈醫會呂若瑟神父的牽線，與印度仁愛修女會和印度靈醫會一同攜手合作，於印度全境進行發放。

雙方因著疫情肆虐全球之際，捐棄宗教藩籬，共同合作，將防疫物資順利送到最需要的地球村百姓手中，不僅提升台灣的國際救援形象與知名度，也為跨宗教愛心傳送合作，做出最完美的示範。

❖眾多天使走過人間，告訴我們該如何去愛

天主教靈醫會來台七十年，默默地將會士們的青春、體力、才華與熱忱，奉獻給台灣，這塊天主所鍾愛土地上的人民，特別是貧病者與弱勢族群，遵循聖嘉民四百多年前所親身示範及訂定的服務守則，能從上述的七大貢獻可以看得出來。如今，他們不是蒙主寵召、埋骨台灣，就是垂垂老矣，卻仍熱情不減地持續奉獻出他們所有的精力，為台灣人立下最美好的典範。

法國神父多瑪斯·牟敦（一九一五—一九六八）曾在其著作《一個有罪旁觀者的臆測》書中寫道：

> 在路易斯韋利，在核桃街和第四街轉角，在商業區的中心，我突然深深地被一種意識震撼著：「我愛這裡所有的人，他們是我的，我也是他們的，我們不再是彼此的陌生人，雖然我們互不相識。」我好像從在一個克己、與被認定為神聖的特殊世界裡做著遺世獨立、虛妄地棄絕自我的大夢中醒了過來。

相信看過這許多在台靈醫會士的故事，除了深受感動之外，必然也能給予台灣人豐富的啟示。如同牟敦神父所言，他們在和這塊土地的人民還完全陌生的時候，就已經深深地愛上了他們，甚至是七

十年堅定不移的愛。這能讓我們明白，世界上有這麼一群不平凡的外國人，願意不顧自己的生命、慾望，甚至拋棄親情、愛情，只為了單純的信仰與信念，就能離鄉背井、甚至走出修道院，為台灣人全然將自己的一切擺上。

而這樣的信念，或許就是耶穌的命令：「我給你們一條新命令：你們該彼此相愛；如同我愛了你們，你們也該照樣彼此相愛。」（若望／約翰福音 13:34）至於背後更深的意涵，則是耶穌的另一道命令：「要醫治城中的病人，並給他們說：天主的國已經臨近你們了。」（路加福音 10:9）

如今，擺在我們眼前的，就是眾多走過人間的天使，所留下深刻的足跡，切身實地告訴我們該如何實踐永不止息的愛！怎樣才能走到天國，得著永恆的生命！

第32章

靈醫會風華再現七十年之未來展望

誠然，我知道我對你們所懷的計畫，是和平的計畫，令你們有前途、有希望。
——耶肋米亞（耶利米書）29章11節

黃浩然神父目前是台灣靈醫會的執行長，也是年輕世代的成熟會士代表，在呂若瑟神父的領導之下，掌管靈醫會下屬所有醫院和機構整體的行政業務。在本書最後章節，以他的文章〈靈醫七十，心之傳承〉作為靈醫會未來展望和本書的結尾，再恰當不過：

靈醫七十，「心」之傳承

天主教靈醫會士於一九五二年踏上台灣這片土地，不知不覺，已經過了七十個年頭。當初那群立志到東方來傳教的外國人，滿懷熱情地踏上這未知而陌生的島嶼，開始學習新語言與新文化，與在地人一起吃在地的食物、喝在地的水，漸漸地熟悉這裡的氣候與環境，與台灣人同甘共苦；經歷生活上的匱乏與滿足、共渡經濟上的貧困與發展、同感身心的悲苦與喜樂……，台灣，已經成為會士們的第二個家，心之所在。

七十，是一個充滿生機的數字。

「吾十有五而志於學，三十而立，四十而不惑，五十而知天命，六十而耳順，七十而從心所欲，不逾矩。」這段話是孔子回顧自己一生，體會到人生是一個循序漸進的歷程，唯有透過不斷地

黃浩然神父（中著黃袍者，最右為韓國乾神父）。

學習、進步，才能在人生不同的階段達到不同的境界。

十五歲立下求學的志向，三十歲打下學習以及事業的基礎；四十歲可以明辨是非，對世事不感困惑；五十歲通透世界運行的規律，了悟自我人生使命，故能盡人事而聽天命；六十歲便能坦然面對外界對自己的評價。如此，七十歲時，其思想及行為便能達到與天地相契合，心無所住、隨順自然的境界。

我想，以這段話對照靈醫會走進台灣社會的七十年歷程應該也很貼切；懷抱初心的會士們立志學習、與台灣人共生息，在經驗中學習分辨是非，在行動中活出使命，隨著歲月荏苒，面對生活中種種的挫折與批評也能坦然接受，謙遜受教，並且時時自我期許不僅僅是外在的言行舉止要合乎誡命、規範，更要在生命中將其轉化於內，以求心的自由自在，從心所欲。

從「心」所欲，對於靈醫會的會士們來說更是和主相連的「心」，因為只有與主相連接，我們才能保守自己常在天主的愛中，正如耶穌所說的：「我是葡萄樹，你們是枝條；那住在我內，我也住在他內的，他就結許多的果實，因為離了我，你們什麼也不能作。」（若望／約翰福音 15:5）

「心」之所欲，身之所往；靈醫會來台七十週年，他鄉已是故鄉，會士們始終懷抱基督的愛和慈悲與時光同行，以言以行實踐使命，現在更要以膽識及熱情大膽創新，以科技與制度啟動遠距醫療，主動走入人群，扶持病弱和貧苦的人、接納被邊緣化和被遺忘的弟兄姊妹們、傾聽和安慰沮喪悲傷的心，讓偏鄉找不到醫療照護的人，仍然能獲得我們的服務；把天主的愛傳遞給每一個人，因為你們是我們的家人，我們是同一天父的子女。

歲月縱有灰燼，初心之火不滅，我們唯有常常思辨天主的旨意，謙卑受教，鏗鏘有力地生活在基督的愛與慈悲內，徹底活出福音精神，才能以真正自由的心活在天主慈愛內，並藉著我們的工作結出豐碩的生命果實，而不逾矩。

——黃浩然神父

編後語——天使走過人間，見證天主對台灣人的厚愛

如今世代，主流媒體所鼓吹的俗世價值觀，只為滿足一己私慾，盲目追求物質享受，尋求官能刺激，以及稍縱即逝的美麗或快感。進而，貪求名利權勢、自高自傲，為達目的、不擇手段，蔚然成風。殊不知此等表淺的快樂與滿足，既短暫無常，更潛藏心靈的空虛紊亂，使得靈性源泉日益枯乾。

七十年前，將近三十位來自義大利的靈醫會士，他們風塵僕僕，輾轉落腳台灣宜蘭、澎湖。實務上，他們藉由醫療服務、濟弱扶傾，為台灣偏鄉、離島的貧困居民，提升身心健康，為社群注入無限希望。但更重要的是，他們帶來神國的價值觀，奠定台灣文化愛與良善的基礎。

此種與俗世截然不同的價值觀，承襲自救世主耶穌的示範和教導，呈現於靈醫會士的四項誓願：守貧、守貞、服從與仁愛（守護貧病、至死不渝）。他們是如此慈祥美善，生活簡樸而謙卑，他們服事人而非受人服事；他們從年少時，即發誓願，並一生堅守，完全犧牲個人的慾望、夢想、家庭，自願被派到最遙遠的偏鄉，去服務世界上最窮苦的病人。即使老、病，仍是窮盡一切，只為多愛一些人、多愛人一些。最終，客死異鄉，終生不悔。

此書能順利編輯完成，要感謝口述歷史小組眾多成員與靈醫會之光編輯群數十年來的努力，為這些人間天使們的足跡，留下珍貴的紀錄。限於篇幅，無法完整記錄所有靈醫會士們的美麗故事，讀者們可參考附錄文獻，以了解更詳盡的內容。

靈醫會之光總編輯　郭約瑟

作者簡介——郭約瑟與靈醫會之光編輯部

❖郭約瑟／主筆

台灣大學醫學院醫學系畢、台灣大學管理學院會計研究所碩（EMBA）、美國約翰霍普金斯大學醫學中心社區精神醫學研究；曾任台大醫院精神部兼任主治醫師、前羅東聖母醫院行政暨社區醫療副院長，現任羅東聖母醫院精神科資深主治醫師、醫安部主任、《靈醫會之光》總編輯。

他的著作豐富且屢次獲獎：《解開現代人的心結》榮獲行政院新聞局二〇〇〇年度金鼎獎推薦優良圖書；《走出憂鬱王國》榮獲二〇〇三年防疫100好書推薦獎；《原來，幸福離我那麼近》榮獲衛生署國民健康局二〇一一年中老年健康好書推介獎、行政院勞委會勞工舒壓網站優良好書推介；《下一個轉彎處，遇見微笑》榮獲國民健康署二〇一四年優良好書推薦獎。此外還著有《讓此生，成為世界的祝福》、《沙漠玫瑰花正開》、《赫密士任務》、《有愛，就有路》。另譯有《現代社區精神醫療》、《正向心理科學臨床實務》。

❖靈醫會之光編輯部／編著

發行人為呂若瑟神父，顧問為黃浩然、馬漢光，編輯成員包括：李麗秋、蕭志忠、黃子勇、吳瑞騰、連繼志、王怡靜、楊廷芬、翁中榮、林子舜、俞芳苓、李繼元、林美玲、劉敏瑤、李文正、游巧琳、廖草雲、盧淑莉、劉麗芬、蕭佳琪、吳旭吟等人。

附錄一——天主教靈醫會在台灣大事紀要

一五五〇年　靈醫會會祖聖嘉民出生於義大利中部。
一五八六年　靈醫會蒙教宗批准成立。
一九四六年　首批靈醫會士華德露、羅德信、潘志仁神父、夏明智及高安修士等動身前往中國雲南。
一九五二年　・二月，華德露神父等因大陸政權改變，離開中國，由香港轉到台灣。
・六月十五日靈醫會士在宜蘭羅東鎮租下僅有十二張床之私人診所，作為施醫起點，更名「羅東聖母醫院」，梅崇德神父接掌羅東聖母醫院首任院長。
・七月十七日，范鳳龍大夫為一名五十歲婦女，劃下來台第一刀。
・十二月十四日舊耶穌聖心堂落成（新堂於一九六二年落成）
一九五三年　馬仁光修士在澎湖馬公接管「瑪利診所」，即澎湖惠民醫院前身。
一九五五年　・安惠民神父接任羅東聖母醫院第二任院長、並擴建外科大樓，病床增加到一百多床。
・舊北成天主堂落成（新堂於一九五八年落成）。
一九五七年　羅德信神父主持澎湖惠民醫院開幕典禮。
一九五九年　聖母分院「丸山療養院」在冬山鄉丸山村成立。
一九六一年　羅東聖母醫院內科大樓擴建、加蓋工程完成。
一九六三年　張明智修士當選好人好事代表。

一九六四年 聖母護校落成招生；四季天主堂落成。
一九六六年 秘克琳神父在羅東成立蘭陽青年會。
一九六七年 達神家神父接任羅東聖母醫院第三任院長。
一九七一年 羅德信神父接任羅東聖母醫院第四任院長。
一九七七年 呂道南神父接任羅東聖母醫院第五任院長。
一九八〇年 呂道南神父當選全國好人好事代表。
一九八二年 羅東聖母醫院內科新建住院大樓落成啟用。
一九八七年 呂若瑟神父成立聖嘉民啟智中心。
一九八九年 羅東聖母醫院門診暨外科大樓落成啟用。
一九九〇年 十月十一日，Oki 大醫師范鳳龍大夫辭世。
一九九一年 何義士修士榮獲第一屆醫療奉獻獎。
一九九二年 ・謝樂庭神父成立二結惠民殘障服務中心。
・羅東聖母醫院四十週年慶。
一九九三年 澎湖惠民醫院擴建完成。
一九九五年 呂道南神父榮獲第五屆醫療奉獻獎。
一九九六年 靈醫會來台五十週年慶。
一九九八年 ・著手籌建范鳳龍紀念大樓及募款工作。
・范鳳龍大夫榮獲第八屆醫療奉獻獎。

一九九九年　馬仁光修士榮獲第九屆醫療奉獻獎。
二〇〇〇年　・柏德琳修士榮獲第十屆醫療奉獻獎。
　　　　　　・承接健保局大同鄉山地巡迴醫療整合計畫。
二〇〇一年　・李智神父榮獲第十一屆醫療奉獻獎。
　　　　　　・七月楊家門神父接任第六任院長。
二〇〇二年　・四月二十八日天主教靈醫會榮獲第十二屆醫療奉獻獎團體獎。
　　　　　　・羅東聖母醫院五十週年慶。
二〇〇三年　范鳳龍紀念大樓開工。
二〇〇四年　李智神父接任羅東聖母醫院第七任院長。
二〇〇五年　・聖母護校改制聖母醫護管理專科學校。
　　　　　　・新聖嘉民啟智中心落成啟用。
二〇〇六年　呂鴻基教授接任羅東聖母醫院第八任院長。
二〇〇七年　・羅東聖母醫院范鳳龍紀念大樓完工。
　　　　　　・聖嘉民長照中心開工。
　　　　　　・聖嘉民啟智中心二十週年。
二〇〇九年　・陳永興醫師接任羅東聖母醫院第九任院長。
　　　　　　・聖嘉民長照中心啟用。
二〇一一年　羅東聖母醫院擴大服務，經營礁溪杏和醫院。
二〇一二年　・羅東聖母醫院老人醫療大樓開工。

二〇一三年 ・羅東聖母醫院六十週年慶。
・靈醫會新建耶穌聖心會院奠基祈福典禮。
・陳永興院長榮獲第二十三屆醫療奉獻獎。
二〇一四年 ・聖嘉民天主堂落成啟用。
・耶穌聖心會院落成啟用。
二〇一五年 李智神父、秘克琳神父榮獲總統頒發紫綬景星勳章。
二〇一六年 ・徐會棋醫師接任羅東聖母醫院第十任院長。
・陳振佳醫師榮獲第二十六屆醫療奉獻獎。
二〇一七年 ・馬仁光紀念大樓竣工典禮。
・卡通靈修士榮獲第二十七屆醫療奉獻獎。
・呂道南神父、呂若瑟神父、謝樂廷神父、李智神父、傅立吉神父、秘克琳神父、卡通靈修士獲頒中華民國身分證。
二〇一八年 六月十八至二十二日靈醫會總會會長、參議員暨全世界會長年會在台灣召開。
二〇一九年 馬漢光醫師接任羅東聖母醫院第十一任院長。
二〇二〇年 澎湖惠民醫院啟動重建計畫。
二〇二一年 韓國乾修士、呂鴻基前院長榮獲第三十一屆醫療奉獻獎。

附錄二——參考文獻

- J.V. Cerri 著，劉宜芬等譯：恫瘝在抱。光啟文化。
- 郭約瑟等：有愛，就有路。光啟文化。
- 范丹伯：病床邊的溫柔：心靈工坊。
- 楊廷芬等：忘了自己，因為愛你——12位靈醫會士之醫療傳道實錄。光啟文化。
- 莊惠蓉等：安歇寧靜好所在。天主教靈醫會。
- 陳彩美等：12位異鄉人傳愛到台灣的故事。董氏基金會。
- 接力傳愛，全親老夢想實現——馬仁光紀念大樓。天主教靈醫會。
- 呂若瑟等：風沙中盛放的花——在菊島澆灌一條希望的路。時報文化。
- 陳仁勇：聖嘉民與媽祖的巧遇——靈醫會在澎湖一甲子的故事。光啟文化。
- 陳仁勇主筆：大醫師 Oki 范鳳龍：光啟文化。
- 天主教靈醫會蘭陽傳奇50年：天主教靈醫會。
- 感恩與傳承——靈醫會來台60週年紀念專輯。天主教靈醫會。
- 羅德信：澎湖——風和沙之島。廖心慈等譯。澎湖縣政府文化局。
- 蘭陽舞蹈團歷史資料。
- 盧雲：尋找回家路。基道出版。
- 理查．羅爾：默觀，看見生命的實相。啟示出版。

・郭約瑟：赫密士任務（電子書）。啟示出版。
・郭約瑟譯：正向心理科學臨床實務。啟示出版。

國家圖書館出版品預行編目資料

落地扎根，綻放芳華：天主教靈醫會來台70週年啟示實錄 / 郭約瑟主筆；靈醫會之光編輯部編著. -- 初版. -- 臺北市：啟示出版：英屬蓋曼群島商家庭傳媒股份有限公司城邦分公司發行, 2022.05
面； 公分. -- (智慧書系列 ; 22)

ISBN 978-626-95790-6-8 (精裝)

1.CST: 天主教靈醫會

246.233 111004183

啟示出版線上回函卡

智慧書系列022

落地扎根，綻放芳華：天主教靈醫會來台70週年啟示實錄

作　　者／郭約瑟（主筆）、靈醫會之光編輯部（編著）
企畫選書人／周品淳
總 編 輯／彭之琬
責任編輯／周品淳

版　　權／江欣瑜
行銷業務／周佑潔、黃崇華、周佳葳、賴正祐
總 經 理／彭之琬
事業群總經理／黃淑貞
發 行 人／何飛鵬
法律顧問／元禾法律事務所 王子文律師
出　　版／啟示出版
臺北市104民生東路二段141號9樓
電話：(02) 25007008　傳真：(02)25007759
E-mail:bwp.service@cite.com.tw
發　　行／英屬蓋曼群島商家庭傳媒股份有限公司城邦分公司
台北市中山區民生東路二段141號2樓
書虫客服服務專線：02-25007718；25007719
服務時間：週一至週五上午09:30-12:00；下午13:30-17:00
24小時傳真專線：02-25001990；25001991
劃撥帳號：19863813；戶名：書虫股份有限公司
讀者服務信箱：service@readingclub.com.tw
城邦讀書花園：www.cite.com.tw
香港發行所／城邦（香港）出版集團
香港灣仔駱克道193號東超商業中心1F E-mail: hkcite@biznetvigator.com
電話：(852) 25086231　傳真：(852) 25789337
馬新發行所／城邦（馬新）出版集團【Cite (M) Sdn Bhd】
41, Jalan Radin Anum, Bandar Baru Sri Petaling, 57000 Kuala Lumpur, Malaysia.
電話：(603) 90578822　傳真：(603) 90576622
Email: cite@cite.com.my

封面設計／李東記
排　　版／邵麗如
印　　刷／韋懋實業有限公司

■ 2022 年 5 月 3 日初版　Printed in Taiwan

定價 480 元

城邦讀書花園
www.cite.com.tw

 ISBN 978-626-95790-6-8